本书为国家社科基金项目“当前我国高等教育生态中的高校学术权力及其制度建构研究” 结题成果

# 高校学术权力：多维视角的解析

周世厚◎著

吉林科学技术出版社

**图书在版编目（CIP）数据**

高校学术权力：多维视角的解析 / 周世厚著 . -- 长春：吉林科学技术出版社，2020.11
ISBN 978-7-5578-7923-5

Ⅰ. ①高… Ⅱ. ①周… Ⅲ. ①高等学校—学术研究 Ⅳ. ① G644

中国版本图书馆 CIP 数据核字（2020）第 246414 号

**高校学术权力：多维视角的解析**
GAOXIAO XUESHUQUANLI: DUOWEI SHIJIAO DE JIEXI

---

**著　　者**：周世厚
**责任编辑**：李红梅
**封面设计**：人文在线
**开　　本**：170mm × 240mm　1/16
**字　　数**：237 千字
**印　　张**：15.75
**印　　数**：2000 册
**版　　次**：2021 年 8 月第 1 版
**印　　次**：2021 年 8 月第 1 次印刷

---

**出　　版**：吉林出版集团股份有限公司
**发　　行**：吉林出版集团社科图书有限公司
**地　　址**：长春市福祉大路 5788 号出版大厦 A 座
**邮　　编**：130118
**发行部电话 / 传真**：0431-81629529　81629530　81629531
81629532　81629533　81629534
**储运部电话**：0431-86059116
**编辑部电话**：0431-86037574
**网　　址**：www.jlstp.net
**印　　刷**：天津雅泽印刷有限公司

---

**书　　号**：ISBN 978-7-5578-7923-5
**定　　价**：68.00 元

# 前　言

学术权力是当前在我国高等教育领域广受关注的热点问题，是事关高等教育发展、现代大学制度建设、“双一流”建设、高等教育治理体系现代化的重要问题，也是我国高等教育改革中的一个有待深刻认识和解决的问题。在健康的高等教育生态中，学术权力与行政权力、学生权力构成了现代大学制度相互支撑又相互制衡的权力结构。学术权力及其制度建设事关未来大学生态的可持续发展。21世纪以来，我国高校已经形成了比较完善的学术权力制度，并且在高校治理和学术发展中发挥着日益重要的作用。然而，我国高校学术权力在制度设计和实践运作中仍然存在着一些不够完善之处，对高校学术权力相关问题进行探究具有重要价值。

本书主要通过文献研究、案例研究、比较研究等方法，对高校学术权力制度在高校内部治理结构中的地位、高校学术权力制度的制度设计与运行实践、高校教师的学术权力、学术权力与行政权力的冲突及其机理等问题进行探究，并对优化我国高校学术权力制度提出建议，以期望在我国形成既符合高等教育规律又具有中国特色的高校学术权力制度。

本书主要内容如下：

第一章为“高校治理体系中的学术权力：大学章程维度的分析”。本章通过文本分析、案例研究等方法对10所中国大学的章程文本进行对比分析，重点梳理我国大学章程中有关学术权力方面的文本形式、组织结构和运作机制，以呈现我国大学章程中学术权力的整体图景。大学章程经过数百年的历史演进，其结构与内容日益完善。大学章程是高校治理的基础，它确立了高校的办学宗旨、基本的权力结构与运行机制。当前，在我国推进现代大学制度建设的契机下，越来越多的高校把学术权力设置为一项高校治理的基本权力，并通过大学章程与其他相关制度为学术权力提供保障。我国大学章程中的学术权力制度具有很多共性特征，例如提倡教授治学、学术权力机构分级运行等。同时，我国大学章程中的学术权力制度也存在一些不甚完善之处，例如各高校学术权力制度趋同性强而特色不足、学术权力运行机制尚不够健全等。

第二章为“学术权力的愿景与实践：教授委员会维度的分析”。本章从教授委员会制度这一角度探究高校学术权力问题。教授委员会制度作为现代大学制度的一部分，其形成与发展遵循着“理念—制度—现实运作”的路径。教授委员会制度可分为三个层面，即应然层面、规章文本层面（制度层面）与现实运作层面。由于历史上“教授治校”的传统，在应然层面上，教授委员会制度是高校教师参与高校全面治理的平台和途径，也是高校最重要的治理主体之一。但由于当今的高校办学事务和高校治理体系日益复杂，传统意义上的“教授治校”模式已经很难胜任。因而在制定教授委员会制度时，我国高校基本将其主要职责限定为“治学”。在职责方面，教授委员会主要扮演着学术事务的决策机构、执行机构和咨询机构等角色；在结构与运作方面，各校教授委员会基本按照民主表决、集中决策的理念设计运作机制。在现实运作中，教授委员会在促进决策优化、保障学术自由、推动学术研究、改善人才培养和协调社会关系方面发挥了积极作用。然而，我国当前的教授委员会制度在制度设计、实践运行等方面也存在着一些有待改进之处。合理整合我国高校教授委员会制度三种形态，是我国现代大学制度建设的重要任务。

第三章为“我国高校教师的学术权力：历史演进维度的分析”。本章主要探究高校教师参与高校治理的演变过程，以及在此过程中学术权力从隐性到显性的发展过程。本章主要以文献研究为主要方法，通过对“学术问题域”的梳理映射现实层面的变化。20 世纪 80 年代，我国高等教育事业从“文化大革命”时期的失序状态逐步回归到正常状态，高校教师的身份、权利与地位，以及参与大学管理等相关问题在这一时期最受关注。20

世纪90年代，学界除了对高校教师的身份与尊严问题继续关注外，关注焦点是高校教师的待遇、学术权力与教授治校等问题。21世纪以来，学界所探讨的核心问题是高校内部学术权力与行政权力的制衡问题、现代大学制度中的高校教师权利、大学教师的社会责任与专业发展等问题。总体而言，从20世纪70年代至今，我国高校教师的学术权力经历了一个从模糊到清晰、从无保障到具有制度化保障的过程。这一演进过程与我国的国家治理体系、社会治理体系和高等教育治理体系的不断完善是同步的。

第四章为“学术权力与行政权力的冲突：案例分析与冲突机理”。在高校的权力结构中，学术权力与行政权力是一对相互依存又相互制约的矛盾。本章以案例研究和比较研究为主要方法，以美国哈佛大学第27任校长萨默斯治理学校时的系列事件为案例，分析高校学术权力与行政权力的边界、矛盾与冲突机理。由于高校内的大多数事务既具有学术属性又具有行政属性，这就导致高校行政权力与学术权力之间难以避免的交叉与冲突。学术权力作为一种组织松散的弹性权力，其边界也是弹性和模糊的，而行政权力则是一种具有强制力的刚性权力。在高校办学实践中，行政权力的边界经常被其权力主体扩大，从而越界挤压到学术权力的运行空间。学术权力与行政权力的冲突受到很多因素的影响，包括高校的治理体系与传统、权力主体的身份地位、个性特点与利益诉求，也包括国家法律、社会文化、社会舆论等高校外部因素。学术权力和行政权力既相互依存又相互冲突，二者在博弈中保持着动态的平衡关系。

第五章为“我国高校学术权力制度优化：思考与建议”。在对学术权力进行多维度分析的基础上，结合中外高等教育发展的历史、规律、特征和我国高等教育的现实状况，提出优化我国高校学术权力制度的思路。在宏观层面上，我国高校学术权力制度的优化必然而且必须要立足于三个基础：我国高校的社会主义办学属性；我国高校在现行法律框架内的相对自治；高等教育自身的规律与学术发展规律。这三个基础并不存在本质冲突，我国在实践中对三者的有效整合已经取得日益显著的效果。在中观层面上，即高校内部治理的权力结构方面，“党委领导、校长治校、教授治学、民主管理”是最适合当前我国高等教育发展现实、最可能在多数高校中有效落实、最利于持续改进的治理结构。在这种结构中，学术权力的运行范围是高校学术事务以及与学术事务直接、密切相关的其他事务，在此范围内具有决策、评议、咨询、审定等权力。党委领导主要集中于办学方向、政治立场的领导；校长治校要综合统筹，依据行政规律组织处理行政事务，依据学术规律组织处理学术事务，使行政权力和学术权力围绕高校的核心任务协调共行，避免行政权力挤压学术权力。在微观层面上，即学术权力制度体系自身，高校学术权力应该是“重心在下”，保障学术权力的重点是保障基层学术组织的学术权力。学术权力是以专业知识为基础的权力，学术权力最应该且最有效发挥职能的领域是学科专业领域，即以学科为基础的基层院系。在运行中，学术权力应该遵循主体平等原则、学术伦理原则、责权对等原则、民主和集中相结合原则、刚性与弹性相结合原则等。此外，应该通过监督、申诉、问责等机制防范学术权力自身可能出现的运行失范问题，让学术权力和行政权力一样“在阳光下运行”。

本书创新之处主要包括如下方面：

在选题方面，本研究探究了高校学术权力这一近年来我国高等教育学界的热点问题，该问题是事关高等教育发展、现代大学制度建设、“双一流”建设的重要问题，也是我国高等教育改革中一个有待深刻认识和解决的问题。

在研究设计方面，本研究综合采用文本分析、案例研究、比较研究等方法，对高校学术权力在高校内部治理体系中的地位、高校学术权力的典型制度（教授委员会）、教师群体的学术权力及其演变、高校学术权力与行政权力的典型冲突进行探究，每个部分基本都采用“小切口”、聚焦式的案例分析，在一定程度上能兼顾整体图景与局部细节。最终在对高校学术权力进行多维分析的基础上，提出我国高校学术权力制度的优化建议。

在研究结论方面，本研究系统梳理了我国大学章程中的学术权力，分析了我国高校教授委员会制度的应然形态、规章形态和现实形态，梳理了改革开放以来我国高校教师在高校治理体系中从外围区域到核心区域的演进过程，从宏观、中观、微观三个层面提出了优化我国高校学术权力制度的思路。

# 目 录

CONTENTS

# 绪 论

## 一、问题提出

高等教育治理是一个复杂的体系，是教育学、社会学、管理学、心理学、法学等诸多学科共同探究的领域。高等教育领域的治理，属于宏观意义上的管理范畴，围绕预期目标，在相应的规则与规范内，借助一定的制度，对人、财、物、时间、空间等各种资源的分配、组织和运行，以求目标的有效达成。在这个过程中，“权力”是高等教育治理最基础、最本质层面的要素。

教育是培养人的社会实践活动，高等教育又是整个教育系统中较为特殊的一个层面，其组织结构、职能、形态都与基础教育领域具有明显差别。高等教育治理不同于政府机构、企业组织、社会团队的管理。因而，高等教育治理中的“权力”也具有特殊性。那么，高等教育治理中的“权力”什么样？对此，学界的观点并不一致。总体看，有“二元说”和“三元说”。前者指高等教育治理体系中存在着行政权力和学术权力两种权力，后者指高等教育治理体系中存在着行政权力、学术权力和学生权力三种权力。可以看出，高校中的学术权力是一个越来越得到关注和认同的权力类型。

学术权力是当前高等教育学界的一个重要概念。学界从不同角度、不同层次对这个概念进行界定。有学者认为，学术权力就是权力个体对学术事务进行管理时所具有的权力。例如，王文华在《提升大学教师学术权力的对策研究》一文中界定到："它是专家学者依据自身的学术水平和学术能力对学术事务、学术活动施加影响和干预的力量。"① 姚国荣、陆林在《论高校教师的学术权力》中界定了"学术权力实际上是拥有专业知识而自发形成的一种学术魅力。学术魅力一旦形成，它对高校的行政组织和全体师生会产生很大的影响，对学校的学科建设乃至全面发展起着内在的支配作用。"② 我国高等教育研究者赵俊芳在《论大学学术权力》中提出一个更能得到多数学者认同的观点，大学学术权力具有广义和狭义两个层次：广义的大学学术权力以对象为标准，凡是对学术活动和学术资源进行控制或配置的能力均为学术权力；狭义的大学学术权力主要以教师或学者为主体对大学学术资源的管理与配置能力。③ 总体而言，学术权力是一种以学术专业知识为合理性基础的专业权力，具有知识性、学科性、公众性、非强制性等特征，具有维护学术秩序、保障学术自由、制衡行政权力、分配学术资源、进行学术评鉴等功能。

### 1. 学术权力是当前学界的热点话题之一

《国家中长期教育改革和发展规划纲要（2010-2020 年）》《中国教育现代化 2035》等国家层面的教育改革文件，把建设具有中国特色的现代大学制度作为一项重要内容，并且认为这是"建设有竞争力的高等教育"的必要条件。在这一背景下，高校的学术权力问题得到越来越多的关注，成为研究热点。

高等教育的核心职能是人才培养，并在此基础上逐步衍生出科学研究、社会服务等职能，高校的事务与工作均是围绕着人才培养、科学研究、社会服务等学术事务展开。美国高等教育研究学者伯顿·克拉克（Burton R. Clark）曾经说过："大学内的基本活动是学术性工作。"也就是说，学术事务是高校的基本事务。在此意义上，在大学存在的多种权力中，学术权力便是最重要的权力之一。学术权力在学术层面和实践层面上

---

① 王文华．提升大学教师学术权力的对策研究［J］．辽宁师范大学学报，2013（3）：364-368.
② 姚国荣，陆林．论高校教师的学术权力［J］．高等农业教育，2008（1）：49-52.
③ 赵俊芳．论大学学术权力［M］．北京：中国社会科学出版社，2012. 39-40.

均有重要影响。在学术层面上，大学学术权力是教育政治学、教育管理学等学科的研究课题之一。在实践层面上，大学学术权力是现代大学制度构建中的核心要素之一，是大学权力体系中的特有主体之一。随着中国政治、经济的不断发展以及中国高等教育改革的快速推进，大学学术权力逐渐成为教育学、管理学、政治学等学科领域关注的热门话题之一，有学者与高校管理者从多学科视角，围绕大学学术权力的相关内容展开研究，并取得了较丰富的研究成果。①

### 2. 学术权力与学术自由

大学是探究高深学问和培养人才的场所，是探索真理、传播文明的场所，是不断进行知识创造的场所。大学承担着培养人才、科学研究、服务社会的责任。大学作为一个学术文化机构而存在，学术性和教育性是大学组织的基本属性，也是大学的合法性基础。② 由于高校以学术探究、学术传承为核心的职能特点，学术自由对其具有特殊意义。学术工作比其他工作更依靠研究者的自由之精神、独立之人格，个人兴趣、根据专业素养而进行的自主规划、自主决策尤为重要。学术自由是学者开展专业工作的必要权利和必要条件，保障学术人员在公序良俗、专业伦理规约下独立进行研究、教学，不受学术以外的力量的干扰。对于学术事务而言，学术自由如同其他必备的基本物质条件一样重要，甚至更为重要。高校要实现知识创新、人才培养等大学使命，保障高校学术自由的氛围是一项必要条件。

但学术自由和其他领域的自由一样，是一种有限度的自由和"秩序之上的自由"。③ 在高等教育发展过程中，对学术自由的保障不仅仅成为一种得到广泛认同的理念，而且形成了一系列制度体系，例如学术评议会、教授委员会、教授联合会等，用以实现"专业的人做专业的事""专业的人管专业的事"、避免"外行人干涉内行人"。借助这些具有决策、评审、授权、监督等功能制度中，研究者的学术权利、学术自由转变为学术权力。

---

① 赵俊芳．论大学学术权力［M］．北京：中国社会科学出版社，2012. 1，82.
② 李硕豪．权力博弈：一所中国大学内部权力运行的故事［M］．北京：中国社会科学出版社，2011. 3.
③ 周佳．学术权力的政治哲学基础［M］．太原：山西教育出版社，2010. 75.

或者说，学术自由和学术权利是学术权力的合理性基础，同时在现代社会中学术权力又成为学术自由、学术权利的保障。然而，高校学术权力自身也是一种“权力”，合理运用则造福于学术和学者，如果突破限制也会造成一定危害。如何完善学术权力相关制度体系，既是一个迫切的学术问题，也是实践问题。

### 3. 学术权力与行政权力

在大学内部治理与运行中，各种事务可以分为学术事务和非学术事务（或行政事务）。与此相对应，大学内部存在着两个最突出的权力系统。一种是以行政管理组织结构为网络的行政权力系统，另一种是以教授、专家、学者为核心，以“学术委员会”“学位委员会”“教学指导委员会”“教师职务评定委员会”“教授委员会”等学术组织为主体的学术权力系统。① 学术权力与行政权力之间的关系，是教育实践工作者和研究者长期关注的问题。

近十年来，高等教育学界集中探究了高等教育“过度行政化”问题，其本质是高校中的行政权力过大，挤压学术自由，对学术权力的正常运作和学术事务的正常开展造成不当干扰。例如，原华中科技大学校长李培根教授在其著作中就从管理者、研究者等多重视角反思过这一问题。他指出，高校中“行政与学术的过度联姻”“官气重”是一个不可忽视的问题：一些高校不同程度地存在着“学者谋官，官谋学术”的现象，并不是说学者不能做高校的领导，也不是说高校的领导绝对不能做学术；但是过多的学者争着做领导，某些高校领导利用行政资源谋学术，那就不太正常了。另外，“即使某些优秀的年轻学者较之以前老一辈的学者及身上的‘学气’明显少了一些，而‘官气’却多了不少。”②

长久以来中国高校客观存在着行政权力过大，学术权力不充分的现实状况。这已经严重制约着中国大学的学术活力和创造力。在历史上，我国高等教育办学长期参照“苏联模式”，加之特殊历史时期对阶级斗争和意

---

① 李子江．学术自由：大学之魂［M］．北京：中国社会科学出版社，2012. 25.
② 李培根．认识大学［M］．北京：商务出版社，2015. 233-234.

识形态的过度强调，我国高校治理具有很强的计划经济思维和管控色彩。改革开放以后，高校教师的身份逐步得到政治、经济、社会层面的认可，由此前“需要接受改造的对象”逐步转变为“建设社会主义事业的重要力量”，高校学术自由、学术权利日益得到保障。但总体来讲，高校“过度行政化”依然在很大范围内存在。大学学术自由和大学自治之间存在的矛盾在很大程度上体现在大学的学术权力和行政权力之间的冲突。如果行政权力长期干涉学术事务，那么学术自由的法律条款就成了一纸空文，因此，学术自由离不开学术权力的保障。①

#### 4. 学术权力与教授委员会（教授会）

根据社会学、管理学等学科的研究，社会变革与发展越来越呈现出以理念为先导的趋势。这一点在高等教育发展史上具有鲜明体现。大学自诞生之初就有其理念，即通过追求真理、增加知识、培育人才服务国家与社会发展。鉴于大学所从事工作的特殊性，大学对学术自由具有更高的需求，学术自由一度被认为是“大学之魂”。② 世界高等教育发展的历史实践也证明了这一点，学术自由得以保障的历史时期也是高等教育发展成果丰硕时期，学术自由受到压制和侵夺的时期一定也是高等教育发展暗淡的时期。尊重学术自由，“让自由之风劲吹”、“独立之精神，自由之思想”等理念成为高校、学者的一种价值观念，也成为指导大学办学的价值观念。

我国高等教育研究领域的重要学者邬大光在探究“什么是好大学”这一问题时，提出“一所好大学，一定是能够把教育理念转化为扎实行动的大学，”“践行理念就是要将愿景变为现实。”③ 任何理念要转化为现实，都必须经由一定的组织体系。或者说，合理的制度或机制则是理念成为现实重要的中间环节。学术自由、学术权利以及由它们衍生出来的学术权力，作为一种理念要落地生根，转化为现实，也需要系统的制度支撑。教授委员会制度（或者教授会制度）就是其中之一。

---

① 李子江．学术自由：大学之魂［M］．北京：中国社会科学出版社，2012. 25.

② 李子江．学术自由：大学之魂［M］．北京：中国社会科学出版社，2012. 序言.

③ 邬大光．什么是“好”大学［J］．北京大学教育评论，2018，（10）：169-182.

教授委员会制度作为现代大学制度的一部分，其形成与发展同样遵循“理念—制度—现实”这一路径。基于此，课题团队把教授委员会（教授会）制度分为三个层面，即应然层面、规章文本层面（制度层面）与现实运作层面。在应然层面，教授即大学，教授委员会是“教授治校”的机制，教授通过教授委员会制度以独立、民主的方式行使其学术治理权、财政计划权、人事管理权等权力。然而，应然层面的教授委员会并不等同于“制度形态”（即规章形态、文本形态）的教授委员会。在我国，各高校在制定教授委员会章程时，在教授委员会职责定位上把“教授治校”变更为“教授治学”，同时在制度设计方面也做了相应的更改。在某种意义上说，这是理想形态的“应然”在实践中为适应现实而进行调整，也可以说是一种“必要的妥协”。当然，我国高校规章层面的教授委员会也不等同于现实层面的教授委员会。现实层面的教授委员会是各种“章程”中所设定的教授委员会制度的实际运作状况及其效果。毋庸讳言，当前我国高校教授委员会实际运作中，制度“走形儿”“变样儿”的问题并不鲜见，以至于“教授治学”的学术自由也经常受到干扰。可见，从理想层面到现行层面再到现实层面的两次转变中，高校教授委员会所表现出来的是在多种因素影响下不断自我调适而形成的折中状态。当前，教授委员会制度已经成为我国学界关注的热点问题。有学者认为，我国高校的教授委员会制度正步步趋近于人们的理想与预期；也有学者认为，我国高校的教授委员会正与理想渐行渐远，各执一词，莫衷一是。课题团队认为，这种争议在很大程度上源于研究者视角与立场的差异，但同时也体现出众多研究者忽视了我国高校教授委员会在应然层面、规章层面与现实层面的差异及其关系。

因此，系统认识当前我国高等教育生态中的学术权力状况是一个有重要价值的问题。

# 二、文献综述

## （一）关于高校教师参与高校治理的研究

### 1. 时间维度的分析

从时间上来看，不同时期与历史阶段，学界对我国高校治理中的教师参与问题的探究具有鲜明的时代性与阶段性。由此，可将针对我国高校治理中的教师参与问题的研究分成三个大的阶段。

从20世纪80年代初至80年代末，为该问题研究的第一阶段。从学界开始对高校治理中的教师参与问题展开研究，到相关研究的逐年增多。这期间，学者们对我国高校教师参与大学治理问题的探究主要表现为理论层面上的研究。自20世纪90年代初到90年代末为第二阶段，学界对我国高校教师参与大学治理问题的探索与研究主要表现为开始采用比较研究与历史研究的方式。进入21世纪为该项研究的第三阶段，学界对我国高校教师参与大学治理问题的研究呈现出多元化的趋势，这一时期主要以实证研究为主。

**（1）高校教师的自身地位及其校政参与**

20世纪80年代，我国已经开始关注高校教师参与大学治理问题。随着“文化大革命”的结束，尤其是十一届三中全会推进拨乱反正、确立改革开放和科教兴国等基本治国方略之后，我国高等教育迅速回归正常状态，这一阶段主要表现为积极纠正“文化大革命”时期的偏失，逐步开始了解西方发达国家的教育经验，确立具有中国特色的高等教育发展路径等。

首先，从高校教师的主体地位角度予以分析。在此前相当长的一段时间，由于极左思想的影响，党的正确的知识分子政策长期得不到落实，教师的主体地位长期得不到承认，教师被剥夺了参与大学学术管理的权利，学术民主管理或流于形式，或遭到破坏。20世纪80年代以来，高校办学恢复正常秩序，党的正确的知识分子政策得到贯彻。大学教师重新成为大学自主办学的依靠力量，大学的学术民主管理机构陆续得到恢复重建。各大学普遍设立了学术委员会及教师职称评审委员会。“尽管这些组织所行使的学术管理权是有限的，但不可否认，教师民主参与学术管理的权利开始受到重视。”① 吉尔伯特在《美国阶级结构》中提到，现代社会中，高校教师虽被视为中产阶级，享有较高的社会声誉，但其经济地位不高，社会和政治权力有限。赵越胜在《燃灯者——忆周辅成》一书中记述了他第一次拜访我国当代著名学者周辅成教授时，亲眼所见周老先生所居住的“简陋屋舍”。② 这正是当时北大教师公寓的真实写照。当年，高校教师的公寓极为简陋，教师的居住条件相对较差。我国著名学者江平先生在《沉浮与枯荣——八十自述》中提到，青年教师面临的最大问题，就是大多数高校教师住宿条件太差。“学校分给教师的宿舍，看上去更像是‘简易棚’，都是很破旧的房子。”③ 美国高等教育研究专家菲利普·阿特巴赫（Philip G. Altbach）在其著作《各国的学术性职业：对十四国的分析》(*The International Academic Profession*：*Portraits of Fourteen Countries*) 中提到，“社会普遍贬低学术职业，即使是在教师地位极高的日本，每 5 年一次的调查也同样显示出大学教授的声望虽仍维持高位，但依旧在下降。”④

其次，从高校管理体制的角度予以分析。朱九思在《高等学校管理的若干基本原则和方法》（1983）中指出，党的知识分子政策落实问题及高校内部管理等相关问题备受关注。刘克在《高校学校管理改革的几个基本问题》（1984）中指出，我国高等教育管理体制存在“权力过于集中、基层缺乏自主权”等问题，党的知识分子政策没有得到充分体现。朱九思在《高等学校管理的若干基本原则和方法》（1983）、刘克在《高校学校管理改革的几个基本问题》（1984）、张力在《教授、专家担任高校管理职务后的“转型”》（1985）中分别提出，现代化的高等教育管理是否应由教授出任高校的“高级管理职务”。

① 潘懋元．中国高等教育百年［M］．广州：广东高等教育出版社，2003. 162-163.
② 赵越胜．燃灯者——忆周辅成［M］．长沙：湖南文艺出版社，2011. 19.
③ 江平．沉浮与枯荣——八十自述［M］．法律出版社，2010. 202.
④ Philip G. Altbach. The International Academic Profession：Portraits of Fourteen Countries. The Carnegie Foundation for the Advancement of Teaching，1996. 181.

**（2）高校内部的权力制衡体系及其参与校务管理**

首先，从高校教师参与校务管理的角度予以分析。到了 20 世纪 90 年代，学界继续对高校教师的身份与尊严问题进行反思和探究，但较以往更具广度与深度。于长慧在《俄罗斯高等学校管理和师生的地位 》（1999）中提出，如何解决好教师在参与高校内部管理中的地位问题已成为首要任务。喻岳青在《20 世纪中国高等教育发展历史的若干启示》（1999）中指出，历次运动中“打棍子、揪辫子、扣帽子”，使中国的知识分子仍忌惮于心，“左”的阴影尚未完全消除，学者自由言论的权利受到过分压制。

其次，从高校内部的权力制衡体系的角度予以分析。陈学飞在《五国高等教育管理体制改革中几个带共性的问题》（1992）中，介绍了美、苏等五国高等教育体制改革形式。并指出，至今尚不存在公认的理想的高等教育管理体制。张凤莲在《美国经验：成为世界一流大学的条件》（1994）中提到，如何调整高校内部的管理组织结构，赋予高校教授哪些具体的权利尤为重要。陈玉琨等人指出，如何实现由教师参与决策的咨询委员会的实际作用，是我国高校内部管理应着重关注的问题。

**（3）学术权力与自由及高校内部治理**

进入 21 世纪，随着“学术权力”“行政权力”“学术自由”等新概念的出现，标志着国内学界对高校组织结构、教师地位的认识日益成熟与深入。

首先，从高校学术权力和学术自由的实然角度予以分析。沃特·梅兹格（Walter P. Metzger）在《美国大学时代的学术自由》一书中指出，“学术自由是大学不可或缺的特征。”① 侯定凯在《象牙塔是平的——国际高等教育研究新进展》中指出，“学术自由涉及学术人员的地位。”② 毕宪顺在《制约与协调：高校内部管理变革的使命》（2011）中指出，如何使行政权力与学术权力相互平衡与协调是重点问题。约翰·S·布鲁贝克在《高等

① Walter P. Metzger. 美国大学时代的学术自由［M］. 李子江、罗慧芳，译. 北京：北京大学出版社，2010. 152 .

② 侯定凯主编. 象牙塔是平的—国际高等教育研究新进展［M］. 华东师范大学出版社，2010. 103.

教育哲学》中指出，“在学术决策中只有少数人具有发言权。”① 伯顿·克拉克在《学术权力——七国高等教育管理体制比较》中提到，与行政权力相比，美国高校内部由教授执掌的学术权力比较软弱。阿萨·诺里斯（Asa S. Knowles）在《世界高等教育百科》（*The International Encyclopedia of Higher Education*）提到，我国高校内部存在着行政权力过大、学术权力过小的现象。教授，特别是没有行政职务的教授在治学中的作用很小。王长乐在《让大学像大学》一书中指出，“高等学校内部缺乏自由之精神。”② 亚伯拉罕·弗莱克斯纳在《现代大学论——美英德大学研究》中指出，“与过去相比，现在人们依然愿意牺牲较高的薪水甚至较有权势的职位，以换取在牛津和剑桥大学的学术权利。”③

其次，从高校内部的治理结构角度予以分析。张德祥教授在《高等学校的学术权力与行政权力》一书中指出，高等学校中学术权力与行政权力两者之间的冲突贯穿于高等学校的整个运行过程。“因此，二者的协调与整合是高等教育学校内部权力运行需要关注的焦点。”④ 伯顿·克拉克在《高等教育新论——多学科的研究》中指出，由于大学内部“官僚组合主义”的存在，致使学者与专职行政人员相互对立。”⑤ 华勒斯坦在《学科·知识·权力》中提到，“高校教师只有被管的份儿，在参与高校内部管理方面缺乏相应的决策权。”⑥ 约翰·范德格拉夫在《学术权力——七国高等教育管理体制比较》中指出，“学校内部的初级教师和少数高级教师常常抱怨无权。”⑦

---

① ［美］约翰·S·布鲁贝克．高等教育哲学［M］．王承绪等，译．杭州：浙江教育出版社，2001. 39-42.

② 王长乐．让大学像大学［M］．北京：中央编译出版社，2004. 101.

③ ［美］亚伯拉罕·弗莱克斯纳．现代大学论—美英德大学研究［M］．杭州：浙江教育出版社，2001. 264.

④ 张德祥．高等学校的学术权力与行政权力［M］．南京师范大学出版社，2002. 5.

⑤ ［美］伯顿·克拉克．高等教育新论—多学科的研究［M］．杭州：浙江教育出版社，2001. 45，117.

⑥ 华勒斯坦．学科·知识·权力［M］．北京：三联书店，1999. 131.

⑦ ［加］约翰·范德格拉夫等编著．学术权力—七国高等教育管理体制比较［M］．杭州：浙江教育出版社，2001. 124.

### 2. 观点维度的分析

**（1）执行相关政策，给予高校教师充分的信任与尊重**

潘懋元指出，师道尊严是大学自治的基石，香港政府在教育上就做出了巨大的投资，高等教育开支约占其教育经费预算总额的三分之一。高等学校教师的薪金也属国际最高之列。要使教师敬业、乐业，社会各界应尊师重道，相关部门机构理应充分尊重教师的专业意见，并维护大学教师崇高的专业地位及社会地位。约翰·布鲁贝克在《高等教育哲学》中提出，“教授终身聘任制的确立，可以保护那些已经通过试用期的教师不被解雇。”① 伯顿·R·克拉克在《高等教育系统——学术组织的跨国研究》中提出，“终身教职可以起到提高教师地位的作用。”②

**（2）赋予教授担任高校管理职务的权利**

张力等人认为，教授担任高校管理职务是高等教育事业发展的客观需要。陈俊忭等人指出，只有吸收专家参与高等教育的管理工作，加强民主监督，才能建立中国特色的高校内部领导新体制。陶爱珠等人提出，各高校应建立和健全教师代表大会制，增强教师参与高校管理的参谋咨询作用。

**（3）改善高校教师在大学管理中的地位**

陈玉琨等学者提出，应健全我国高校的权力制衡体系，增强教授在学校事务中的决定权。张凤莲等人提出，要大胆提拔和聘任高水平的教授，充分发挥教授在参与高校决策时的作用。周清明等人提议，赋予教师更多参与学校管理的机会。

**（4）营造学术自由的氛围**

龚放等认为，“教授在学术方面最有发言权。”③ 伯顿·克拉克在《高等教育新论》中提出，纵观世界上的一流大学，无论属于哪种权利类型，

---

① ［美］约翰·S·布鲁贝克．高等教育哲学［M］．王承绪等，译．杭州：浙江教育出版社，1998. 38.

② ［美］伯顿·R·克拉克．高等教育系统—学术组织的跨国研究［M］．杭州：杭州大学出版社，1994. 93.

③ 赵文华、龚放．现代大学制度：问题与对策［M］．上海交通大学出版社，2007. 20.

无不基于对学术自由的守望。并认为“教授团体是大学的核心资源，其学术活动保证着大学的威望。”① 于长慧等人呼吁要为教师提供良好的学术研究环境。周光礼在《学术自由与社会干预——大学学术自由的制度分析》中提出，“思想只有通过语言行之于外才能成为学术。”② 喻岳青等学者强调高校应尊重教师自由表达意见的权力。

**(5) 学术权力与行政权力的相互制衡**

宋永刚、谢安邦等学者提出，应保障高校学术研究中学者们的学术自由权利。张维迎在《大学的逻辑》中提出，“承认终身教职制度有助于保护学术自由。”③ 胡金平、顾爱民等学者认为，应广泛听取教师的建议、不断地提升学者的地位、权衡并协调好学术权力与行政权力之间的关系。甘永涛等人建议，应赋予教师更多的学术参与权和参与高校治理的权利，协调学术权力与行政权力之间的关系。毕宪顺等学者提出，应确立教授治学、民主监督的高校管理体制框架。

## (二) 关于学术权力的研究

### 1. 关于学术权力内涵的研究

有相关学者对学术权力的内涵进行了界定。徐文娜在《大学基层学术组织的学术权力结构研究》一文中提到“广义的学术权力以对象为标准，泛指对大学内部学术活动和学术资源管理的一切权力；狭义的学术权力指大学学者对大学学术事务的直接管理和控制”。别敦荣教授是从广义上界定学术权力的内涵，他认为，“学术权力指管理学术事务的权力。”李承先是从一般意义上界定学术权力的内涵，他认为“学术权力是学术组织的权力。”秦惠民是从狭义上界定的，他认为“构成学术权力基础的是专家的学术专长，其行使只能是基于行使人从其学科专业背景出发所形成和达到

---

① ［美］伯顿·R·克拉克．高等教育新论［M］．王承绪等，译．杭州：浙江教育出版社，1991. 159.

② 周光礼．学术自由与社会干预—大学学术自由的制度分析［M］．武汉：华中科技大学出版社，2003. 55.

③ 张维迎．大学的逻辑［M］．北京：北京大学出版社，2004. 27.

的专业水平和学术能力。”

宋伟认为“大学是以知识的传承、储存、研究、创造和发展为主要任务的学术型社会组织，大学组织的学术性是学术权力的本源，而学术管理则为大学学术权力的存在提供了现实基础。”赵俊芳教授认为“大学学术权力的合法性主要从‘形式合法’和‘实质合法’两个方面来加以分析认识。”

### 2. 关于学术权力重要性的研究

学术权力的运用对于高等教育发展起着至关重要的作用。《国家中长期教育改革和发展规划纲要（2010—2020年）》明确提出：“充分发挥学术委员会在学科建设、学术评价、学术发展中的重要作用。探索教授治学的有效途径，充分发挥教授在教学、学术研究和学校管理中的作用。”

《中华人民共和国高等教育法》第四十二条规定：“高等学校设立学术委员会，审议学科、专业的设置，教学、科学研究计划方案，评定教学、科学研究成果等有关学术事项。”

2014年，教育部颁布了《高等学校学术委员会规程》，其中规定“高等学校应当依法设立学术委员会，健全以学术委员会为核心的学术管理体系与组织架构，并以学术委员会作为校内最高学术机构。”

### 3. 关于大学学术管理的研究

有部分学者针对学术管理方面进行了研究。梁明伟在《大学学术管理研究综述》中对学术管理进行了一定的研究，从大学学术管理存在的弊端及其成因，针对问题提出一些对策两方面对大学学术管理进行探讨。

针对学术权力目前存在的问题，例如学术腐败现象，学者们认为学术权力的扩张需要有限度，并应对其进行规制。赵春华认为“权力的非理性化倾向会给社会带来很多问题，大学学术权力也是如此。若要遏制权力的非理性化，必须以法律制度规制权力，以权力规制权力。”

### 4. 关于学术权力现存问题的研究

学者们关于这类研究关注的重点是对于学术权力存在的问题探索。

有一部分学者是从学术权力与行政权力之间存在着冲突的角度来分析其中的问题，例如，王英杰在《大学学术权力和行政权力冲突解析——一个文化的视角》中指出，“改革开放以来，学术权力在价值判断和理念上不断被呼吁和重视，然而学术权力的弱化甚至缺位和行政权力越位的权利冲突现象依然持续，甚至在高等教育规模扩张和新管理主义思潮强化的现实背景下，这种冲突现象愈加激烈。”肖磊和石卫林在《学术权力与行政权力冲突的制度求解——基于23所大学的章程文本分析》中指出，“由于我国大学章程规定行政或非行政的学术人员均可参与学术委员会，他们在学术事项上或具有决定权，或具有审议权等其他权限，难以明确说明其是防范性还是协调性规章制度。”

有些学者是从教授治学和教授治校这个方面进行探讨学术权力问题。王文杰和张莉在《“教授治学”的困境与“大学章程”的破解之道》中指出教授治学与教授治校看似相同，实则不同。一字之差，一法之差。教授治学中的“学”与教授治校的“校”乃为一字之差；教授治学，教授在大学的学术活动中处于主体地位。教授具有充分的学术自由权。教授忠实于自己的学术圈，让他们拥有属于自己的学术权力；教授治校，教授会涉及行政圈。此时的教授不仅有自己的学术权力，还有一些行政权力会掺杂其中。此为一法之差，即方法的不同。由外及内，由内及外。外部即政府方面，内部即大学本身。其一，大学与政府的关系需要明确。大学与政府围绕着其目标各自在其职责与使命范围内运行，形成良性的相互关系。其二，大学内部权力需要明确。大学中存在两种权力，学术权力和行政权力。需要明确区分这两种权力。此前两种权力的交织会产生问题，因此需要具体划分权力的界限。

有学者从提出解决行政权力和学术权力存在问题的办法来着手，进而讨论学术权力问题。龙海涛在《促进高校“去行政化”，探索“教授治学”——〈高等学校学术委员会规程〉解读》中指出，学术权力与行政权力界限不清，容易产生问题，而《高等学校学术委员会规程》的制定解决了学术权力存在的一些问题。

### （三）关于大学章程的研究

1995年《中华人民共和国教育法》规定我国各高等学校需要制定大学

章程。殷爱荪、许庆豫在《试论我国高等学校章程的制定和实施》[8]一文中探讨了与大学章程相关的内容。在此之后，关于大学章程的研究才开始逐渐被学者们关注。

### 1. 关于大学章程起源的界定

关于大学章程起源的界定，专家、学者等都对此进行了相关阐述。

有一部分学者对大学章程的起源进行了相关探讨。黄福涛在《外国教育史》中指出“大学章程（亦称为大学宪章）是伴随欧洲中世纪大学诞生而产生的。当时国王或教皇给大学颁发允许其开设课程、聘请教师、制定学术标准等的特许状（charter），这些特许状作为取得合法自治权力的载体开启了大学章程的历史先河。”刘香菊和周光礼在《大学章程的法律透视》中也提到大学章程被普遍认为是起源于中世纪大学的特许状。由特许状和章程构成的“大宪章”（Magma Charter）赋予学校很多权利，同时也赋予师生很多权利。

### 2. 关于大学章程地位及性质的研究

张文显和周其凤在《大学章程：现代大学制度的载体》中指出大学章程是现代大学制度的载体。陈学敏在《关于大学章程的法律分析》一文中指出大学章程应该具有法的基本特性。张淑敏和吕晓东在《大学章程与大学治理——基于〈东北财经大学章程〉制定工作的思考》一文中有对大学章程属性的研究。王丽坤在《基于大学章程建设的学术领导力研究》中指出“大学章程以国家法律法规为依据，是高校进行自主管理、保障学术自由和校园秩序良性运行的规范性文件，是中国现代大学设立的制度性根基。”湛中乐和徐靖在《通过章程的大学治理》中提到了大学章程的属性。陈立鹏在《大学章程研究——理论与实践的探索》中指出“大学章程是大学办学的基础性文件，是大学成为法人办学组织的必备条件，是政府、社会及大学自身依法治校的重要依据。”王国文、王大敏、蒋超、米俊魁等人分别在《学校章程的法律分析》《学校章程初探》《大学章程价值研究》中指出大学章程是大学自律性规范文件。

### 3. 关于大学章程生效程序的研究

在《高等教育法》中提到了大学章程的生效程序。金一超在《从审核到立法：论大学章程的生效程序》一文中提及大学章程的生效程序一般有两种方式，“一是学校内部制定通过大学章程后，再报教育主管部门备案。二是仅在学校内部通过即宣告章程生效”。

有相关学者对大学章程的要素进行分析。马陆亭和范文曜在《大学章程要素的国际比较》中探讨了大学章程的要素，其中提到大学章程的外部关系要素，大学章程的内部治理要素和我国大学章程制定所涉及的要素内容探讨。赵玄在《章程视野下大学成员及其权利保障比较研究》中指出，“应将‘大学成员’作为独立的章节列于大学章程前部，大学章程应充分体现保障大学成员‘程序权利’的理念，大学章程应对大学成员的权利保障和救济机构详加规定。”

### 4. 关于大学章程价值的研究

侯佳和司晓宏在《民国时期大学章程文本的要素分析及其启示》中指出，“章程应界定学院‘职、责、权’的范围，应彰显‘教授治学’的大学理念，应根据学校特色确定‘办学目标’。”

王延明，李杨和邹晓红在《大学章程的价值——从法律、文化、制度价值视角进行研究》中指出“大学章程是大学设立的法律基础，是大学有序运行的法律制度保障。大学章程宣扬大学理念，维护学术自由，大学章程指导和约束着大学的运行，鞭策和激励着大学的发展，作为制度为大学运行提供依据，为现代大学的发展提供依据，为高校发展提供完整的制度体系。”

佘远君和梁永超在《大学章程建设背景下高等教育评估改革的若干思考》中提出“大学章程对国家而言，是沟通高校与政府的桥梁，是便于政府宏观管理大学的规范性文件；对高校自身而言，是依法治校，自主办学的科学指导；对社会而言，是社会各利益主体参与高校办学，监督高校办学质量的重要途径。”

### 5. 关于大学章程优化的研究

这类研究关注的重点是大学章程中存在的问题及提出的相应措施。符琼霖在《对教育部首批核准的六所大学章程分析与建议》中指出大学章程文本内容还需要完善，可操作性有待加强，并针对这些问题提出了几点建议。理论界对于大学章程制定主体存在着争议。陈立鹏、聂建峰[23]、李政、贺凤美、张洪志认为大学章程的制定主体是举办者。杨晓波认为大学章程的制定主体是办学者。陈立荣和严俊俊在《大学章程：落实高校办学自主权的制度保障——对大学章程制定主体的思考》一文中指出大学章程的制定主体是混合的。姜国平在《论我国公立大学章程制定主体》一文中对大学章程制定主体进行了相关探讨，并对出现的问题提出了一些对策，认为大学章程制定主体在制定章程的过程中需要一些配套措施。蒋蕾在《中外大学章程制度体系建设比较研究》[28]中通过对比中外两国的大学章程制度体系的情况，认为我国大学章程制度体系建设存在一些问题，并根据这些问题，提出了自己的思考与建议。

### (四) 关于教授委员会相关制度的研究

教授委员会是由学校部分教授或教授代表组成，它主要从事学术事务的决策和管理，同时也是直接制定学校学术政策的制度性组织。有关教授委员会的研究一直是国内外高等教育研究中的重要领域。

#### 1. 时间维度的综述

从时间上来看，对教授委员会的研究及其观点分为国内和国外研究两个部分。我国教授委员会的研究分为两个阶段，民国时期大学教授委员会（1912—1949 年）称为教授会，这一阶段我国的学者对教授会的研究主要是倡导教授治校，以蔡元培、梅贻琦、胡适、徐特立、竺可桢等学者为代表。中华人民共和国的大学教授委员会（1949 年—至今）为第二个阶段，这一阶段又可以具体划分为新中国成立至改革开放以前、改革开放以后的大学教授委员和 2000 年以后的大学教授委员会。我国学者既有倡导教授治学，此派学者以张正峰、史宁中、张君辉等学者为代表，也有学者倡导教授治校，例如周川、黄旭、萧超然、毕宪顺等学者。

**（1）民国时期关于教授会制度的研究（1912—1949 年）**

1910 年《学部官报》第一百一十五期中提到近代大学教授权力的萌芽是《京师大学堂章程》，亦是后来蔡元培提出的《大学令》中规定的“评议会”雏形，教员们（以前称教习）也有了参与大学事务管理的权力。

1917 年，蔡元培在执掌北大期间“教授治校”管理体制实施步骤是：第一步，设立评议会。大学评议会原本是蔡元培在 1912 年任教育部长时提出的，但是北京大学由于受到相关规定的限制并未实施，仍然是以校长的决策为主。直到蔡元培执掌北大后制定《大学评议会细则》之后才得以实施。① 第二步，组建各个学科教授会。北大根据各个相近的科目组成不同的部，每部分别设立教授会组织，成员是教授、讲师和外国教员。② 1919 年，北京大学实行废门改系政策，设立 14 个系，各系成立教授会。各系教授会的任务是：负责规划本系的教学工作，诸如课程设置、学生成绩的考核、教科书的采用、教学法的改良等。③ 近代大学教授权力确立的基础是民国时期的《大学令》，它是我国教授治校制度之始。

梅贻琦掌管清华时，建立教授会，成员以全体教授及行政部门各主任组织之，由校长为主席，教务长为副主席。④ 我国著名哲学家张东荪于 1948 年在《知识分子与文化的自由》一文中提出教授们应团结起来，用自己的力量来保护已有的自由主义萌芽，不要依靠政治力量的帮助。

**（2）1949 年以来关于教授委员会制度的研究**

1949 年至 1976 年前后有关教师地位权力的论述中认为教师地位极其低下，学术治理权相对较少。在 1958 年 9 月 20 日的《人民日报》中刊登一篇关于教师身份、地位与权利的文章，文章中提出教育工作必须由党来领导，政治挂帅，从而逐渐形成一整套制度架构，包括教育人事制度、高等学校的领导体制等等。《毛泽东选集》《五年来新中国的高等教育》等文献探讨了 1949 年至 1976 年前后我国高等教育的发展状况及其高校教师参与高校管理的问题。这些文献认为，新中国成立初期，由于我国所确立的高等学校校（院）长负责制受到苏联高等学校行政首长“一长制”的影响，校长是高等学校的最高行政负责人。但是由于这一时期反右派斗争扩大化，知识分子被冠以“右派”“资产阶级知识分子”等帽子。大学教授

① 1917 年大学评议会规则［G］. 国立北京大学廿周年纪念册 . 1917. 13-14.

② 1917 年学科教授会组织法［G］. 国立北京大学廿周年纪念册 . 1917. 15-16.

③ 北大成立二十五周年纪念号开会词［M］. 蔡元培全集（第四卷）. 北京：中华书局，1989. 296.

④ 梅贻琦 . 中国的大学［M］. 北京：北京理工大学出版社，2012 . 33-35.

自然无法获得应有的高校管理参与权。

改革开放后，受当时历史条件的影响，新设立的教师组织在性质上还只是学校工作的咨询机构，条件上不具备学术事务的立法和决策功能，因而很难发挥实质性的作用。1998 年之后，《高等教育法》规定，“高等学校设立学术委员会，审议学科、专业的设置，教学、科研计划方案，评定教学、科学研究成果等有关学术事项。”这一时期，通过对历史的反思与回顾，探究高校教师的权利与权力，是学界关注的一个重要主题。冯友兰在《三松堂自序》中讨论了西南联大时期的高校风气、管理制度与学人风骨。[①] 萧超然在评论梅贻琦执掌清华大学期间的成就时认为，梅贻琦始终以民主思想、学术自由的开明政策为治校原则。[②] 正是因为这样，才使教师们的地位得到尊重。

## 三、研究设计与内容结构

### （一）研究设计

#### 1. 研究思路

在现代大学制度中，学术权力、行政权力、学生权力构成了现代大学制度相互支撑又相互制衡的权力结构。在三者之中，学术权力与行政权力更为重要，它们之间的关系也更为复杂。在理想状况下，学术权力与行政权力各自具有比较清晰的界限、范围，同时又相互依存、相互支撑、相互尊重，其目的是共同促进高校发展、学术研究与人才培养。但在实际中，二者的边界是模糊的，在不同社会制度、社会文化中具有不同的关系样态，在一定程度上存在着相互博弈、相互竞争和“此消彼长”的关系。我国高等教育领域近 20 年来所出现的高校“行政化”与“去行政化”的研究特点，正是我国高校内学术权力与行政权力相互博弈与竞

① 冯友兰. 三松堂自序［M］. 上海：三联书店，1984. 78.
② 萧超然. 北京大学校史（1898-1949）［M］. 北京：北京大学出版社，1988. 342.

争的体现。从世界高等教育治理特征看，英、美、德等国家的高等教育治理中学术权力的影响要高于行政权力，相比之下，我国高校中行政权力的影响更大，在一定程度上大于学术权力。这也是我国高等教育“去行政化”呼吁和改革的重要原因。高校“去行政化”与彰显学术权力具有一致性。

高校治理中，制度设计是一个必不可少的环节。2000 年以来我国高校出现了一次制定或修订大学章程的改革。学术自由、学术权力通过相应的制度（例如教授委员会、教授会等机制）被写入大学章程，整合到高校的内部治理组织架构之中。这一过程可以视为“去行政化”改革、强化教授治校（以及教授治学）和高校治理优化改革的成果一项。而这是在此前长期演化基础上逐步形成的。当下我国高等教育生态中，高校学术权力及其制度实际存在着三种形态，即应然形态（理论上的理想形态）、规章文本形态（正式颁布施行的制度设计文本）和现实运作形态（真实的运作状况与效果）。三种形态也是分析高校学术权力及其制度的三个维度。

在实践运行中，高校学术权力制度的本质是吸纳学术专业人员参与高校治理，为其提供一个具有合法性、稳定的参与机制。高校教师是学术权力最主要的拥有者。学术权力的职能主要包括维护学术秩序、保障学术自由、配置学术资源、进行学术评鉴等方面，或者说，高校学术权力制度的运行，就是高校专业学生人员通过特定的程序，按照相应的规则，进行相应学术事务的处理。在此过程中，学术权力与行政权力是具有交叉的。在理想状态下，二者相互支撑、相互尊重，但也存在着相互冲突与矛盾。因此，探究学术权力与行政权力的冲突及其机理是必要的。

鉴于对我国高校学术权力的如上认识，课题团队在进行本课题的研究设计时主要依据三个相互关联的思路：

①先进行针对现实问题的系列实证研究，在实证研究基础上探索优化我国高校学术权力制度的思考与建议。

②先对高校学术权力的制度设计进行研究，再对高校学术权力的实践运作进行研究。

③先进行较为宏观的研究，再开展微观问题的研究。

基于这些考虑，课堂团队将所探究的核心问题分解为如下具有逻辑关联的分支问题：

第一，从高校内部治理的整体图景开始本研究：在高等教育内部治理体系中，学术权力处于何种地位，具有哪些制度设定？对这一问题的探究，主要从大学章程的角度切入。大学章程是高校内部治理的最具整体性、全局性和根本性的文件，被喻为“大学的宪法”。因而，在研究中，笔者从大学章程（制度）的视角，重点分析我国高校“去行政化”改革以来大学章程中对学术权力的赋予、保障、限定以及现存问题等内容。

第二，聚焦到高校学术权力本身：高校学术权力制度的设计愿景和运行效果？各高校内的学术权力具有多种主体，如学术委员会、教授委员会、学位委员会、学术伦理委员会等等，这些组织在不同学校的差别较大。教授委员会是其中较为特殊的一个组织，其职能范围更广、受关注度更高。鉴于此，本研究从“教授委员会”视角切入，以其作为主要案例，分析我国高校学术权力的运作。重点探究我国高校学术权力的三种形态，即应然形态（理论上的理想形态）、规章文本形态（正式颁布施行的制度设计文本）和现实运作形态（真实的运作状况与效果），分析三种形态之间的分歧与关联。

第三，由前面侧重于制度设计的探究，聚焦到学术权力最主要的拥有者，即，高校专业学术人员：这一群体是如何参与高校治理的，经历了怎样的演进过程？本研究从高校教师参与高校治理历史演进的视角，分析高校学术权力的另一个侧面。从20世纪70年代至今，我国高校教师从是否属于“工人阶级”的政治社会身份争议，到政治社会身份问题得以解决并获得越来越多的参与学校管理事务的权利，再到最近十年来明确被赋予制度化的“学术权力”。就我国而言，高校教师的学术权力是由行政权力授权和赋予的。我国高校学术权力与行政权力由此前“不合理的平衡”逐步转向“更合理的平衡”。在这个转型与过渡的过程中，出现了学术权力与行政权力的冲突，而这种“冲突”和博弈正是达到更高水平平衡的必然过程和必要途径。

第四，学术权力实践运行中的冲突与博弈：高校学术权力与行政权力为何冲突，如何冲突？在现代大学中，学术权力和行政权力是一对“矛盾”，双方“互相依存又互相斗争”，即便是在学生权力制度发展成熟的高校中这种“矛盾”也同样存在。对高校学术权力与行政权力的冲突进行深入分析，必须要借助典型案例。因此，笔者以在国际高等教育领域引发巨大关注和长期讨论的哈佛大学第 27 任校长萨默斯治校与辞职的系列事件为案例，分析高校内学术权力与行政权力冲突的过程，并在案例基础上提炼出学术权力与行政权力冲突的机理，以更好地认识和解决我国高等教育治理的问题。

第五，最后聚焦到关系到本研究价值的一个最重要的问题：如何建设和优化我国高校的学术权力制度？在从不同维度对高校学术权力进行分析后，根据我国高等教育发展的现实，探索具有可行性、符合高等教育规律和学术规律的学术权力制度体系，提出完善当前我国高校学术权力制度的建议。

整体思路如下图所示：

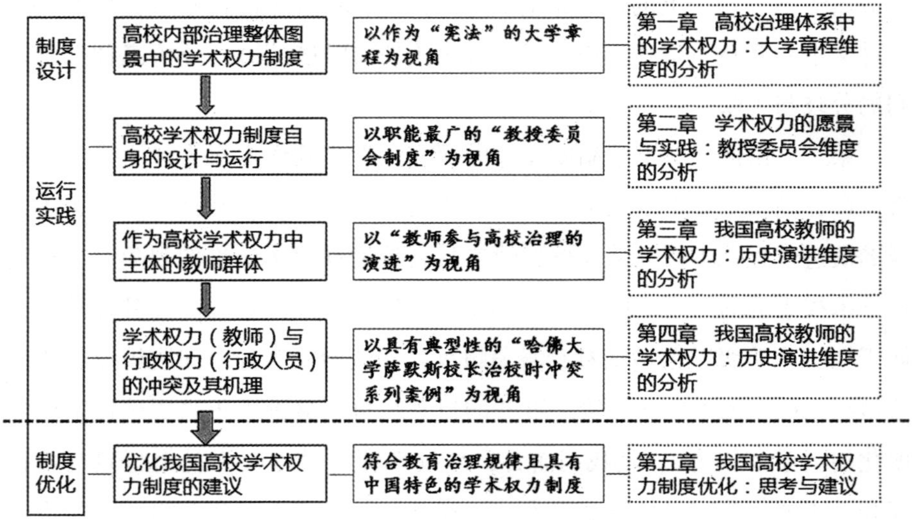


图 0-1　整体思路

### 2. 研究方法

研究报告《高校学术权力：多维视角的分析》的每一章都是相对独立的一项研究。课题主持人在课题立项后根据研究思路将其分解为五个子课题（对应本书稿中的五章），主持人带领团队成员分别完成，最后汇总为本研究报告。

第一章，“学术权力：大学章程维度的分析”，通过文本分析、文献研究等方式对10所中国大学的章程文本进行对比分析，重点梳理我国大学章程中有关学术权力方面的文本形式、组织结构和运作机制，以展示出我国大学章程中学术权力的整体图景。

第二章，“学术权力：我国高校教授委员会制度维度的分析”，综合采用文献研究、案例研究、文本分析等方法，从“应然形态—规章文本—现实运作”三个层面分析我国高校的教授委员会制度。

第三章，“学术权力：高校教师参与治理演进维度的分析”，主要以文本分析为主要方法，通过对“学术问题域”的梳理映射现实层面的变化，探究高校教师参与高校治理的演变过程，以及在此过程中学术权力从隐性到显性的发展过程。

第四章，“学术权力与行政权力的限度与冲突：案例分析”，以案例研究为主要方法，以美国哈佛大学第27任校长萨默斯·劳伦斯与教师团体之间的冲突事件为案例，深入系统地分析该校学术权力与行政权力的边界、交叉、矛盾和调节，进而为优化我国高校学术权力问题提供国际视野和启示。

第五章，“我国学术权力制度优化：思考与建议”，在前述分析基础上，根据我国高等教育发展的现实状况，提出优化我国高校学术权力的思考与建议。

## （二）内容结构

本研究报告的引言部分主要呈现课题所探究的问题及其背景、前期研究、研究设计与创新之处。

第一章为“高校治理体系中的学术权力：大学章程维度的分析”。本章通过文本分析、文献研究等方式对10所中国大学的章程文本进行对比分析，重点梳理我国大学章程中有关学术权力方面的文本形式、组织结构和运作机制，以展示出我国大学章程中学术权力的整体图景。我国大学章程经过数百年的历史演进，其结构、内容以及在高校治理中的地位日益完善。大学章程是高校内部治理的基础，它确立了高校的办学宗旨、基本的权力结构与运行机制。当前，在国家推进现代大学制度建设的契机下，越来越多的高校都在大学章程中赋予学术权力以更大的空间，形成更完善和细致的学术权力相关制度，对学术权力予以更多保障。但从当前我国大学章程的文本层面看，大学章程中学术权力的特征具体包括学术权力内容具有趋同性、大学章程中提倡教授治学、学术权力机构分级管理。大学章程中学术权力主要存在以下问题：缺少详实与特色的内容、缺乏健全学术权力机构运行机制、学术权力地位仍需巩固与加强，等等。

第二章为“学术权力的愿景与实践：教授委员会维度的分析”。本章从教授委员会制度这一角度探究高校学术权力问题。教授委员会制度作为现代大学制度的一部分，其形成与发展遵循着“理念—制度—现实运作”的路径。教授委员会制度可分为三个层面，即应然层面、规章文本层面（制度层面）与现实运作层面。由于历史上“教授治校”的传统，在应然层面上，教授委员会制度是高校教师参与高校全面治理的平台和途径，也是高校最重要的治理主体之一。但由于当今的高校办学事务和高校治理体系日益复杂，传统意义上的“教授治校”模式已经很难胜任。因而在制定教授委员会制度时，我国高校基本将其主要职责限定为“治学”。在职责方面，教授委员会主要扮演着学术事务的决策机构、执行机构和咨询机构等角色；在结构与运作方面，各校教授委员会基本按照民主表决、集中决策的理念设计运作机制。在现实运作中，教授委员会在促进决策优化、保障学术自由、推动学术研究、改善人才培养和协调社会关系方面发挥了积极作用。然而，我国当前的教授委员会制度在制度设计、实践运行等方面也存在着一些有待改进之处。合理整合我国高校教授委员会制度三种形态，是我国现代大学制度建设的重要任务。

第三章为“我国高校教师的学术权力：历史演进维度的分析”。本章主要探究高校教师参与高校治理的演变过程，以及在此过程中学术权力从隐性到显性的发展过程。本章主要以文献研究为主要方法，通过对“学术问题域”的梳理映射现实层面的变化。20 世纪 80 年代，我国高等教育事业从“文革”时期的失序状态逐步回归到正常状态，高校教师的身份、权力与地位及参与大学管理等相关问题在这一时期最受关注。20 世纪 90 年代，学界除了对高校教师的身份与尊严问题继续关注外，关注焦点是高校教师的待遇、学术权力与教授治校等问题。21 世纪以来，学界所探讨的核心问题是高校内部学术权力与行政权力的制衡问题、现代大学制度中的高校教师权利、大学教师的社会责任与专业发展等问题。总体而言，从 20 世纪 70 年代至今，我国高校教师的学术权力经历了一个从无到有、从无保障到具有制度化保障的过程。这一演进过程与我国的国家治理体系、社会治理体系和高等教育治理体系的不断完善是同步的。

第四章为“学术权力与行政权力的冲突：案例分析与冲突机理”。在高校的权力结构中，学术权力与行政权力是一对相互依存又相互制约的矛盾。本章以案例研究和比较研究为主要方法，以美国哈佛大学第 27 任校长萨默斯治理学校时的系列事件为案例，分析高校学术权力与行政权力的边界、矛盾与冲突机理。由于高校内的大多数事务既具有学术属性又具有行政属性，这就导致高校行政权力与学术权力之间难以避免的交叉与冲突。学术权力作为一种组织松散的弹性权力，其边界也是弹性和模糊的，而行政权力则是一种具有强制力的刚性权力。在高校办学实践中，行政权力的边界经常被其权力主体扩大，从而越界挤压到学术权力的运行空间。学术权力与行政权力的冲突受到很多因素的影响，包括高校的治理体系与传统、权力主体的身份地位、个性特点与利益诉求，也包括国家法律、社会文化、社会舆论等高校外部因素。学术权力和行政权力既相互依存又相互冲突，二者在博弈中保持着动态的平衡关系。

第五章为“我国高校学术权力制度优化：思考与建议”。在对学术权力进行多维度分析的基础上，结合中外高等教育发展的历史、规律、特征和我国高等教育的现实状况，提出优化我国高校学术权力制度的思路。在宏观层面上，我国高校学术权力制度的优化必然而且必须要立足于三个基础：我国高校的社会主义办学属性；我国高校在现行法律框架内的相对自治；高等教育自身的规律与学术发展规律。这三个基础并不存在本质冲突，我国在实践中对三者的有效整合已经取得日益显著的效果。在中观层面上，即高校内部治理的权力结构方面，“党委领导、校长治校、教授治学、民主管理”是最适合我国高等教育发展现实、最可能在多数高校中有效落实、最利于持续改进的治理结构。在这种结构中，学术权力的运行范围是高校学术事务以及与学术事务直接、密切相关的其他事务，在此范围内具有决策、评议、咨询、审定等权力。党委领导主要集中于办学方向、政治立场的领导；校长治校要综合统筹，依据行政规律组织处理行政事务，依据学术规律组织处理学术事务，使行政权力和学术权力围绕高校的核心任务协调共行，避免行政权力挤压学术权力。在微观层面上，即学术权力制度体系自身，高校学术权力应该是“重心在下”，保障学术权力的重点是保障基层学术组织的学术权力。学术权力是以专业知识为基础的权力，学术权力最应该且最有效发挥职能的领域是学科专业领域，即以学科为基础的基层院系。在运行中，学术权力应该遵循主体平等原则、学术伦理原则、责权对等原则、民主和集中相结合原则、刚性与弹性相结合原则等。此外，应该通过监督、申诉、问责等机制防范学术权力自身可能出现的运行失范问题，让学术权力和行政权力一样在“阳光下运行”。

## 四、研究价值与创新之处

### 1. 研究选题方面

学术权力是当前在我国高等教育研究领域广受关注的话题，是事关高等教育发展、现代大学制度建设、“双一流”建设的重要问题，也是我国高等教育改革中一个有待深刻认识和解决的问题。我国学界在最近几年才开始密集关注高校的学术权力组织问题。虽然国内高校纷纷设立教授会制度，但无论政府、学界、社会还是高校均对我国高校权力组织的宏观图景与各高校的微观现实缺乏足够清晰的认识。本研究正是基于这一问题而展开的。研究大学学术权力制度的学者有很多，但是目前还没有学者从应然层面、规章文本层面及现实运作层面这三个维度出发对教授委员会制度进行研究。课题团队主要从应然、规章、现实这三个视角出发来分析理想中教授委员会的形态、应然层面中的教授委员会所提倡的“教授治学”、规章层面制度的定制以及现实层面教授委员会的实际运作差异存在于哪些方面以及如何优化，这却是一个“新”问题。在现代大学中，还存着行政权力过多干预学术权力，教授治校、治学得不到充分保障的现象。课题团队主要通过对应然、规章、现实三个维度进行对照和分析，从而为我国学术权力制度的完善提供更好借鉴。

### 2. 研究设计方面

首先，在研究思路上，先进行针对现实问题的系列实证研究，在实证研究基础上探索优化我国高校学术权力制度的思路与建议；先对高校学术权力的制度设计进行研究，再对高校学术权力的实践运作进行研究；先进行较为宏观的研究，再开展微观问题的研究。其次，本研究综合采用文本分析、案例研究、比较研究等方法，对高校学术权力相关问题进行“小切口”、聚焦式的综合分析。具体包括：以有“大学宪法”之称大学章程为视角，在对十余所中国高校大学章程的文本分析基础上，探究学术权力在高校内部治理体系中的地位；以“应然形态—规章文本—现实运作”的三维分析框架分析高校学术权力的典型制度（教授委员会）的三种形态及其关系；以对“学术问题域”为视角，通过文本分析梳理 20 世纪 70 年代以来我国高校教师参与高校治理、获得学术权力的演变过程；以在国际高等教育学领域引发巨大反响和长期讨论的哈佛大学校长萨默斯辞职事件为案例，分析高校学术权力与行政权力的冲突及其机理。

### 3. 研究结论方面

首先，针对学术权力及其制度建构这一问题，本研究区分了国内高校权力组织的三种形态（即应然形态、规章形态和现实形态）。这种区分有助于突破以往的相对模糊的认识，能实现对我国学术权力组织的清晰认识和深入反思。

其次，从制度文本维度、教师参与高校治理历史演进维度、“理念形态—制度形态—现实形态”偏离与融合维度、学术权力与行政权力之间张力的维度，对高校学术权力问题进行多维视角的结构化探究。

再次，结合高校教育规律与我国高等教育发展现实，从宏观、中观、微观三个层面提出了优化我国高校学术权力制度的思路。概而言之，我国高校权力优化必须而且必然要立足于我国高等教育的社会主义属性、高校在现行法律框架下的相对自治、高等教育规律三个基础之上；“党委领导，校长治校，教授治学，民主管理”是最适合我国高等教育发展现实、最可能在多数高校中有效落实、最利于持续改进的治理结构；学术权力以学科和专业知识为基础，主要在学科和专业领域内运行，学术权力应该重心在下，在基层学术组织中运行，而且需要通过完善的机制确保学术权力运行有效，防止学术权力自身的失范与腐败，让学术权力同样运行在我国法制社会建设的大框架之内。

# 第一章　高校治理体系中的学术权力：大学章程维度的分析

## 一、概　述

### （一）研究问题陈述

#### 1. 学术权力对于现代大学制度的重要性

虽然我国古代具有辟雍、稷下学宫、太学、书院等高等教育机构，欧洲具有雅典学园、古罗马雄辩术学校、基督教的教理学校等高等教育机构，但学界更倾向于认为11世纪出现于西欧的中世纪大学是现代高等教育的前身，或者说是现代大学的直接起源。当时西欧社会中神权、世俗权力相互制衡的社会政治形态为大学提供了较大的自治空间，在很大程度上保障了学者的学术自由，使大学成为“学者的行会”，大学内部事务由学者通过早期的合议机制决定。此后，大学带着这样的“基因”传承下来。虽然在一些特定的历史阶段和地区，大学自治和学术自由受到较大冲击和挤压，但大学自治和学术自由成为高等教育办学的基本理念并越来越得到广泛接纳。正如一些研究者的观点，无论是从历史维度对高校学术自由与学术生态的关系方面予以探究，还是对世界一流大学的案例分析，均可发现，大学学术自由状况直接影响着其学术生态，进而影响着高校的学术成就与水平。学术自由得到保障，进而形成和谐的学术生态，学术自然昌盛；反之，当学术自由遭到破坏时，学术生态必然恶化，学术探究则停滞不前。学术自由为学术的发展提供沃土，保障学术主体间的平等性，有助于维系学术生态的多元与丰富，同时促进了学术生态的可持续发展。高校的“学术之树”需要健康的学术生态，而学术自由则是学术生态的基石。①

在高等教育发展过程中，学术自由、学术自治由一种“权利”逐步衍生出“权力”，即依据专业知识对专业事务进行规划、决策、监督和调控的权力，也就是“学术权力”。根据高等教育研究者赵俊芳的界定，“广义的学术权力以对象为标准，泛指对学术活动和学术资源进行控制或配置的能力均为学术权力。狭义的大学学术权力主要以教师或学者为主体对大学学术资源的管理与配置能力。”② 学术权利是学术权力的合理性基础，而学术权力则是学术权利的保障。

当前，学术权力已经和行政权力成为高等教育治理体系中的核心要素。大学作为一个学术文化机构而存在，学术性和教育性是大学组织的基本属性，也是大学的合法性基础。③ 高校这种特殊的组织结构和职能，学术自由、学术权利、学术权力在高校中有着特殊价值和意义。建立和完善现代大学制度，建成“具有竞争力的高等教育”，保障学术权力的有效运作是一项重要任务。就当前来看，我国高校的学术权力运行中仍然存在着一些不尽如人意之处。一方面是学术权力自身运作的问题，例如学术权力自身的功利化、庸俗化等问题；另一方面是高校内部行政权力对学术权力的挤压和其他社会外部力量的干扰。

对于学术自由、学术权利、学术权力的保障，不能仅停留在理念、呼吁、愿景的层面，更要扎扎实实落实于实践之中。由理念到实践的一个必不可少的环节是制度设计。这些制度大体可以包括三个层面，包括国家层面的教育法规、学校层面的规章制度、学校基层学术组织的相关制度。在这三个层面中，学校层面的规章制度具有特殊意义，一方面是国家法律法

---

① 周世厚，范成玲．高校学术自由与学生生态论析［J］．渤海大学大学学报，2015，(3)．

② 赵俊芳．论大学学术权力［M］．北京：中国社会科学出版社，2012. 39-40.

③ 李硕豪．权力博弈：一所中国大学内部权力运行的故事［M］．北京：中国社会科学出版社，2011. 3.

规在学校事务中的体现，另一方面又是学校内部各种事务具体运作的直接指导和规约。

### 2. 大学章程与学术权力

近年来，构建现代大学制度，完善内部治理结构已经成为中国高等教育改革的一项核心工作。全国许多高校在推动大学章程建设等方面做出了大量探索。

大学章程在大学的地位就如同宪法在国家的地位。“大学章程是大学办学的基础性文件，是大学成为法人办学组织的必备条件，是政府、社会及大学自身依法治校的重要依据，是大学形成自主发展与自我约束机制的关键要件，是学校各项具体规章制度的总纲领与‘顶层设计’，是连接教育法律、法规与学校微观管理制度的纽带与桥梁。”① 首先，大学章程在现代大学制度建设中具有重要意义。完善我国高校现代大学制度，加强大学章程建设，规范高校的行政权力，进而能够实现高校去行政化的目的。大学章程建设中要进一步理清各种关系，明确各方权责，加强引导监督，使高校的行政权力和学术权力二者相互协调、共同发展，最终促使高等教育改革不断深化发展。其次，大学章程重在实施。有了科学合理的大学章程并付诸实践，高校才能营造出一个和谐有序的环境和氛围，进而实现建设世界一流大学的目标。

大学章程是为保证学校正常运行，主要就办学宗旨、内部管理体制及财务活动等重大的、基本的问题作出全面规范而形成的自律性基本部分件。② 大学章程是高校中的“宪法”，它是对学术权力的最高级限定，它对学术权力的规定具有权威性和有效性。有关学术权力的相关内容广泛存在于大学章程之中。大学章程在高校中的影响不容忽视。例如，大学章程中几乎都对大学内部的学术事务和非学术事务（或行政事务）的责任主体、权责范围、运作机制做出了规定，对“学术委员会”“学位委员会”“教学指导委员会”“教师职务评定委员会”“教授委员会”等学术组织的运

---

① 陈立鹏．大学章程研究——理论与实践的探索［M］．北京：北京师范大学出版社，2012.1.
② 陈立鹏．大学章程研究——理论与实践的探索［M］．北京：北京师范大学出版社，2012.1.

作予以指导和保障。[①] 以至于很多学者认为，2000 以后我国高校纷纷制订大学章程，所解决的核心问题就是学术权力与行政权力之间关系的问题。例如，研究者郝建山和王庚华在《大学章程制定与高校办学自主权的落实》中指出要明确行政力与学术力的界限问题。“为了发挥学术力的作用，落实高校办学活动和管理自主权，大学章程应明确学术力在学校办学活动和管理中的重要地位。应明确学校学术委员会的职责、产生办法及运行机制，保障高校办学自主权中学术力的核心地位。”[②]

那么，当前我国大学章程中学术权力的整体图景如何？为了更清晰地分析这一问题，可将其分解成若干分支问题：

①高校治理中的大学章程的相关图景是怎样的？

②我国大学章程中的学术权力的文本形式是怎样的？

③我国大学章程中的学术权力的组织结构是怎样的？

④我国大学章程中的学术权力的运行机制是怎样的？

⑤我国大学章程中的学术权力存在哪些特征及问题？

## （二）研究方法概述

### 1. 研究思路

在现代大学制度中，大学章程是高校内部治理的纲领性文件，是高校内部治理的基础，相当于每个高校自己的“宪法”。大学章程中规定着学校的目标与宗旨、权力架构、机构体系和运行机制。学术权力及其相关组织机构、运行机制是大学章程的内容之一。本部分的主要目的是探究当前我国大学章程中学术权力的整体图景。

在研究方法与程序上，首先搜集国内具有代表性的大学章程文本，然后筛选、研读其中有关学术权力的相关内容，对其进行整理并加以进一步分析。运用文献研究和文本分析的方法，重点分析大学章程中学术权力的

① 李子江．学术自由：大学之魂［M］．北京：中国社会科学出版社，2012. 25，169.

② 郝建山，王庚华．大学章程制定与高校办学自主权的落实［J］．吉林省教育学院学报，2015（2）：132-133.

文本形式、组织机构和运行机制，并对在文本研究基础上归纳和分析大学章程中学术权力的特征及现存问题。

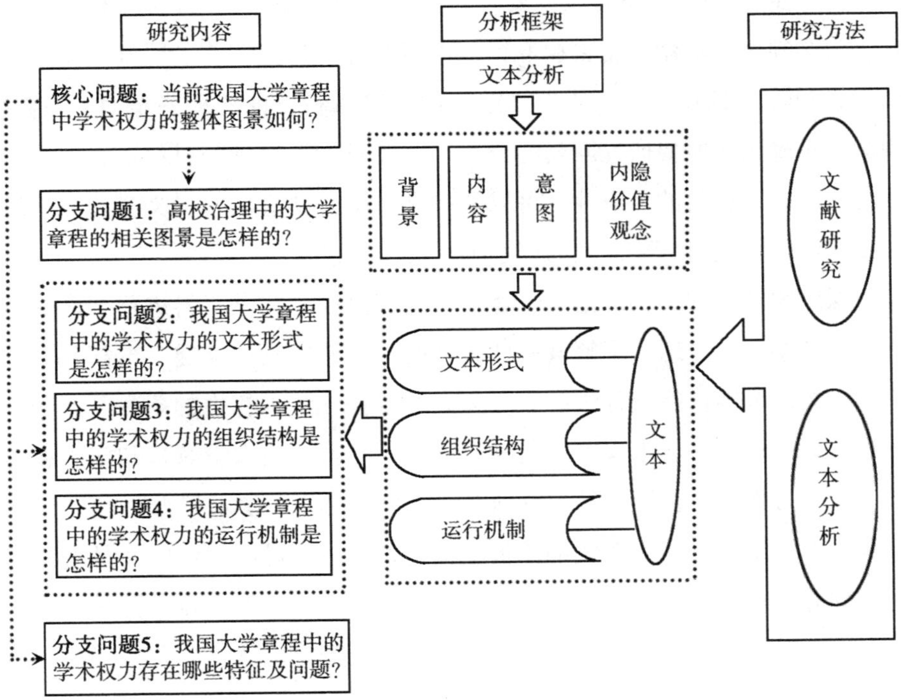


图 1-1

## 2. 研究过程

### （1）文献研究

通过利用中国知网、中国优秀硕、博士论文网、Google 学术搜索等文献检索工具以及图书馆的馆际互借功能对国内已经发表的期刊等逐一进行检索，系统收集、分析大学章程与学术权力的相关论文，并在图书馆以及亚马逊网、当当网和其他搜索引擎检索与此相关的专著，登录中华人民共和国教育部及相关网站下载了有关大学章程的核准书文件。

第一步，分析和准备阶段。分析研究主题，即我国大学章程中的学术权力，明确检索主题的要求与范围，可以确定研究主题的检索标志，以确定所需文献的范围，然后选定检索工具，确定检索途径。

第二步，搜索阶段。搜索与所研究问题有关的文献，然后从中选择重要的和切实可用的资料分别按照适当顺序阅读，并以文章摘录、文献下载、读书笔记等方式记录搜集材料。

第三步，加工整理阶段。要从搜集到的大量文献中摘录出有用的信息，就必须对文献做一番去粗取精、由表及里的加工工作。要筛选出重复的材料和较陈旧的资料，从中挑选出适用性材料，保留那些全面、完整、深刻并正确阐明所要研究问题的资料。还要对所搜集到的材料进行鉴别和评价，以保证材料的可靠性。可以采取顺查法、逆查法、引文查找法、综合查找法等方式对所要研究的课题进行文献检索。

课题团队对搜集到的论文、著作与政府报告等文献资料进行全面的查阅、分类整理并总结，了解该领域研究的整体研究进展情况。本部分文献所要收集的范围包括教育法律中有关大学章程和学术权力的条款，期刊网中有关大学章程和学术权力的文献，学者、专家有关大学章程和学术权力的论文及著作等。在期刊网上分别以“大学章程”“学术权力”和“大学章程中的学术权力”为关键词进行全文搜索。然后对已找到的文献进行分类整理并进行归纳总结。在前人研究的基础上，找到切入点，并进行深入研究。

**（2）文本分析**

课题团队在中华人民共和国教育部官网中搜索到关于大学章程的文件，即中华人民共和国教育部高等学校章程核准书。2015 年 6 月 30 日发布的文件中共有 22 所高校，即北京邮电大学、哈尔滨工程大学、南京航空航天大学、南京理工大学、中国石油大学（北京）、中央音乐学院、华中农业大学、长安大学、北京中医药大学、中南财经政法大学、大连海事大学、中国药科大学、华北电力大学、南京农业大学、北京交通大学、北京化工大学、中国政法大学、北京林业大学、中国传媒大学、中国矿业大学（北京）、中国地质大学（北京）和暨南大学。本部分中只节选部分高校章程进行分析。

本部分通过对我国大学章程建设的文本进行比较，通过对国内各个大学之间大学章程具体建设的情况进行比较。在这些大学章程文本中或多或少地会涉及有关学术权力的内容。进而分析这些大学章程文本中学术权力的具体内容。课题团队把搜索到的章程文本整理到一起，然后分别详读其中的内容，找到具体规范学术权力的章节内容，截取内容进行整理分析。通过统计把各个学校章程中所占全文的比例计算出来，方便课题团队进一步研究学术权力的文本形式、组织结构和运行机制。

首先，明确比较的目的，选定比较主题。根据研究课题确定比较的内容，限定比较的范围，从而使比较目标明确而集中；按比较主题统一比较标准。比较标准既有可比性又有稳定性。研究主题是大学章程中的学术权力，明确此主题，对课题团队将所搜集到的大学章程文本中的学术权力内容进行对比研究。

其次，广泛搜集、整理资料。通过查阅等方法尽可能搜集所要研究对象的有关资料。课题团队在教育部官网中搜索到有关大学章程的文件，然后对此进行分析整理。

第三，对材料的比较分析。从初步分析到深入分析，对搜集到的资料进行解释、分析和评价。课题团队将多所大学章程中的学术权力内容进行筛选，通过量化统计方法对文本内容进行系统性分析。

第四，整理比较结果发现问题。通过对研究结果的分析整理，从中发现大学章程中学术权力的特征及问题。

通过对比研究，对研究对象进行定性的鉴别和定量的分析，鉴定事物的差别和量的比例关系，从而准确地把握事物的多种属性，以便更好地认识大学章程中有关学术权力的特征及问题。比较多所大学章程文本，同类相同点比较，可以找到事物的共同规律；同类相异点比较，可以找到事物的特殊性。课题团队保证研究的可比性，资料的准确性和可靠性，坚持全面本质的比较。

课题团队以北京邮电大学这个章程文本为例，具体阐述是如何进行文本分析的。首先，课题团队是从官网中下载到章程文本。其次，课题团队查阅相关大学章程文本，对其内容有了大致的了解。北京邮电大学章程中包括总则、学校功能与教育形式、学生、教职工、管理体制与组织结构、教学与科研机构、经费资产后勤、外部关系、校徽、校歌、校庆日和附则共一百一十条准则。再次，因为课题团队要研究的是大学章程中的学术权力，因此，课题团队又细读了一遍章程文本，顺便对其中有关学术权力的内容进行筛选和记录并单独存放在文件夹中以备不时之需。北京邮电大学章程中的第五章管理体制与组织结构下包括一般规定、学校党委、学校行政、学术组织、教职工代表大会、工会、共青团学生组织、学校其他组织共八节内容，其中的第四节是关于学术组织的内容，课题团队就把此内容单独摘录出来。然后，课题团队要对摘选出来的内容进行分析。课题团队主要从文本形式、组织结构和运行机制三方面进行文本分析。

## 二、高校治理中的大学章程

大学章程对现代大学建设有着十分重要的意义。它是大学办学的基础性纲领文件，同时也是高校进行自主管理、保障学术自由和校园秩序良性运行的规范性文件，其地位相当于是一所大学中的“宪法”。

### （一）大学章程的历史与现实

大学章程是对大学办学最基本问题所进行的设定。大学章程起源于11世纪，与西欧中世纪大学相伴而生。随着社会发展与高等教育的发展，大学章程也随着变化。

#### 1. 大学章程的历史沿革

在11世纪以后，以意大利波隆那大学、巴黎大学、牛津大学为代表的中世纪大学相继出现。这些大学是人类历史上最早的“大学”，是现代大学的前身。中世纪大学是西欧社会、政治、经济、文化等多方面因素共同促成的产物。其中，政治方面的特殊权力格局是最关键的一个因素。当时，西欧各国尚未形成现代意义上的民族国家，以国王为代表的世俗权力和以教皇为代表的神权相互博弈，相互制衡，即通常所说的“上帝归上帝，恺撒归恺撒”的二元权力格局。中世纪大学在世俗权力和宗教权力的夹缝中出现和发展。

大学章程在中世纪时期一般以“特许状”的形式存在，即教皇和国王“特许”一所学校建立并按某种方式运作发展。这些“特许状”即后来大学章程的前身，它们是中世纪大学办学合法性的基础和自治的依据，也可以说是中世纪大学的“护身符”。

世界高等教育历史中提及，西方是大学的发源地，其大学章程最早可以追溯到中世纪的法国。1088 年，波隆那大学建立，它被誉为欧洲“大学之母”。1158 年，皇帝通过颁布法令确保博洛尼亚大学的独立地位，并赋予学生一些权利。1215 年，巴黎大学建立。教皇为巴黎大学颁发特许状，使之成为一个自治机构。1229 年，法国发生了一次在市民和学生之间的暴乱，国王通过派遣一些士兵杀死很多学生后才镇压了此次事件，而巴黎主教对此事却没有明确表态。此次事件发生之后，教师们立即停课以表明自己的态度，然而停课并没有产生任何效果，教师们就破坏了这所大学。其中许多人渡海到牛津去，其他人就到法国比较小的大学去。教皇格雷高里九世（Pope Gregory IX）为了教师们的利益进行了干预，1231 年便颁布了“Parens Scientiarum”这一训令，这个训令称为大学的“Magna Charta”。按照这个训令，教师们用停课坚持自己意见的权利，得到了明确的规定和承认；制定章程，并强迫自己的成员遵守章程的做法，也完全得到了支持。[①] 1254 年，教皇向牛津大学颁发特许状。

正因此，有些学者把这些“特许状”作为大学章程的起源。例如，黄福涛在《外国教育史》中指出“大学章程是伴随欧洲中世纪大学诞生而产生的。当时国王或教皇给大学颁发允许其开设课程、聘请教师、制定学术标准等的特许状（charter），这些特许状作为取得合法自治权力的载体开启了大学章程的历史先河。”[②] 也有一些学者认为最早的大学章程是被称为“大宪章”（Magma Charta）的《巴黎大学章程》，它的颁布为西方国家大学章程的制定提供了可靠的依据。随后很多国家也都纷纷制定大学章程。刘香菊和周光礼在《大学章程的法律透视》中也提到大学章程被普遍认为是起源于中世纪大学的特许状。由特许状（charter）和章程（parens）构成的“大宪章”

---

① ［美］博伊德，金合．西方教育史［M］．任宝祥，吴元训，译．北京：人民教育出版社，1986. 142.

② 黄福涛．外国教育史［M］．上海：上海教育出版社，2003. 81.

（Magma Charter）赋予学校很多权利，同时也赋予师生很多权利。①

经过文艺复兴运动、宗教改革运行，在十六、十七世纪西欧民族国家逐步形成，社会政治权力格局出现变化，宗教神权在国家权力结构的地位和影响下降，世俗权力的影响提升。大学章程的颁发者开始由国家政府担任，并且此前高校章程、大学管理都发生较大调整。最突出的体现就是，中世纪大学形成初期所具备的司法自治权、免兵役权、免税权、自由迁徙权等的很多大学特权被取缔，大学要在世俗国家的法律框架内办学和发展。因而，这一时期大学章程的形式、内容与此前的“特许状”“大宪章”不同。1701 年，耶鲁大学成立。耶鲁学院的特许状内容包括大学名称、地点、权力、董事会成员的数量、产生方式等。1817 年，《柏林洪堡大学章程》的起草及认可为柏林洪堡大学的办学规范奠定了基础。同年，密歇根大学建立，并在特许状的基础上不断改革、发展与完善，然后逐渐演化成各式各样的大学章程。

我国借鉴西方大学经验制定大学章程并通过章程来明确办学宗旨、管理体制、学生来源、教学组织形式等重大事项。我国近代大学建立和发展的初期，绝大多数大学都拥有属于其自身的规章制度，即大学章程。

1912 年，蔡元培主持制定《大学令》。1917 年，民国政府教育部讨论北京大学校长蔡元培的提议，并颁布《修正大学令》。《大学令》和《修正大学令》是民国时期北京大学的学校章程。② 由大学自主制定的大学章程（如 1920 年的国立北京医学专门学校章程、1921 年的厦门大学大纲、1922 年北京师范大学组织大纲等）体现了大学自主办学、学术自由的权力，对我国大学章程的发展有着重要的意义及影响。

1949 年以后，随着新中国、新制度的建立，面临着国内外的特殊形势，民国时期的高等教育管理理念、管理制度和管理体系被作为“旧社会的产物”全部否定。我国的大学管理采取了政府高度集权管理、直接管理的政策。此后，我国进入“运动”时期，高等教育管理异化，高校办学政治化，

---

① 刘香菊，周光礼．大学章程的法律透视［J］．高教探索，2004（3）：39-41.

② 孙培青．中国教育史［M］．上海：华东师范大学出版社，2008. 367.

高等教育受到严重冲击。按一些学者的观点，大学逐渐沦为政治的附属机构，没有任何办学自主权。大学的规章制度只是政府教育规章、政策的具体执行。在这种情况下，“大学不可能有章程，也没有必要制定章程。”①

改革开放以后，我国高等教育办学进入一个阶段。在办学理念和办学实践上，逐步淡化了“以意识形态为中心”，转向务实和发展，由以前仿效苏联到开放包容，兼容并蓄。在这种情况下，高校学术自由、学术权利、现代大学制度、高等教育治理等概念和理念被引入国内。大学章程的地位、价值正是在这一时期被再次认可，认为大学章程建设是现代大学治理的必要手段，很多学者对于“大学为什么要制定章程”给出了充分论证。② 这些理念被吸纳入教育管理的实践之中，最突出的体现就是《中华人民共和国高等教育法》。③ 1999 年 1 月 1 日，《中华人民共和国高等教育法》规定，申请设立高等学校的，应当向审批机关提交章程，高等学校的章程应当规定学校名称、校址、办学宗旨、办学规模、学科门类的设置、教育形式、内部管理体制、交费来源、财产和财务制度、举办者与学校之间的权利、义务、章程修改程序以及其他必须由章程规定的事项等内容。此后，国内高校开始展开大学章程制订与完善。

### 2. 大学章程的现实图景

由于高等教育发展的历史传统，美、英、法、德等欧美国家和日本，在大学章程方面的起步早，大学章程的体系更为完善，治理效果更好。例如，美国高等教育管理中最重要的特征之一是法律规章体系完善，大学章程在大学发展中起着非常重要的作用，高校一般都有成文的大学章程。法国高等教育法要求大学依据法律由校务委员会的多数决定自身章程和内部结构，把将通过的本大学章程报送负责高等教育的国家部委。④ 日本高等教育改革进程中的一个必备条件就是要制定大学宪章。大学管理制度的变革迫切需要大学宪章的制定，需要大学在组织结构、管理运营、人事制

① 米俊魁．大学为什么要制定章程［J］．高等工程教育研究，2006（1）：33-35.
② 米俊魁．大学为什么要制定章程［J］．高等工程教育研究，2006（1）：33-35.
③ 湛中乐．现代大学治理与大学章程［J］．中国高等教育，2011（9）：18-20.
④ 马陆亭，范文曜．大学章程要素的国际比较［M］．北京：教育科学出版，2010. 57-59.

度、科学研究等大学最本质的职能等方面明确大学的理念和价值追求，建立一套行之有效的有法律支持的制度保障。①

如前所述，我国高校章程建设在中华人民共和国成立以后经历一段时间的停滞，从20世纪末才开始再次提上日程。2010年，我国颁布了《国家中长期教育改革和发展规划纲要（2010—2020年）》，其部分内容与大学章程密切相关。2011年11月，教育部颁布《高等学校章程制定暂行办法》指出："章程是高等学校依法自主办学、实施管理和履行公共职能的基本准则"。这一文件为高校章程建设提供了具体指导。《高等学校章程制定暂行办法》要求所有公立高校都要建立大学章程，部属高校要将大学章程草案提请教育部核准；地方高校的大学章程则由地方教育主管部门核准。明确规定高等学校章程的性质、地位、内容、程序等。同时，教育部指定了26所部属高校作为试点，其中包括北京大学、清华大学、中国人民大学、中国政法大学、北京师范大学、复旦大学、中国科学技术大学、哈尔滨工业大学、北京航空航天大学和吉林大学等高校，并且试点范围各有侧重。2013年8月，教育部公布部分高校章程核准稿，面向社会公开征求意见，其中都将大学章程作为大学自治"宪章"，并从根本上确立了大学的管理体制和治理结构。② 总体看，我国大学章程的生效程序主要有两种方式：一是学校内部制定通过大学章程后，再上报给教育主管部门进行备案。二是仅在学校内部通过即宣告章程生效。③

就实际状况而言，中外大学章程存在着较明显的差别。从内容上看，英美国家的大学章程中关于各类管理人员特别是校长、各种管理机构和组织的职责、权限等内容规定细致，占较大篇幅。我国大学章程更侧重于体系，规定了各职能部门、相关利益人的权利、义务，但关于缺乏运作与执行的程序性规定，较为笼统，操作性不足。

---

① 马陆亭，范文曜．大学章程要素的国际比较［M］．北京：教育科学出版，2010. 57-59.

② 刘彦博，魏海勇，刘世勇．刍议大学章程对大学内部治理机制的规约与完善［J］．黑龙江高教研究，2014（1）：22-24.

③ 金一超．从审核到立法：论大学章程的生效程序［J］．中国高教研究，2011（6）：41-43.

## （二）大学章程的价值与意义

大学章程旨在宣扬大学理念，维护学术自由，保障高校使命的达成。大学章程指导和约束着大学的运行，鞭策和激励着大学的发展，作为制度为大学运行提供依据，为现代大学的发展提供依据，为高校发展提供完整的制度体系。大学章程对高校自身而言，是依法治校，自主办学的科学指导。

### 1. 大学章程是大学精神的“守护者”

大学是探究高深学问和培养人才的场所，是探索真理、传播文明的场所，是不断进行知识创造的场所，大学发展的内在逻辑性和学术活动的特殊性要求大学要以学术活动为己任。学术自由为知识创造提供条件，在这一意义上，学术自由是学术组织最为显著的特征之一。大学主要承担有关学术方面的内容，从事学术活动的人追求学术自由，如同其他必备的基本物质工作条件，如果想实现知识的不断创新、实现大学的使命，那么就需要保障高校能有一个学术自由的氛围。创新性和独立性是大学知识的特点，要想一直保持着这个特点，就要保障学术自由在大学中的地位，而学术权力主要是通过保证学术自由进而促进学术创新。大学学术权力为学者创新知识提供宽松的自由的学术空间。大学章程是实现大学自治、办学自主的制度基础。各国的大学章程都以维护大学自治、学术自由进而促进大学发展为核心要旨。例如，《柏林洪堡大学章程》规定，洪堡大学的理念是“坚持研究与教学的统一、学生与学者的共同体、学术自我负责和自主管理的原则。因为学术离不开自由，自由离不开责任。”①《东京大学宪章》规定，东京大学的学术理想是“努力使自己建设成世界一流的学术研究机构，并且培养出有全球性发展眼光的知识分子，这些知识分子将为实现一个没有偏见的社会，为促进科技进步和创造新文化做出贡献”。② 而学术自由需要大学的学术权力及其相关制度予以保障，因此各国大学章程中都对

① 朱家德．权力的规制：大学章程的历史流变与当代形态［M］．北京：中国社会科学出版社，2013. 372.

② 马陆亭，范文曜．大学章程要素的国际比较［M］．北京：教育科学出版社，2010. 21，57-59，282-286，162，293-295.

学术权力相关内容进行了规定，应当充分突出学者群体的主体地位，充分发挥教师在学术事务方面的积极性和主动性，加强学术力在学校建设与发展中的地位。①

### 2. 大学章程是高校“宪法”

我国的《高等教育法》《国家中长期教育改革和发展规划纲要（2010—2020年）》等政府文件中明确肯定大学章程的基础性地位，提出要加强大学章程建设。

大学章程是大学自主办学的自律性规范，是大学进行有序运行的法律制度保障。国有国法，校有校规，高校中类似于“宪法”地位，居于学校内部治理制度体系基座的法律性文件即大学章程。国家的稳定维持需要宪法的规范，学校的稳步发展需要章程的规范。大学章程在大学的地位就如同宪法在国家的地位。

大学章程是政府与高校之间具有契约性质的协议书，是高校一切教育教学活动的依据和核心。一般认为，大学章程是连接大学外部法律法规和大学内部规章制度的纽带和桥梁，具有承上启下的重要作用。大学章程对于国家而言，是沟通高校与政府的桥梁，政府没有直接管理高校的权力，却可以通过大学章程来间接管理高校，政府对高校实行宏观管理；对于高校自身而言，是依法治校，自主办学的指导性文件；对于社会而言，是社会各利益主体参与高校办学，监督高校办学质量的重要途径。

### 3. 大学章程是建立现代大学制度的“基石”

建立现代大学制度是我国核心议题之一。大学在建设中会面临许多问题，例如高校内部权力关系问题，高校与政府的关系问题，不同机构职责定位等问题。我国虽然也有尝试着去解决这些问题，问题却依旧存在，现在可以通过制定大学章程来解决这些问题。

大学章程在大学建设中起着至关重要的作用，它是建立大学的合法性规范。同时，它也是建立现代大学制度的重要基础。大学章程明确了大学

① 郝建山，王庚华．大学章程制定与高校办学自主权的落实［J］．吉林省教育学院学报，2015（2）：132-133.

的法律地位。大学章程是大学自治的宪章，它为现代大学制度建设提供法律基础，它明确了大学的运作机制。大学章程的建立和完善是建设现代大学制度的保证。建立健全现代大学制度是大学所追求的目标，也是时代发展对高等教育的必然要求。大学章程是现代大学制度的重要内容之一，制定并完善大学章程是建立大学制度的重要环节。

中国现代大学制度要体现大学培养人才、研究高深学问、大学自治的特点。现代大学制度需要科学处理大学与政府、大学与社会的关系以及大学内部管理等问题，实现政府的宏观调控、大学自主办学和科学民主管理。大学章程是按照国家法律法规及相关政策的规定内容而制定的，其内容包括学校各项规章制度，它是大学内部制度的基础性文件，也是处理大学与政府、社会关系和依法自主办学的规范性文件。建设有特色的大学章程，有助于形成中国特色的现代大学制度。

### （三）目前我国大学章程建设中的重要议题：重构学术权力

大学既是一个公共组织，又是一个学术组织，理想状态的大学治理是由各利益相关者借助合理制度实施的共同治理。大学的主要工作是围绕着人才培养、科学研究、服务社会等学术事务展开。在现代大学中，行政权力和学术权力均是一所高校的内部权力。目前，我国高校在处理行政权力与学术权力的关系方面存在着有待完善之处。要想使其权力关系达到相对理想的状态，就要依靠外在的力量，即需要依靠大学章程来规范两种权力的界限。因为大学章程的主要功能就在于厘清高校内部权力关系。

#### 1. 现实困境：大学“行政化”与学术权力的冲突

在中华人民共和国成立以后的很长时期，我国高校办学主要参照“苏联模式”，大学的管理主要以行政权力为主，后来通过不断更新政策、完善制度来确保学术权力的地位和作用。但即使如此，大学内部仍存在着较明显的行政权力与学术权力的失衡和冲突。

高校内部学术事务和行政事务并不是泾渭分明、截然分清的。例如，教师的教学工作无疑是属于学术事务，但对教师教学工作的制度和资源支持（例如课时排定、场地提供、设施供给）等却具有行政人员的参与，又具有一定的行政性质。再如，专业建设属于专业教师团队的学术事务，但即便是专业发展规划的设定也要参照学校相关行政部门在资金、管理、考核乃至发展规划相关文本形式等方面的规定。学术事务和行政事务这种事务交叉、边界模糊的特点，必然导致学术权力与行政权力的冲突。

再考虑到我国高校行政权力具有相对优势的传统和管理惯性，在学术权力与行政权力出现交叉、冲突时，多数时候是学术权力处于弱势。例如，对教师学术工作的评价在理论上属于学术事务，但现实中很多高校将学术工作评价简单量化，采用任务指标制、“工分制”等形式，将偏重于“质性”的评价简化为“数篇数、查个数”，将这一工作由学术专业人员的学术权力范围转移到“考核处”、“人事处”等行政部门的行政权力范围。再如，大学内部学术组织成员中行政领导比例偏高，行政权力过多干预学术权力，学术权力不能与行政权力进行相对分离，学术组织不能有效地独立行使职权。例如，一些学校的大学章程中规定：“学校学术委员会由选举产生的委员、校长委派的委员组成。”学术委员会委员构成中有校长委派的成员，虽然成员并非全是由校长委派组成，但是校长行使的是行政权力，学术委员会成员行使的是学术权力，行政权力可能干涉学术权力，两种权力相互交融，界限不清。我国大学内部治理结构的现状是行政权力占据主导地位，行政权力对学术事务介入较多，忽视学者对学术事务的管理，在事实上形成了学术权力过弱而行政权力过强，这也使得学术组织的运行必然倾向于行政机构的方式和逻辑，不是学术逻辑。

中国很多高校存在着行政权力与学术权力的关系失衡，行政权力挤压学术权力的问题。这种情况是不利于高校形成良好、健康的学术自由、学术风气、学术生态，严重影响到中国现代大学的学术活力和创造力，成为创建世界一流大学最为重大的制度性障碍。有研究者在进行调查和研究后认为，行政权力有时甚至支配的学术事务，用效率化的行政衡量尺度来要求教学与科研工作，从而造成了学术研究人员不是注重学术力量，而是为行政权力是瞻，导致了学术的急功近利和学术欺骗。① 在大学管理中，教

① 李子江．学术自由：大学之魂［M］．北京：中国社会科学出版社，2012. 178.

师权力的影响力与完备、庞大的党政体制相比，只是处于从属地位。无论是个人还是集体，教师对大学的大部分学术事务以及大量的非学术事务少有发言权。学术权力的弱化影响了行政决策的科学性，降低了决策实施的严肃性，……行政权力“泛化”的结果，是官本位意识的增强，使更多人关心权术而不是关心学术，追求“官位”而不是追求“学术真理”，不利于高校的整体发展。①

### 2. 优化契机：现代大学制度的建设热潮

“近几年所进行的一切改革都足以清楚地表明，要加强我们大学的研究活动和科学家培养方面的意识和计划，简言之，就是要使整个大学机构以此发展方向为目的。”② 2011 年的《高等学校章程制定暂行办法》强调章程对建设现代大学制度的重要作用，详尽地规定了大学章程制定的宗旨、原则、内容和程序以及核准和监督等重要事项。

大学的使命之一是为了培养人才，大学章程的制定是为了让大学有序地实现培养人才的使命。制定大学章程是为了确保学术权力的地位。稳固学术权力的地位，可以更好地实现学术自治和学术自由。解决学术权力问题对于高校来说具有很重要的意义。大学章程的主要规范是与大学群体有着密不可分的关系。大学章程的内容也是为了进行更好地治理大学。大学章程是大学制度中非常重要的一部分。大学章程是现代大学发展的需要，是依法治校的需要，是落实大学办学自主权的需要，是建设世界一流大学的需要。

现代大学制度注重维护大学自治、学术自由，重视学术权力。建立现代大学制度，是适应世界潮流和大学发展趋势的必由之路，是完善大学治理结构和增进大学教学、科研、社会服务三大功能的基础。大学章程是现代大学制度的载体和大学治理的依据，代表着特定的历史传统、精神理想和办学特色，是保障大学自主权利的基础。通过大学章程来规范和优化治理结构，促进内涵式发展，明晰大学、政府与社会的关系，能够有效地发

---

① 李子江．学术自由：大学之魂［M］．北京：中国社会科学出版社，2012. 179.

② ［西班牙］奥尔特加·加塞特．大学的使命［M］．徐小洲，陈军，译．杭州：浙江教育出版社，2001. 52.

挥现代大学的功能，推动社会经济与精神文明建设。①

近年来，构建现代大学制度，完善内部治理结构已经成为中国高等教育改革的一项核心工作。同时，全国许多高校在推动大学章程建设、高校权力之间关系问题等方面做出了大量探索。作为大学权力之一的学术权力在学术层面和实践层面上均有重要影响。在学术层面上，大学学术权力是许多学科的研究课题之一。在实践层面上，大学学术权力是现代大学制度构建中的核心要素之一，是大学权力体系中的特有主体之一。

### 3. 现有成果：学术权力“走进”大学章程

为确切完成大学的使命，需要构建现代大学制度体系，保证大学能够正常有序地运行。大学章程在高校的地位形同“宪法”在国家的地位，大学章程应彰显“教授治学”的大学理念。②

在我国，有关学术权力的规定开始正式存在于大学章程之中。例如，在《北京交通大学章程》中规定学校坚持教授治学、民主管理、依法治校。学校设立学术委员会和学位评定委员会等。2014 年，《中华人民共和国教育部令第 35 号（高等学校学术委员会规程）》中规定：“高等学校应当结合实际，依据本规程，制定学术委员会章程或者通过学校章程，具体明确学术委员会组成、职责，以及委员的产生程序、增补办法，会议制度和议事规则及其他本规程未尽事宜。”③ 说明学术权力逐渐被重视，其存在的价值和意义得到越来越多的认可。

学术权力研究逐步成为学界近年来持续关注的热点问题。学术权力和行政权力两者相辅相成，它们是大学统一整体不可或缺的一部分。只有在二者共同的作用下，大学才能在稳定有序的环境中生存，并且进行不断地发展。学术权力在价值判断和理念上不断被呼吁和重视。大学章程的建立和完善是大学去行政化的有效途径。大学章程是高校中的“宪法”，它是

---

① 中国教育新闻网．大学章程奠定依法治校的基石［EB/OL］. http：//www. jyb. cn/opinion/gdjy/201312/t20131204_ 562082. html，2013-12-04.

② 陈立鹏．大学章程研究——理论与实践的探索［M］. 北京：北京师范大学出版社，2012. 1.

③ 中华人民共和国教育部．高等学校学术委员会规程［EB/OL］. http：//www. moe. edu. cn/srcsite/A02/s5911/moe_ 621/201401/t20140129_ 163994. html，2014-01-29.

对学术权力的最高级限定，它对学术权力的规定具有权威性和有效性。有关学术权力的相关内容存在于大学章程之中。大学章程在高校中的影响不容忽视。它解决的核心问题就是学术权力与行政权力之间关系的问题。

## 三、我国大学章程中的学术权力：文本形式的分析

在本章中，课题团队将对大学章程中有关学术权力的文本形式进行分析。

### （一）大学章程中学术权力相关内容的呈现方式

课题团队对大学章程中与学术权力相关内容的文本形式进行分析，将从两个方面来探究大学章程中有关学术权力的内容是如何呈现的，即从专列式呈现与隐含式呈现和显要位置呈现与非显要位置呈现两方面进行分析。

#### 1. 专列式呈现与隐含式呈现

在本部分中，专列式呈现是指有关学术权力内容的呈现方式有专列一个标题模块或者专列一章，是作为一个独立的部分呈现出来的，可以把它视为一个整体来考虑，具有集合集中式的特点。而隐含式呈现就是指有关学术权力内容的呈现方式没有专列一个单独的标题模块，没有专列的章节，即其相关内容是和其他一些内容一起隐含在一个章节中。隐含式呈现的学术权力在呈现形式上略显杂乱，它是相对于专列式呈现而言的。隐含式呈现缺乏集中性，没有把相关内容视为一个独立的整体。为了便于进一步理解专列式呈现与隐含式呈现的不同，课题团队将会以个案分析的形式进行具体阐述。

**（1）专列式呈现个案分析**

课题团队将以中国药科大学为例来分析大学章程中有关学术权力内容的专列式呈现：

中华人民共和国教育部高等学校章程核准书第 73 号（中国药科大学）

序言

第一章　总则（第一条—第十条）

第二章　教职员工（第十一条—第十七条）

第三章　学生（第十八条—第二十二条）

第四章　领导体制和决策机制（第二十三条—第三十二条）

第五章　组织机构（第三十三条—第四十二条）

第六章　学术体制(第四十三条—第四十八条)

第四十三条　教授治学

第四十四条　学术委员会

第四十五条　专门委员会

第四十六条　学位评定委员会

第四十七条　二级学术组织

第四十八条　学术组织处理有关学术事务

第七章　民主管理（第四十九条—第五十五条）

第八章　学校与社会（第五十六条—第六十一条）

第九章　资产、经费和后勤（第六十二条—第六十七条）

第十章　学校标识（第六十八条—第七十三条）

第十一章　附则（第七十四条—第七十六条）①

上述内容为中国药科大学的大学章程的大体框架结构。在中国药科大学的章程文本中，共有十一章内容，其有关学术权力的内容是在完整的一章中呈现出来的，即是在第六章（学术体制）中呈现出来的，其下的第四十三条至第四十八条内容均是与学术权力方面有关。该章程把与学术权力有关的内容视为一个独立的整体，具有集中性，专门列出一个章节来呈现，行使学术权力有“章”可循。在一所高校中，权力包括行政权力和学术权力。章程制定者没有将有关学术权力的规定和有关行政权力的规定整理在一个章节中，而是将二者分别置于不同的章节中，说明章程制定者在制定章程时，

---

① 注：本部分内容根据《中华人民共和国教育部高等学校章程核准书第 73 号（中国药科大学）》整理而成，原始文献参见中华人民共和国教育部．中华人民共和国教育部高等学校章程核准书第 73 号（中国药科大学）［EB/OL］. http：//www. moe. edu. cn/srcsite/A02/zfs_gdxxzc/201506/t20150630_ 191838. html，2015-6-30.

考虑到二者的不同，并意识到学术权力的重要性。学术权力的地位不容忽视，同时人们逐步意识到其重要性。将有关学术权力方面的内容单列为一章，不但体现出学术权力得到了重视，而且还体现出有关学术权力方面的内容具有系统性。中国药科大学章程制定者在制定章程过程中，将有关学术权力方面的内容整理在一个章节中，使之成为一个体系。

**(2) 隐含式呈现个案分析**

课题团队将以长安大学为例来分析大学章程中有关学术权力内容的隐含式呈现：

中华人民共和国教育部高等学校章程核准书第67号（长安大学）

序言

第一章　总则（第一条—第九条）

第二章　学校职能与教育形式（第十条—第十八条）

第三章　管理体制与运行机制（第十九条—第四十一条）①

　　第三十二条　学术委员会

　　第三十三条　学术委员会人员组成

　　第三十四条　专门委员会

　　第三十五条　学位评定委员会

　　第三十六条　高级专业技术职务评审委员会

第四章　教学科研机构（第四十二条—第五十条）

第五章　学生（第五十一条—第五十八条）

---

① 注：第十九条学校党委；第二十条学校党委和学校党委常务委员会的产生；第二十一条学校党委履行的职责；第二十二条学校党委坚持民主集中制；第二十三条党委书记；第二十四条党委全委会；第二十五条党委常委会工作；第二十六条纪律检查委员会；第二十七条校长主持学校行政工作；第二十八条校长行使职权、履行职责；第二十九条校务会议性质；第三十条学校党委全委会、党委常委会、校务会议；第三十一条学校教职工代表大会；第三十二条学校依法设立学术委员会；第三十三条学术委员会人员组成；第三十四条设立若干专门委员会具体承担相关职责和学术事务；第三十五条学校设立学位评定委员会；第三十六条学校设立高级专业技术职务评审委员会；第三十七条设置党政职能部门、直属单位；第三十八条学校设置教学辅助和公共服务机构；第三十九条学校举办的具有独立法人资格的单位；第四十条校内各民主党派；第四十一条学校工会、共青团、学生会等群众组织。

第六章　教职员工（第五十九条—第六十八条）

第七章　学校与社会（第六十九条—第七十二条）

第八章　财务与资产管理（第七十三条—第七十七条）

第九章　标识和校庆日（第七十八条—第八十条）

第十章　附则（第八十一条—第八十五条）①

上述内容为长安大学的大学章程的大体框架结构。在长安大学的章程文本中，共有十章内容，其有关学术权力的内容是在第三章（管理体制与运行机制）中呈现出来的，第三章内容是从第十九条到第四十一条依次按序排列的，其中与学术权力方面有关的内容是从第三十二条到第三十六条。该章程没有把有关学术权力方面的内容视为一个独立的整体，缺乏集中性，没有专门列出一个章节或标题模块来呈现。长安大学章程中有关学术权力方面的内容与有关行政权力方面的内容同时规定在一章中。在这一章中，先是关于行政权力方面内容的规定，其次是关于学术权力方面内容的规定。行政权力与学术权力均是高校权力中的重要组成部分。若二者处于一个章节中，学术权力的重要性还未完全展现出来。行政权力与学术权力性质不同，该所高校章程将二者按照条数依次排列，并未明确区分模块，在形式上未能清晰呈现出该校章程中学术权力相关内容的相对独立地位。有关学术权力方面的内容与其他内容均在一个章节中，使之在呈现上缺少足够的系统性和体系性。

**（3）两种呈现方式的整体图景**

专列式呈现方式与隐含式呈现方式的差异如下：

①是否有专列章节来呈现有关学术权力方面的内容；

②是否有专列子标题来呈现有关学术权力方面的内容；

③是否将有关学术权力方面的内容视为一个整体，是否具有集中性。

① 注：本部分内容根据《中华人民共和国教育部高等学校章程核准书第67号（长安大学）》整理而成，原始文献参见中华人民共和国教育部．中华人民共和国教育部高等学校章程核准书第67号（长安大学）［EB/OL］．http：//www.moe.edu.cn/srcsite/A02/zfs_gdxxzc/201506/t20150630_191858.html，2015-6-30.

课题团队共选取了10所大学的章程并对其进行分析，分别是暨南大学的大学章程、北京交通大学的大学章程、大连海事大学的大学章程、长安大学的大学章程、华中农业大学的大学章程、中国药科大学的大学章程、北京化工大学的大学章程、北京林业大学的大学章程、南京农业大学的大学章程和渤海大学的大学章程。

课题团队按照大学章程中学术权力相关内容的呈现方式，即专列式呈现与隐含式呈现，将这10所高校的大学章程划分成以下两类：

**表 1-1　专列式呈现与隐含式呈现**

| 专列式呈现 | 隐含式呈现 |
| --- | --- |
| 大连海事大学章程① | 暨南大学章程② |
| 华中农业大学章程③ | 北京交通大学章程④ |

① 注：《大连海事大学章程》包括序言、第一章总则、第二章举办者与学校、第三章学校职责与功能、第四章人员、第五章组织与管理（第一节学校党委、第二节校长、第三节学术委员会和学位评定委员会、第四节教职工代表大会、第五节学生代表大会、第六节理事会、第七节其他组织机构）、第六章教学科研单位、第七章资产、财务与后勤、第八章校友会与基金会、第九章标识与校庆日、第十章附则。

② 注：《暨南大学章程》包括序言、第一章总则、第二章学校功能与教育形式、第三章组织机构（第二十一条党政联席会议；第二十二条校长负责制；第二十三条中国共产党暨南大学委员会；第二十四条纪律检查委员会；第二十五条设立董事会；第二十六条校董事会；第二十七条学术委员会；第二十八条学位评定委员会；第二十九条教学指导委员会；第三十条专业技术资格评审与聘任专家委员会；第三十一条学校根据需要设立专门委员会或组织）、第四章教职工、第五章学生、第六章资产、财务、后勤、第七章外部关系和第八章附则。

③ 注：《华中农业大学章程》包括序言、第一章总则、第二章学生、第三章教职工、第四章治理结构（第一节党政管理体制、第二节学术治理体系—第三十六条坚持教授治学，尊重学术自由；第三十七条学术委员会；第三十八条学校学术委员会人员；第三十九条设立若干专门委员会；第四十条学位评定委员会；第四十一条设立学部。第三节民主管理与监督机制、第四节教学科研及服务机构）、第五章学校与社会、第六章资产财务与保障体系、第七章学校标识和第八章附则。

④ 注：《北京交通大学章程》包括序言、第一章总则、第二章管理体制和组织机构（第十七条学校党委地位；第十八条学校党委全委会、常务委员会；第十九条纪律检查委员会；第二十条校长；第二十一条校长办公会议；第二十二条校务委员会；第二十三条学术委员会；第二十四条健全学术管理体系与组织架构；第二十五条学位评定委员会；第二十六条董事会；第二十七条招生委员会；第二十八条教职工代表大会；第二十九条学校工会；第三十条共青团北京交通大学委员会；第三十一条学生代表大会、研究生代表大会；第三十二条校内各民主党派组织及社会团体；第三十三条学校内部组织机构；第三十四条行政监督机构；第三十五条具有独立法人资格的组织）、第三章教学科研机构、第四章教职员工、第五章学生、第六章资产、经费和后勤、第七章外部关系、第八章学校标识和第九章附则。

续表

| 专列式呈现 | 隐含式呈现 |
|---|---|
| 中国药科大学章程 | 长安大学章程 |
| 北京化工大学章程① | 渤海大学章程② |
| 北京林业大学章程③ | |
| 南京农业大学章程④ | |

大连海事大学章程第五章第三节中是有关学术权力方面的内容。说明该章程制定者在制定章程时，充分考虑了学术权力的重要地位，将其单列为一个小模块，其下全部内容均有关学术权力。虽然制定者没有将有关学术权力方面的内容单列为一章，但用一个章节下的子标题来呈现有关学术权力方面的内容。例如，以“学术委员会和学位评定委员会”为标题，明确了学术权力相关内容。这样既能突显出学术权力的重要性，同时也使其

① 注：《北京化工大学章程》包括序言、第一章总则、第二章举办者与学校、第三章教职员工、第四章学生、第五章治理结构（第一节领导体制、第二节校长及行政组织、第三节学术组织—第四十二条学术委员会；第四十三条学位评定委员会；第四十四条本科教学指导委员会；第四十五条专业技术职务聘任委员会。第四节教职工代表大会）、第六章教学科研机构、第七章校友、校友会与教育基金会、校理事会、第八章其他机构、第九章财经与资产管理、第十章外部关系、第十一章校训、学校标志、校徽、校歌、校庆日、官方网站和第十二章附则。

② 注：《渤海大学章程》包括序言、第一章总则、第二章组织结构与管理体制（第十三条中国共产党渤海大学委员会；第十四条纪律检查委员会；第十五条校长；第十六条行政工作机制；第十七条职能部门、办事机构和直属单位；第十八条附属单位；第十九条学校实行校、院、系三级管理体制；第二十条中层领导班子及领导干部和处级领导干部；第二十一条校务委员会；第二十二条教授委员会；第二十三条学术委员会；第二十四条学位评定委员会；第二十五条教学委员会；第二十六条校教职工代表大会；第二十七条公共服务机构；第二十八条学院；第二十九条党政联席会；第三十条各教学单位党总支；第三十一条院长；第三十二条各学院、教研部设立教授委员会；第三十三条学院下设系。）、第三章教职工、第四章学生、第五章学校与社会、第六章资产、经费与财务管理、第七章学校标识和第八章附则。

③ 注：《北京林业大学章程》包括序言、第一章总则、第二章学校职能、第三章教职员工、第四章学生、第五章治理结构（第一节领导体制、第二节学术组织—第三十三条学术委员会；第三十四条学位评定委员会；第三十五条学术类专门委员会或组织。第三节组织机构、第四节民主管理与监督）、第六章学院、第七章外部关系、第八章财务、资产及后勤、第九章学校标识和第十章附则。

④ 注：《南京农业大学章程》包括序言、第一章总则、第二章学校与举办者、第三章领导体制、第四章学术管理（第十九条学术委员会；第二十条学位评定委员会；第二十一条学术委员会下设专门委员会；第二十二条学术委员会下设学部；第二十三条学术分委员会）、第五章民主管理和监督机制、第六章内设机构、第七章教职工、第八章学生、第九章经费与资产、第十章学校与社会、第十一章学校标识和第十二章附则。

具有系统性。

华中农业大学章程第四章第二节中第三十六条至第四十一条内容是与学术权力方面有关的。制定者以“学术治理体系”为标题，表明其下内容均与学术权力有关。制定者将有关学术权力方面的内容整理在一个小节中，使之成为一个完整的体系，同时也可以和行政权力的规定区分开来。学术权力单列一个小节，突显出学术权力在华中农业大学治理中的地位。章程制定者没有将有关学术权力的规定和有关行政权力的规定放在一个小节中，也能说明该章程制定者意识到学术权力的重要性。

北京化工大学章程第五章第三节中第四十二条至第四十五条是有关学术权力方面的内容。该章程制定者以行政组织和学术组织为子标题来呈现有关行政权力方面的内容和有关学术权力方面的内容，说明章程制定者在制订章程时考虑到两种权力的联系与差异，不便于将这两种权力的相关设定同时放在一个小节中，而是分别置于不同的小节中，突出两种权力的重要性。

北京林业大学章程第五章第二节中第三十三条至第三十五条内容是有关学术权力的规定。该章程制定者以“学术组织”这个小标题来呈现其下内容均是与学术权力方面有关。章程制定者将有关学术权力方面的内容集中整理在第二小节中，使这部分形成了一个完整的体系，具有系统性。北京林业大学章程中有关学术权力方面的内容集中在一个小节中，并与有关行政权力方面的内容并列在第五章之中，体现出学术权力在北京林业大学治理中的地位，章程制定者充分认可学术权力的重要性。

南京农业大学在第四章中以“学术管理”为标题该校章程中有关学术权力方面的内容。该大学章程制定者在制订该校章程时，将有关学术权力方面的规定集中在一个章节中，使之具有一个完整的体系，系统性较强。章程制定者把有关学术权力方面的内容均集中在第四章中，而不是分散到章节之中。该所高校章程制定者这样安排章程的内容，让学术权力有相对独立的章节，体现了该所高校对学术权力的特殊性质和特殊地位的重视。

暨南大学章程中有关学术权力方面的内容是在第三章中呈现出来的。该章程制定者在制订章程时没有细分章节中的内容，而只是将所有内容按照顺序依次排列起来，学术权力与行政权力的内容整合编写在一个章节中，章程的文本形式没有体现出学术权力作为一个独立的体系存在着。同时章程制定者将有关两种权力的规定放在一个章节中，不能够明确突显出学术权力在章程中的相对独立位置。

北京交通大学章程中将有关学术权力方面的内容放在第二章中，而且第二章中没有子标题来明确说明哪些是有关学术权力方面的内容。章程制定者这样安排不能够清晰显现出该校对学术权力的重视，同时章程制定者也没有把学术权力视为一个整体，有关学术权力方面的内容没有形成一个完整的体系。

长安大学章程第三章中部分内容是与学术权力有关的。该所大学章程制定者将有关学术权力方面的内容与有关行政权力方面的内容混编在第三章中，却没有将有关学术权力方面的内容与有关行政权力方面的内容分离开，说明该校章程中有关学术权力方面的内容没有被明确展现出来。学术权力与行政权力是两种不同的权力，而该校章程制定者将二者置于一个章节中，会影响清晰呈现学术权力在该校的重要地位。第三章中的规定均按照顺序依次排列，使有关学术权力方面的内容不具有系统性，不具有集中性。

渤海大学章程中有关学术权力方面的规定是在第二章呈现出来的。章程制定者没有将第二章中的内容进行细分，而是将全部内容依次按照顺序排列起来，行政权力与学术权力的相关规定均在第二章中，不能够明确突显出学术权力在该校的重要地位。现如今，学术权力的重要性日益受到人们的重视，学术权力与行政权力均是大学权力的重要组成部分，在高校章程中清晰呈现有关两种权力的内容，便于明确突出该部分内容的重要性。同时该校将两种权力方面的内容置于一个章节中不能够充分体现出有关学术权力内容的系统性，内容不具有集中性。

综上所述，根据专列式呈现方式与隐含式呈现方式的特点，课题团队将上述 10 所高校按此方法进行划分。其一，专列式呈现方式有单独的章节来呈现有关学术权力方面的内容，例如《中国药科大学章程》和《南京农业大学章程》，而隐含式呈现方式没有单独的章节来呈现有关学术权力方面的内容，例如《暨南大学章程》和《北京交通大学章程》；其二，专列式呈现方式是有章节下的子标题来呈现有关学术权力方面的内容，例如《大连海事大学章程》和《华中农业大学章程》，而隐含式呈现方式没有章节下的子标题来呈现有关学术权力方面的内容，例如《长安大学章程》和《渤海大学章程》；其三，专列式呈现方式是将有关学术权力方面的内容视为一个整体，具有集中性，而隐含式呈现方式没有将有关学术权力方面的内容视为一个整体，集中性不够明显。上述10所高校的大学章程中共有6所高校大学章程是以专列式方式呈现，4所高校大学章程是以隐含式方式呈现。其中在章程中以专列式方式呈现学术权力的6所高校，其章程中能够展示出学术权力的重要性及学术权力在该校的重要地位；而以隐含式方式呈现学术权力相关内容的章程中，学术权力的相对独立性、特殊地位的体现尚不够充分。

### 2. 显要位置呈现与非显要位置呈现

在本部分中，显要位置呈现是指有关学术权力方面内容居于整篇章程中的显要位置，综合考虑有关学术权力方面内容所在章节的位置和在整篇章程中所处的页数位置，即有关学术权力方面内容要约占整篇章程的前二分之一。非显要位置呈现是指有关学术权力方面内容没有居于整篇章程中的显要位置，无论是从有关学术权力方面内容所在的章节位置上来看，还是从有关学术权力方面内容在整篇章程中所处的页数位置上来看，有关学术权力方面内容都是约占整篇章程的后二分之一。为了便于进一步区分显要位置呈现与非显要位置呈现，课题团队将对二者进行个案分析。

#### （1）显要位置呈现个案分析

课题团队将以北京交通大学章程为例来分析有关学术权力方面内容的显要位置呈现：

中华人民共和国教育部高等学校章程核准书第65号（北京交通大学）

共17页

序言（第1页）

第一章　总则（第1页—第3页）

第二章　管理体制和组织机构（第3页—第10页）

第二十三条　学术委员会（第6页—第7页）

第二十四条　健全学术管理体系与组织架构（第7页）

第二十五条　学位评定委员会（第8页）

第三章　教学科研机构（第10页—第11页）

第四章　教职员工（第12页—第13页）

第五章　学生（第13页—第15页）

第六章　资产、经费和后勤（第15页）

第七章　外部关系（第15页—第16页）

第八章　学校标识（第16页）

第九章　附则（第16页—第17页）①

北京交通大学章程从章节排列上看共有九章内容，有关学术权力方面内容在其第二章内容中，其位置占据了整篇章程的前二分之一。该章程从页数排列上看共有十七页内容，有关学术权力方面内容约在第六页至第八页，其位置也占据整篇章程的前二分之一。可见，北京交通大学章程是以显要位置方式来呈现有关学术权力方面的内容。学术权力的相关规定以显要位置的方式来呈现，突显出该校对学术权力的重视，也突出了学术权力的重要性。

**（2）非显要位置呈现个案分析**

课题团队将以中国药科大学章程为例来分析有关学术权力方面内容的非显要位置呈现：

中华人民共和国教育部高等学校章程核准书第73号（中国药科大学）

共14页

序言（第1页）

① 注：本部分内容根据《中华人民共和国教育部高等学校章程核准书第65号（北京交通大学）》整理而成，原始文献参见中华人民共和国教育部．中华人民共和国教育部高等学校章程核准书第65号（北京交通大学）［EB/OL］．http：//www.moe.edu.cn/srcsite/A02/zfs_gdxxzc/201506/t20150630_191859.html，2015-6-30.

中国药科大学章程从章节排列上看共有十一章内容，有关学术权力方面内容在其第六章内容中，其位置约占整篇章程的后二分之一。该章程从页数排列上看共有十四页内容，有关学术权力方面内容约在第九页至第十页，其位置也约占整篇章程的后二分之一。但需指出的是，该校章程制定者将有关学术权力方面的内容置于一个单独的章节中，体现出章程制定者意识到学术权力的重要性。

**（3）两种呈现方式的整体图景**

通过考虑以下两点因素，课题团队对大学章程中学术权力相关内容的呈现方式进行分析：

① 学术权力相关内容所在章节的位置；

② 学术权力相关内容所在章程中的页数。

课题团队将 10 所高校大学章程中与学术权力方面有关的内容筛选出来，然后记录它们所在章节的位置及所在章程中的页数并加以分析。学术

① 注：本部分内容根据《中华人民共和国教育部高等学校章程核准书第 73 号（中国药科大学）》整理而成，原始文献参见中华人民共和国教育部．中华人民共和国教育部高等学校章程核准书第 73 号（中国药科大学）［EB/OL］. http：//www. moe. edu. cn/srcsite/A02/zfs_gdxxzc/201506/t20150630_ 191838. html，2015-6-30.

权力相关内容所在章节的位置靠前，所在章程中的页数靠前，即为显要位置呈现；学术权力相关内容所在章节的位置偏后，所在章程中的页数偏后，即为非显要位置呈现。通过统计与分析这10所高校章程中学术权力相关内容的呈现方式，课题团队发现这10所高校的大学章程中关于学术权力相关内容的呈现方式有所不同。课题团队按照显要位置呈现与非显要位置呈现这两种呈现方式将10所高校划分为如下两类：

**表1-2 显要位置呈现与非显要位置呈现**

| 显要位置呈现 | 非显要位置呈现 |
|---|---|
| 暨南大学章程① | 大连海事大学章程② |
| 北京交通大学章程 | 中国药科大学章程 |
| 长安大学章程③ | 华中农业大学章程④ |

① 注：《暨南大学章程》序言（第1页）；总则（第1页–第2页）；学校功能与教育形式（第3页–第4页）；第三章组织机构（第4页–第11页）中第二十七条在第6页，第二十八条在第7页，第二十九条在第7页至第8页，第三十条在第8页；教职工（第11页–第13页）；学生（第13页–第14页）；资产、财务、后勤（第14页–第15页）；外部关系（第15页–第16页）；附则（第16页）。

② 注：《大连海事大学章程》序言（第1页）；总则（第1页–第2页）；举办者与学校（第2页–第3页）；学校的职责与功能（第3页–第4页）；人员（第5页–第8页）；第五章组织与管理（第8页–第15页），其中第三节学术委员会和学位评定委员会（第11页–第12页）；教学科研单位（第15页–第16页）；资产、财务与后勤（第16页–第17页）；校友会与基金会（第17页–第18页）；标识与校庆日（第18页）；附则（第18页–第19页）。

③ 注：《长安大学章程》序言（第1页）；总则（第1页–第2页）；学校职能与教育形式（第2页–第3页）；第三章管理体制与运行机制（第3页–第8页），其中第三十二条（第7页），第三十三条（第7页），第三十四条（第8页），第三十五条（第8页），第三十六条（第8页）；教学科研机构（第9页–第10页）；学生（第10页–第12页）；教职员工（第12页–第13页）；学校与社会（第14页）；财务与资产管理（第14页–第15页）；标识和校庆日（第15页）；附则（第15页–第16页）。

④ 注：《华中农业大学章程》序言（第1页）；总则（第1页–第3页）；学生（第3页–第5页）；教职工（第5页–第6页）；第四章治理结构（第6页–第13页），其中第二节学术治理体系（第9页–第11页）；学校与社会（第14页）；资产财务与保障体系（第14页–第15页）；学校标识（第15页–第16页）；附则（第16页）。

续表

| 显要位置呈现 | 非显要位置呈现 |
| --- | --- |
| 南京农业大学章程① | 北京化工大学章程② |
| 渤海大学章程③ | 北京林业大学章程④ |

暨南大学章程共十六页，其中有关学术权力方面的内容是在第三章中呈现的，这部分内容在第六页至第八页。从章节排列上来看是居于整篇章程的前二分之一；从页数排列上来看，也是居于整篇章程的前二分之一。该校章程制定者在制订章程时，将有关学术权力方面的内容置于整篇章程的前二分之一，突出该校对学术权力的重视。

长安大学章程共十六页，它将有关学术权力方面的内容置于第三章内容中。从章节排列上来看是居于整篇章程的前二分之一；从页数排列上来看，也是居于整篇章程的前二分之一。从学术权力的相关规定的排列上来看，说明该校章程制定者在制订章程时考虑到学术权力的重要性。

南京农业大学章程共十七页，其中第四章内容是与学术权力方面有关的。从章节排列上来看是居于整篇章程的前二分之一；从页数排列上来

① 注：《南京农业大学章程》序言（第一页）；总则（第 1 页–第 2 页）；学校与举办者（第 2 页–第 3 页）；领导体制（第 3 页–第 7 页）；第四章学术管理（第 7 页–第 8 页）；民主管理和监督机制（第 8 页–第 9 页）；内设机构（第 9 页–第 12 页）；教职工（第 12 页–第 13 页）；学生（第 13 页–第 15 页）；经费与资产（第 15 页）；学校与社会（第 15 页–第 16 页）；学校标识（第 16 页–第 17 页）；附则（第 17 页）。

② 注：《北京化工大学章程》序言（第 1 页）；总则（第 1 页–第 2 页）；举办者与学校（第 2 页–第 4 页）；教职员工（第 4 页–第 5 页）；学生（第 5 页–第 7 页）；第五章治理结构（第 7 页–第 13 页），其中第三节学术组织（第 10 页–第 12 页）；教学科研机构（第 13 页–第 15 页）；校友、校友会与教育基金会、校理事会（第 15 页–第 16 页）；其他机构（第 16 页–第 17 页）；财经与资产管理（第 17 页–第 18 页）；外部关系（第 18 页）；校训、学校标志、校徽、校歌、校庆日、官方网站（第 18 页–第 19 页）；附则（第 19 页）。

③ 注：《渤海大学章程》序言（第 1 页）；总则（第 1 页–第 3 页）；第二章组织结构与管理体制（第 3 页–第 15 页），其中第二十二条（第 9 页–第 10 页），第二十三条（第 10 页–第 11 页），第二十四条（第 11 页–第 12 页），第二十五条（第 12 页）；教职工（第 15 页–第 17 页）；学生（第 17 页–第 19 页）；学校与社会（第 20 页–第 21 页）；资产、经费与财务管理（第 21 页–第 22 页）；学校标识（第 22 页–第 23 页）；附则（第 23 页）。

④ 注：《北京林业大学章程》序言（第 1 页）；总则（第 1 页–第 2 页）；学校职能（第 2 页）；教职员工（第 2 页–第 4 页）；学生（第 4 页–第 5 页）；第五章治理结构（第 5 页–第 10 页），其中第二节学术组织（第 8 页–第 9 页）；学院（第 11 页）；外部关系（第 12 页）；财务、资产及后勤（第 12 页–第 13 页）；学校标识（第 13 页）；附则（第 13 页）。

看，也是居于整篇章程的前二分之一。该校章程制定者将有关学术权力方面的内容放在显要位置呈现，可以突显出该校对学术权力的重视。

渤海大学章程共二十三页，它将有关学术权力方面的内容放在第二章中，从章节排列上来看是居于整篇章程的前二分之一；从页数排列上来看，也是居于整篇章程的前二分之一。有关学术权力以显要位置的方式来呈现，突出该校对学术权力的重视，说明章程制定者在制订该章程时考虑到学术权力的地位。

## （二）大学章程中学术权力相关内容的篇幅与比例

课题团队按照学术权力相关内容所占整篇章程的篇幅和比例将10所高校章程划分为以下两类：概要式呈现与详述式呈现。

### 1. 概要式呈现

概要式呈现是指大学章程中对有关学术权力方面内容的描述比较粗略。课题团队通过统计10所高校章程后，根据有关学术权力方面的内容是否具有系统性，是否具有一个完整的体系，将其划分成紧凑式与分散式，并发现部分高校章程中有关学术权力方面内容是以概要紧凑式来呈现的，有部分高校章程是以概要分散式呈现的。

#### （1）概要紧凑式呈现

课题团队以大连海事大学为例进行具体分析高校章程中以概要紧凑式呈现学术权力方面内容：

中华人民共和国教育部高等学校章程核准书第66号（大连海事大学）

共计11552字

序言（共计657字）

第一章　总则（共计570字）

第二章　举办者与学校（共计411字）

第三章　学校的职责与功能（共计1254字）

第四章　人员（共计1631字）

第五章　组织与管理（共计4625字）

第一节　学校党委（共计 1309 字）

第三节　学术委员会与学位评定委员会（共计 1052 字）

第六章　教学科研单位（共计 849 字）

第七章　资产、财务与后勤（共计 605 字）

第八章　校友会与基金会（共计 433 字）

第九章　标识与校庆日（共计 195 字）

第十章　附则（共计 292 字）①

课题团队从章程所占的篇幅和比例发现，在第五章中，位居第一的是第一小节有关学校党委的内容，占 1309 字；位居第二的是第三节有关学术权力方面的内容，占 1052 字。在整篇章程中，对比小节所占的篇幅和比例，位居第一的是第四章有关人员的内容；位居第二的是第五章第一节有关学校党委的内容；位居第三的是第三章有关学校职责与功能的内容；位居第四的是有关学术权力方面的内容。大连海事大学章程中第三章内容约占整篇章程的 10. 9%，第四章内容约占整篇章程的 14. 1%，第五章内容约占整篇章程的 40%，有关学术权力方面的内容约占第五章内容的 22. 7%，约占整篇章程的 9. 1%。大连海事大学章程共十章内容，有关学术权力方面的内容在整篇章程中位居第四，说明该校章程者在制订章程时，对学术权力的重要性有高度认可。而且，章程制定者有将这部分内容视为一个整体，具有系统性。

**（2）概要分散式呈现**

分散式章程中并未细分成小节内容，课题团队为了便于分析，将包含学术权力内容的章节内容划分为两部分。一部分是与学术权力相关的内容，一部分是与学术权力无关的内容。课题团队以长安大学为例分析章程中有关简述分散式呈现学术权力相关内容：

① 注：本部分内容根据《中华人民共和国教育部高等学校章程核准书第 66 号（大连海事大学）》整理而成，原始文　献参见中华人民共和国教育部．中华人民共和国教育部高等学校章程核准书第 66 号（大连海事大学）［EB/OL］. http：//www. moe. edu. cn/srcsite/A02/zfs_gdxxzc/201506/t20150630_ 191836. html，2015-6-30.

中华人民共和国教育部高等学校章程核准书第67号（长安大学）

共计10038字

序言（共计335字）

第一章　总则（共计707字）

第二章　学校职能与教育形式（共计608字）

第三章　管理体制与运行机制（共计4027字）

第三十二条　学术委员会（共计93字）

第三十三条　学术委员会人员组成（共计237字）

第三十四条　专门委员会（共计182字）

第三十五条　学位评定委员会（共计115字）

第三十六条　高级专业技术职务评审委员会（共计138字）

第四章　教学科研机构（共计1094字）

第五章　学生（共计864字）

第六章　教职员工（共计926字）

第七章　学校与社会（共计656字）

第八章　财务与资产管理（共计375字）

第九章　标识和校庆日（共计226字）

第十章　附则（共计192字）①

通过对比之后，课题团队从章程所占的篇幅和比例发现，第四章、第五章、第六章和第三章中与学术权力无关的内容均多于有关学术权力方面的内容。长安大学章程中第一章内容约占整篇章程的7%，第二章内容约占整篇章程的6.1%，第三章内容约占整篇章程的40.1%，其中有关学术权力方面内容共计765字，约占第三章内容的19%，约占整篇章程的7.6%。第四章内容约占整篇章程的10.9%，第五章内容约占整篇章程的

① 注：本部分内容根据《中华人民共和国教育部高等学校章程核准书第67号（长安大学）》整理而成，原始文献参见中华人民共和国教育部．中华人民共和国教育部高等学校章程核准书第67号（长安大学）［EB/OL］. http：//www. moe. edu. cn/srcsite/A02/zfs_ gdxxzc/201506/t20150630_ 191858. html，2015-6-30.

8.6%，第六章内容约占整篇章程的9.2%，第七章内容约占整篇章程的6.5%，第八章内容约占整篇章程的3.7%，第九章内容约占整篇章程的2.3%，第十章内容约占整篇章程的1.9%。长安大学章程共十六页，其中序言占一页，总则占两页，学校职能与教育形式占两页，管理体制与运行机制占六页，教学科研机构占两页，学生占三页，教职员工占两页，学校与社会占一页，财务与资产管理占两页，标识和校庆日占一页，附则占两页。第三章管理体制与运行机制共占六页，其中第三十二条至第三十六条是有关学术权力方面内容的，这五条内容占两页。

**（3）两种呈现方式的整体图景**

**表1-3 概要紧凑式呈现**

| 学校<br>内容 | 大连海事大学 | 中国药科大学 | 北京林业大学 | 南京农业大学 |
|---|---|---|---|---|
| 有关学术权力内容的章节 | 第五章第三节 | 第六章 | 第五章第二节 | 第四章 |
| 部分按字数排列居前的章节 | a. 第四章<br>b. 第五章第一节<br>c. 第三章<br>d. 第五章第三节 | a. 第四章<br>b. 第六章 | a. 第五章第一节<br>b. 第五章第二节 | a. 第三章<br>b. 第六章<br>c. 第四章 |
| 有关学术权力所占字数 | 共计1052字 | 共计1009字 | 共计1075字 | 共计965字 |
| 有关学术权力所占比例 | 约占第五章的22.7%；约占全章的9.1% | 约占全章的11.7% | 约占第五章的27.1%；约占全章的12.7% | 约占全章的9% |

《中国药科大学章程》中共十一章共计8637字。课题团队从章程所占的篇幅和比例发现，所占篇幅和比例最多的是第四章领导体制和决策机制内容，共2069字，其次是第六章与学术权力相关的内容，共1009字。学术权力的地位明显可见，说明该校章程制定者在制定章程时考虑到学术权力的重要性。中国药科大学章程中第四章内容约占整篇章程的24%，第六章内容均是与学术权力方面内容有关，其约占整篇章程的11.7%。第七章内容约占整篇章程的10.4%。中国药科大学章程共十四页，其中第四章占三页，第

六章学术体制占两页，第七章民主管理占两页。第六章中第四十三条至第四十八条是有关学术权力方面内容的，这六条内容占两页。中国药科大学章程将有关学术权力方面的内容整理在一个章节中，具有系统性。

《北京林业大学章程》中共十章，8432 字。课题团队从章程所占的篇幅和比例发现，无论是对比章节内容，还是对比小节内容，排列第一的都是第五章第一节的内容，即与管理体系有关的内容；排列第二的是第五章第二节与学术权力相关的内容。说明该校在制定章程时考虑到学术权力的重要性。北京林业大学章程中第五章内容约占整篇章程的 47%，其中有关学术权力方面内容共计 1075 字，约占第五章内容的 27.1%，约占整篇章程的 12.7%。

《南京农业大学章程》中共十二章共计 11001 字。课题团队综合对比章节内容和小节内容，从章程所占的篇幅和比例发现，位居第一的是第三章内容领导体制，共计 2826 字；位居第二的是第六章内容内设机构，共计 1479 字；位居第三的是第四章与学术权力有关的内容，共计 965 字。第四章学术管理共占两页，其中第十九条至第二十三条是有关学术权力方面内容的，这五条内容占两页。南京农业大学章程制定者将学术权力的相关内容视为一个整体，具有系统性。

综上所述，共有四所高校章程中有关学术权力方面的内容是以概要紧凑式呈现的。虽然这四所高校章程有关学术权力内容的相关规定还较粗略，但它们均将学术权力这部分内容视为一个整体，具有集中性。

**表 1-4　概要分散式呈现**

| 学校<br>内容 | 北京交通大学 | 长安大学 |
|---|---|---|
| 有关学术权力方面的章节 | 第二章<br>（第二十三条至第二十五条） | 第三章<br>（第三十二条至第三十六条） |
| 部分按字数排列居前的章节 | a. 第二章与学术权力无关内容<br>b. 第一章<br>c. 第二章与学术权力有关内容 | a. 第三章与学术权力无关内容<br>b. 第四章　c. 第六章　d. 第五章<br>e. 第三章与学术权力有关内容 |

续表

| 学校<br>内容 | 北京交通大学 | 长安大学 |
|---|---|---|
| 有关学术权力所占字数 | 共计 1224 字 | 共计 765 字 |
| 有关学术权力所占比例 | 约占第二章的 25%；<br>约占全章的 11.6% | 约占第三章的 19%；<br>约占全章的 7.6% |

《北京交通大学章程》中共九章共计 10508 字，其中第二章共计 4903 字。通过对比之后，课题团队从章程所占的篇幅和比例发现，该校章程有关学术权力的内容排列在第三位，由此可以看出学校对学术权力的重视。北京交通大学章程中第一章内容约占整篇章程的 13%，第二章内容约占整篇章程的 46.7%，其中有关学术权力方面内容共计 1224 字，约占第二章内容的 25%，约占整篇章程的 11.6%。第三章内容约占整篇章程的 8.5%，第四章内容约占整篇章程的 8.3%，第五章内容约占整篇章程的 7.1%，第六章内容约占整篇章程的 3.8%，第七章内容约占整篇章程的 4.6%，第八章内容约占整篇章程的 1.8%，第九章内容约占整篇章程的 2.6%。第二章管理体制和组织机构共占八页，其中第二十三条至第二十五条是有关学术权力的内容，这三条内容占三页但内容较分散。

### 2. 详述式呈现

详述式呈现是指大学章程中对有关学术权力方面内容的描述比较详细。课题团队通过统计 10 所高校章程后，根据有关学术权力方面的内容是否具有系统性，是否具有一个完整的体系，将其划分成集中式与分散式，并发现有部分高校章程是以详述集中式呈现有关学术权力方面内容的；有部分高校章程是以详述分散式呈现有关学术权力方面内容的。

#### （1）详述集中式呈现

课题团队以北京化工大学为例进行具体分析章程中有关详述集中式呈现学术权力相关内容：

中华人民共和国教育部高等学校章程核准书第 74 号（北京化工大学）

共计 11993 字

序言（共计 419 字）

第一章　总则（共计 738 字）

第二章　举办者与学校（共计 1030 字）

第三章　教职员工（共计 896 字）

第四章　学生（共计 997 字）

第五章　治理结构（共计 4006 字）

　第一节　领导体制（共计 1188 字）

　第二节　校长及行政组织（共计 1095 字）

　第三节　学术组织（共计 1079 字）

第六章　教学科研机构（共计 1114 字）

第七章　校友、校友会与教育基金会、校理事会（共计 768 字）

第八章　其他机构（共计 555 字）

第九章　财经与资产管理（共计 641 字）

第十章　外部关系（共计 311 字）

第十一章　校训、学校标志、校徽、校歌、校庆日、官方网站（共计 256 字）

第十二章　附则（共计 232 字）①

课题团队从章程所占的篇幅和比例发现，有关学术权力方面的内容在第五章中居于第三；在整篇章程中居于第四。由此可以看出该校对学术权力的重视。北京化工大学章程中第一章内容约占整篇章程的 6. 2%，第二章内容约占整篇章程的 8. 6%，第三章内容约占整篇章程的 7. 5%，第四章内容约占整篇章程的 8. 3%，第五章内容约占整篇章程的 33. 4%，其中有

① 注：本部分内容根据《中华人民共和国教育部高等学校章程核准书第 74 号（北京化工大学）》整理而成，原始文献参见中华人民共和国教育部．中华人民共和国教育部高等学校章程核准书第 74 号（北京化工大学）［EB/OL］. http：//www. moe. edu. cn/srcsite/A02/zfs_gdxxzc/201506/t20150630_ 191846. html，2015-6-30.

关学术权力方面内容共计 1079 字，约占第五章内容的 27%，约占整篇章程的 9%。第六章内容约占整篇章程的 9.3%，第七章内容约占整篇章程的 6.4%，第八章内容约占整篇章程的 4.6%，第九章内容约占整篇章程的 5.3%，第十章内容约占整篇章程的 2.6%，第十一章内容约占整篇章程的 2.1%，第十二章内容约占整篇章程的 1.9%。北京化工大学章程共十九页，其中序言占一页，总则占两页，举办者与学校占三页，教职员工占两页，学生占三页，治理结构占七页，教学科研机构占三页，校友、校友会与教育基金会、校理事会占两页，其他机构占两页，财经与资产管理占两页，外部关系占一页，校训、学校标志、校徽、校歌、校庆日与官方网站占两页，附则占一页。第五章治理结构共占七页，其第三节学术组织中的第四十二条至第四十五条是有关学术权力方面内容的，这部分内容占三页。北京化工大学章程中关于学术权力内容的规定是较详细的，而且章程制定者将该部分内容视为一个完整体系，具有系统性。

**（2）详述分散式呈现**

课题团队以暨南大学为例进行具体分析章程中有关详述分散式呈现学术权力相关内容：

中华人民共和国教育部高等学校章程核准书第 64 号（暨南大学）

共计 9739 字

序言（共计 513 字）

第一章　总则（共计 812 字）

第二章学校功能与教育形式（共计 770 字）

第三章　组织机构（共计 4708 字）

　　第二十七条　学术委员会（共计 490 字）

　　第二十八条　学位评定委员会（共计 317 字）

　　第二十九条　教学指导委员会（共计 299 字）

　　第三十条　专业技术资格评审与聘任专家委员会（共计 124 字）

第四章　教职工（共计 743 字）

第五章　学生（共计 715 字）

第六章　资产、财务、后勤（共计 542 字）

第七章　外部关系（共计 627 字）

第八章　附则（共计 281 字）①

通过对比之后，课题团队从章程所占的篇幅和比例发现，有关学术权力方面的内容居于第二。课题团队通过统计与分析之后可以得知该校对学术权力的重视。暨南大学章程中第一章内容约占整篇章程的 8.3%，第二章内容约占整篇章程的 7.9%，第三章内容约占整篇章程的 48.3%，其中有关学术权力方面内容共计 1230 字，约占第三章内容的 26.1%，约占整篇章程的 12.6%。第四章内容约占整篇章程的 7.6%，第五章内容约占整篇章程的 7.3%，第六章内容约占整篇章程的 5.6%，第七章内容约占整篇章程的 6.4%，第八章内容约占整篇章程的 2.9%。第三章组织机构共占八页，其中第二十七条至第三十条是有关学术权力的内容，这四条内容占三页。暨南大学章程关于学术权力内容的规定较详尽，但未以单独的模块和系统化的形式予以呈现。

**（3）两种呈现方式的整体图景：**

**表 1-5　详述集中式呈现**

| 学校 / 内容 | 华中农业大学 | 北京化工大学 |
| --- | --- | --- |
| 有关学术权力方面的章节 | 第四章　第二节 | 第五章　第三节 |
| 部分按字数排列居前的章节 | a. 第四章第一节<br>b. 第一章<br>c. 第四章第二节 | a. 第五章第一节<br>b. 第六章<br>c. 第五章第二节<br>d. 第五章第三节 |

① 注：本部分内容根据《中华人民共和国教育部高等学校章程核准书第 64 号（暨南大学）》整理而成，原始文献参见中华人民共和国教育部．中华人民共和国教育部高等学校章程核准书第 64 号（暨南大学）［EB/OL］. http：//www. moe. edu. cn/srcsite/A02/zfs_ gdxxzc/201506/t20150630_ 191829. html，2015-6-30.

续表

| 学校<br>内容 | 华中农业大学 | 北京化工大学 |
|---|---|---|
| 有关学术权力所占字数 | 共计 1222 字 | 共计 1079 字 |
| 有关学术权力所占比例 | 约占第四章的 25.1%；<br>约占全章的 11.6% | 约占第五章的 27%；<br>约占全章的 9% |

《华中农业大学章程》中共八章共计 10498 字。第一章共计 1492 字，第四章共计 4864 字，其中第一节共计 1780 字。课题团队从章程所占的篇幅和比例发现，与学术权力有关的内容在第四章中居于第二，在整个章程中居于第三。该校章程的呈现，能够突出学校对学术权力地位的重视。华中农业大学章程中第一章内容约占整篇章程的 14.2%，第二章内容约占整篇章程的 9%，第三章内容约占整篇章程的 9.8%，第四章内容约占整篇章程的 46.3%，其中有关学术权力方面内容共计 1222 字，约占第四章内容的 25.1%，约占整篇章程的 11.6%。第五章内容约占整篇章程的 6.6%，第六章内容约占整篇章程的 5.3%。第七章内容约占整篇章程的 3.4%，第八章内容约占整篇章程的 1.8%。第四章治理结构共占八页，其第二节学术治理体系中的第三十六条至第四十一条是有关学术权力方面内容的，这部分内容占三页。华中农业大学章程中有关学术权力方面的内容规定的较详细，而且章程制定者将这部分内容视为一个完整的体系。

**表 1-6 详述分散式呈现**

| 学校<br>内容 | 暨南大学 | 渤海大学 |
|---|---|---|
| 有关学术权力方面的章节 | 第三章<br>（第二十七条至第三十条） | 第二章<br>（第二十二条至第二十五条） |
| 部分按字数排列居前的章节 | a. 第三章　与学术权力无关内容<br>b. 第三章　与学术权力有关内容 | a. 第二章　与学术权力无关内容<br>b. 第二章　与学术权力有关内容 |

续表

| 内容＼学校 | 暨南大学 | 渤海大学 |
|---|---|---|
| 有关学术权力所占字数 | 共计 1230 字 | 共计 1487 字 |
| 有关学术权力所占比例 | 约占第三章内容的 26.1%；<br>约占整篇章程的 12.6% | 约占第二章内容的 25.9%；<br>约占整篇章程的 14.1% |

综上所述，共有两所高校章程将有关学术权力方面的内容以详述集中式呈现的。这两所高校章程制定者均将学术权力视为一个整体，具有集中性。章程制定者对于学术权力内容的介绍较详细些，能够突显出章程制定者对学术权力的重视，也能突出学校对学术权力的重视。

《渤海大学章程》中共八章共计 10543 字，其中第二章共计 5742 字。通过对比之后，课题团队从章程所占的篇幅和比例发现，与学术权力有关的内容位居第二。渤海大学大学章程中第一章内容约占整篇章程的 9.2%，第二章内容约占整篇章程的 54.5%，其中有关学术权力方面内容共计 1487 字，约占第二章内容的 25.9%，约占整篇章程的 14.1%。第三章内容约占整篇章程的 9.8%，第四章内容约占整篇章程的 8.3%，第五章内容约占整篇章程的 6%，第六章内容约占整篇章程的 4.3%，第七章内容约占整篇章程的 4.1%，第八章内容约占整篇章程的 1.2%。渤海大学章程共二十三页，第二章组织结构与管理体制共占十三页，其中第二十二条至第二十五条是有关学术权力方面内容的，这四条内容占四页。渤海大学章程中有关学术权力方面的内容是较详细的，但是内容系统性不够充分。

综上所述，共有两所高校章程中有关学术权力方面的内容是较详细的，以详述式来呈现内容，但是这两所高校章程中关于学术权力方面的内容均稍稍缺乏系统性，未能呈现为一个完整的体系。

## 四、我国大学章程中的学术权力：组织结构的分析

在本部分中，课题团队将对有关学术权力组织结构进行分析。学术权

力的组织结构的是静态的，主要包括从学术权力的辖属、学术权力的职责定位和机构设置及其权限。

## (一) 学术权力的辖属

通过分析学术权力的辖属来阐释有关学术权力组织结构的内容。课题团队通过分析高校内部权力体系和学术权力的辖属与性质来对学术权力的辖属进行分析。

### 1. 高校内部权力体系

我国高校坚持社会主义办学方向，全面贯彻国家的教育方针。《国家中长期教育改革和发展规划纲要（2010—2020 年）》规定：“完善中国特色现代大学制度。完善治理结构。公办高等学校要坚持和完善党委领导下的校长负责制。健全议事规则与决策程序，依法落实党委、校长职权。充分发挥学术委员会在学科建设、学术评价、学术发展中的重要作用。”①《中华人民共和国高等教育法》第三十九条：“国家举办的高等学校实行中国共产党高等学校基层委员会领导下的校长负责制。”②《中华人民共和国高等教育法》第四十二条：“高等学校设立学术委员会，审议学科、专业的设置，教学、科学研究计划方案，评定教学、科学研究成果等有关学术事项。”③

高校内部权力体系结构如图 1-2 所示：(见下页)

图中所示，表明党委与校长之间是领导与被领导的关系。党委领导，校长负责，其下有行政机构和学术机构。高校中还有党内监督执纪机构。党委领导下的校长负责制，说明高校的领导核心是党委，具体行政事务由校长办公会负责议事决策，校长行使的是行政权力。学术机构负责学术方面的事务，学术委员会行使的是学术权力。行政权力和学术权力均是一所

---

① 中华人民共和国教育部．国家中长期教育改革和发展规划纲要（2010-2020 年）［EB/OL］. http：//www. moe. gov. cn/jyb_ xwfb/s6052/moe_ 838/201008/t20100802_ 93704. html，2010-7-29.

② 中华人民共和国教育部．中华人民共和国高等教育法［EB/OL］. http：//www. moe. gov. cn/s78/A02/zfs_ _ left/s5911/moe_ 619/201512/t20151228_ 226196. html，2015-12-28.

③ 中华人民共和国教育部．中华人民共和国高等教育法［EB/OL］. http：//www. moe. gov. cn/s78/A02/zfs_ _ left/s5911/moe_ 619/201512/t20151228_ 226196. html，2015-12-28.

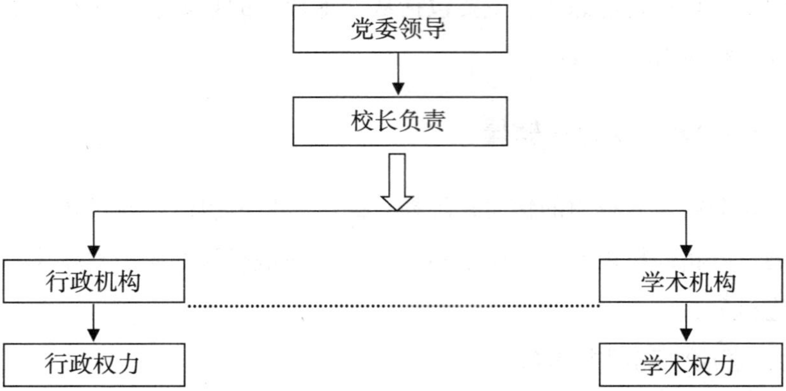


图 1-2

大学中重要的权力，是高校权力的重要组成部分。行政权力负责行政事务，学术权力负责学术事务，但当两者界限混淆之时，行政权力就可能干预到学术权力，行政权力的干涉会影响到学术权力的有效实施与运行。我国高校治理坚持党委领导，确立党委的核心地位能够加强党对高校进行有效的领导。课题团队认为，坚持党委领导，即是坚持党委在宏观层面和原则层面上的领导；坚持校长负责，即是坚持校长在具体层面上的负责。党委要对学校中一些重大问题做出决策，校长在党委的领导下开展工作，党委充分尊重和发挥校长在学校的重要作用。

课题团队通过对 10 所高校章程进行统计与分析，发现各校体现出很多共性。

其一，十所高校章程中均是规定了学校实行党委领导下的校长负责制。例如，《北京交通大学章程》中规定了“该校实行中国共产党北京交通大学委员会领导下的校长负责制”。《大连海事大学章程》中规定了“该校实行中国共产党大连海事大学委员会领导下的校长负责制”。《长安大学章程》中规定了“该校实行中国共产党长安大学委员会领导下的校长负责制”。《华中农业大学章程》中规定了“该校实行中国共产党华中农业大学委员会领导下的校长负责制”。

其二，十所高校章程中均规定了学校的领导核心是党委，并设立常务委员会。例如，《中国药科大学章程》中规定了“学校党委是学校的领导核心，并设常务委员会”。《北京化工大学章程》中规定了“学校党委是学校的领导核心，并设常务委员会”。《北京林业大学章程》中规定了“学校党委是学校的领导核心，并设常务委员会”。《南京农业大学章程》中规定了“学校党委是学校的领导核心，并设常务委员会”。《渤海大学章程》中规定了“学校党委是学校的领导核心，并设常务委员会”。

其三，九所高校章程中规定了校长办公会议（或校务会议）是学校行政议事决策机构。例如，《北京交通大学章程》中规定了“校长办公会议是学校行政议事决策机构”。《大连海事大学章程》中规定了“校长办公会议是学校行政议事决策机构”。《长安大学章程》中规定了“校务会议是学校行政议事决策机构”。《华中农业大学章程》中规定了“校长办公会议是学校行政议事决策机构”。《中国药科大学章程》中规定了“校务会议是校长行使职权的基本形式”。

其四，十所高校章程中规定了纪律检查委员会是学校的党内监督执纪机构。例如，《中国药科大学章程》中规定了“纪律检查委员会是学校的党内监督机构”。《北京化工大学章程》中规定了“纪律检查委员会是学校的党内监督机关”。《北京林业大学章程》中规定了“纪律检查委员会是学校的党内监督机构”。《南京农业大学章程》中规定了“纪律检查委员会是学校的党内监督与执纪机构”。《渤海大学章程》中规定了“纪律检查委员会是学校的党内监督机构”。

其五，各高校章程中规定学校最高学术机构是学术委员会。例如，《暨南大学章程》中规定“学术委员会是学校最高学术机构。”《北京交通大学章程》中规定“学术委员会是学校最高学术机构。”《大连海事大学章程》中规定“学校学术委员会是学校的最高学术机构。”

### 2. 学术权力的辖属与性质

《中华人民共和国高等教育法》① 第四十二条：“高等学校设立学术委员会，审议学科、专业的设置，教学、科学研究计划方案，评定教学、科

---

① 中华人民共和国教育部．中华人民共和国高等教育法［EB/OL］. http：//www.moe.gov.cn/s78/A02/zfs_ _ left/s5911/moe_ 619/201512/t20151228_ 226196.html，2015-12-28.

学研究成果等有关学术事项。”

课题团队通过分析章程的规定发现学术权力会受到党委的领导。十所高校实行党委领导下的校长负责制，学校的领导核心是党委，高校以行政权力为主导。学术权力虽由学术机构所主要持有和运行，但也会间接受到行政权力的管辖。纪律检查委员会是学校的党内监督执纪机构，学术权力也需要接受纪律检查委员会的监督。

中华人民共和国教育部令第 35 号《高等学校学术委员会规程》[①] 中规定“高等学校应当依法设立学术委员会，健全以学术委员会为核心的学术管理体系与组织架构；并以学术委员会作为校内最高学术机构，统筹行使学术事务的决策、审议、评定和咨询等职权。高等学校学术委员会应当遵循学术规律，尊重学术自由、学术平等，鼓励学术创新，促进学术发展和人才培养，提高学术质量；应当公平、公正、公开地履行职责，保障教师、科研人员和学生在教学、科研和学术事务管理中充分发挥主体作用，促进学校科学发展。”

课题团队通过分析 10 所高校章程，发现各高校章程中规定了学校最高学术机构是学术委员会。例如，《长安大学章程》中规定了“学校学术委员会是学校的最高学术机构”。《华中农业大学章程》中规定了“学术委员会是学校最高学术机构，学校尊重并保障学术委员会独立行使学术职权”。《中国药科大学》中规定“学校设立学术委员会，作为学校最高学术机构。”

高校设立学术委员会为最高学术机构，是指该校有关学术方面的事务由学术委员会指导，具体学术事务由其下设的专门委员会具体执行。确立学术委员会为高校最高学术机构，是为了促进高等学校规范和加强学术委员会建设，完善内部治理结构，保障学术委员会在教学、科研等学术事务中有效发挥作用。学术权力是高校内部权力的组成部分，学术权力的地位越来越重要，高校中需要健全学术体系来突出学术权力的重要性，所以要

---

① 中华人民共和国教育部．高等学校学术委员会规程［EB/OL］．http：//www. moe. edu. cn/srcsite/A02/s5911/moe_ 621/201401/t20140129_ 163994. html，2014-01-29.

健全以学术委员会为核心的学术管理体系与组织架构。明确高校中的学术管理体系，可以进一步保障学术事务的正常运行。

### （二）学术权力的职责定位

课题团队统计了10所高校章程中校学术委员会的主要职责，即学校学术委员会统筹行使对学术事务的审议、评定、决策、咨询等职权，并主要从这四项职能来分析高校学术委员会的职责。明确学术委员会的工作职责，确保学术权力按照章程进行有序有效地实施。

1. 决策职能

决策职能主要是指学校学术权力机构决定有关学术发展、学术评价、学术规范及其他事项。学术委员会对高校中有关学术事务的重大事项进行决策。决策职能，说明学术权力机构拥有对相关学术事务的决策权。例如，《大连海事大学章程》中规定“学术委员会审议决定学位授予标准、学术评价标准、教师专业技术职务与岗位评聘的学术标准与办法、研究生导师遴选标准、专门委员会工作规程、学术道德规范等学术管理制度”；《南京农业大学章程》中学术委员会审议或决定“学科、专业及教师队伍建设规划，以及科学研究、对外学术交流合作等重大学术规划”；《华中农业大学章程》中提到“学术委员会对各专门委员会、基层学术委员会提交的重大问题做出决策或提出意见和建议”；《北京化工大学章程》中提到“学术委员会中法律、规章规定的其他职权，以及其他需要学术委员会决策的重大事项”；《大连海事大学章程》中学术委员会“审议决定学位授予标准、学术评价标准、教师专业技术职务与岗位评聘的学术标准与办法、研究生导师遴选标准、专门委员会工作规程、学术道德规范等学术管理制度”。

2. 审议职能

审议职能主要是指学术权力机构在决策前对相关学术事务进行审议。对于学校发展规划、学校重要机构的设置及相关的配置方案、学术管理制度等学术事务，学校需要在决策前提交学术委员会进行审议。

课题团队将10所高校章程中有关审议职能的内容划分为以下几点：

其一，六所高校章程中规定学术委员会审议学校发展规划。例如，《暨南大学章程》中学术委员会审议“学校发展规划，包括学校中长期发展规划以及学科、教学、科研、队伍建设等规划”；《北京交通大学》中学术委员会审议“学科建设、专业建设、师资队伍建设、科技发展、对外学术交流与合作等重要学术规划”；《华中农业大学章程》中学术委员会审议“涉及学科、专业、教师队伍建设规划，以及科学研究、对外学术交流合作等重大学术规划”。

其二，八所高校章程中规定学术委员会审议学校重要机构的设置及相关的配置方案。例如，《大连海事大学章程》中学术委员会审议“学校学科专业、重要学术机构的设置、变更和撤销等事项”；《中国药科大学章程》中学术委员会审议“自主设置或者申请设置学科专业，学术机构设置方案，交叉学科、跨学科协同创新机制的建设方案、学科资源的配置方案”；《北京林业大学章程》中学术委员会审议“有关学科、专业的设置和调整，机制建设以及学术机构的设置”。

其三，八所高校章程中规定学术委员会审议学术管理制度以及学术标准与办法等。例如，《暨南大学章程》中学术委员会审议“招生标准与办法”；《大连海事大学章程》中学术委员会审议“决定学位授予标准、学术评价标准、教师专业技术职务与岗位评聘的学术标准与办法、研究生导师遴选标准、专门委员会工作规程、学术道德规范等学术管理制度”；《渤海大学章程》中学术委员会审议“学校科学研究成果和学科建设、科研工作方面的决策”；《北京化工大学章程》中学术委员会审议“科研计划方案，推荐科研项目”。

其四，七所高校章程中规定学术委员会审议各专门委员会章程以及其他学术发展的重大措施和项目。例如，《长安大学章程》中规定“学校学术工作的重要决策须经学术委员会或其专门委员会审议通过后，由学校发布实施”；《华中农业大学章程》中学术委员会审议“各专门委员会、基层学术委员会的提名组成人选及工作规则”；《北京林业大学章程》中学术委员会审议“学校学术委员会专门委员会组织规程、院级学术委员会章程”；《南京农业大学章程》中学术委员会审议“各专门委员会组织规程，学术分委员会章程”。

### 3. 评定职能

评定职能主要是指学术权力机构对相关学术事务进行评定。学校实施专门委员会章程、学术评价标准及相关的一些学术制度、学术道德规范等事项时，涉及对学术水平做出评价的，应当由学术委员会或者其授权的学术组织进行评定。

课题团队将 10 所高校章程中有关评定职能的内容划分为以下几点：

其一，两所高校章程中规定学术委员会评定各专门委员会章程。《暨南大学章程》中学术委员会审定“专门委员会组织规程和学院学术委员会章程”；《中国药科大学章程》中学术委员会“制订学术委员会专门委员会组织规程，审定学术分委员会章程”。

其二，九所高校章程中规定学术委员会评定学术评价标准及相关的一些学术制度。例如，《北京化工大学章程》中学术委员会“就学校各级学术组织或个人的学术水平作出评价，审定评定科研成果”；《北京林业大学章程》中“评定或授权其他学术组织评定各类高层次引进人才和对外推荐各类奖项人选的学术水平”；《南京农业大学章程》中学术委员会评定：“学校教学、科学研究成果和奖励，对外推荐教学、科学研究成果奖，高层次人才引进岗位人选、名誉（客座）教授聘任人选，推荐国内外重要学术组织的任职人选、人才选拔培养计划人选，自主设立各类学术、科研基金、科研项目以及教学、科研奖项等”；《渤海大学章程》中学术委员会审定“学科建设规划、科学研究工作规划；对申报各级重点学科、专业和重点实验室、科研基地、科研团队、学术人才等项目进行遴选、审核，推荐各级各类专家”。

其三，两所高校章程中规定学术委员会评定学术道德规范及其他相关内容。《暨南大学章程》中学术委员会审定“学校学术道德规范，调查和裁决学术争议，调查和评定学术不端行为”；《北京交通大学章程》中“学校认为需要评价学术水平的其他事项”。

### 4. 咨询职能

咨询职能主要是指学校做出关于学校学术发展战略和政策研究、有关预算安排、分配及使用、项目申报及资金分配等决策前，应当通报学术委员会，由学术委员会提出咨询意见。

课题团队在分析10所高校章程中有关咨询职能的内容后，认为主要集中于以下几点：

其一，六所高校章程中规定学术委员会对组织开展学校学术发展战略和政策研究提供决策咨询与建议。例如，《暨南大学章程》中“学术委员会组织开展学校学术发展战略和政策研究，为学校学术发展提供决策咨询与建议”；《大连海事大学章程》中“学术委员会对学校事业中长期发展规划，重大学术发展规划，机构编制总体方案，教学科研单位设置”；《南京农业大学章程》中“学术委员会对下列事项提出咨询意见：制定与学术事务相关的全局性、重大发展规划和发展战略”。

其二，三所高校章程中规定学术委员会对有关学术经费预算决算的安排、分配及使用提供咨询与建议。《北京交通大学章程》中“学术委员会对以下内容提出咨询意见：学校预算决算中教学、科研经费的安排、分配及使用”；《大连海事大学章程》中“学术委员会对学校预算和决算中教学科研经费的安排、分配与使用提出咨询意见”；《南京农业大学章程》中“学术委员会对下列事项提出咨询意见：学校预算决算中相关学术经费的安排和分配”。

其三，两所高校章程中规定学术委员会对教学、科研重大项目的申报及资金的分配使用提供咨询意见。《北京交通大学章程》中“对教学、科研重大项目的申报及资金的分配与使用提供咨询意见”；《南京农业大学章程》中“对教学、科研重大项目的申报及资金的分配使用提供咨询意见”。

其四，四所高校章程中规定学术委员会对国际合作办学及对外重大合作项目等其他事项提供咨询与建议。《北京交通大学章程》中“对国际合作办学及对外重大合作项目，学校认为需要听取意见的其他事项提供咨询意见”；《大连海事大学章程》中“对中外合作办学、重大项目合作等事项提出咨询意见”；《南京农业大学章程》中“开展中外合作办学、赴境外办学，对外开展重大项目合作等”；《渤海大学章程》中“学术委员会对涉及学校学术问题的其他事项”① 第四十二条：“高等学校设立学术委员会履行审议学科建设、专业设置，教学、科学研究计划方案；评定教学、科学研究成果；调查、处理学术纠纷；调查、认定学术不端行为；按照章程审议、决定有关学术发展、学术评价、学术规范的其他事项等职责。”学术委员会作为高校最高的学术权力机构，对于学术事务方面有自己的工作职责。其主要职责有决策、审议、评定和咨询等职权。

综上所述，十所高校章程中学术委员会的主要职责是统筹行使对学术事务的决策、审议、评定和咨询等职权。课题团队在统计这些章程时发现，有些学校章程规定的职责中除了上述规定以外，还有其他相关规定。例如，《南京农业大学章程》中“其他需要学术委员会决策、评定、咨询、审议的事项，接受、审议学术问题的申诉并仲裁”；《渤海大学章程》中规定“学术委员会制定或修订学术道德规范，受理学术争议和处理违背学术道德规范的不良行为，其他相关学术事宜”。

### （三）学术权力组织设置及其权限

课题团队通过分析学术权力的机构设置及其权限来进一步呈现有关学术权力组织结构方面的内容。学术委员会是学校最高学术机构，高校中还有学位评定委员会、教学委员会、教授委员会、专门委员会等机构。课题团队将对这些机构的设置及其权限进行分析。

#### 1. 学位评定委员会的结构与权限

**（1）学位评定委员会的结构**

课题团队通过分析这10所高校章程，发现有关学位评定委员会结构的内容不尽一致，有些高校的规定较概略，有些高校则较详细。

例如，《暨南大学章程》中只提到“暨南大学设立学位评定委员会，并根据需要设立学位评定分委员会”。《南京农业大学章程》中只提到“学位评定委员会根据其章程开展工作，并在学院设立学位评定分委员会”。

---

① 中华人民共和国教育部．中华人民共和国高等教育法［EB/OL］. http：//www.moe.gov.cn/s78/A02/zfs_ _left/s5911/moe_ 619/201512/t20151228_ 226196.html，2015-12-28.

《长安大学章程》学位评定委员会的结构："由学校不同学科、专业的教授及具有正高级以上专业技术职务的人员组成；学位评定委员会设主席 1 名，由校长担任，设副主席若干名；学位评定委员会总人数为单数。"《北京化工大学章程》学位评定委员会的结构："学位评定委员会由相关校领导和教学科研单位主要负责人组成；主任由校长担任或由校长任命；由主任主持会议。"《渤海大学章程》学位委员会的结构："根据国务院学位委员会的有关规定组成，共 25 人，主席由校长担任。"

《大连海事大学章程》规定："由学校相关负责人和教学科研人员组成；参加学位评定委员会的教学科研人员从高级专业技术职务人员中遴选产生；设主席 1 名、副主席若干名，主席由校长担任；根据实际设立学位评定分委员会，学位评定分委员会根据学位评定委员会授权开展工作；学位评定委员会依据其章程开展工作，并定期向学校学术委员会报告工作。"《华中农业大学章程》这样设定其学位评定委员会的结构："委员原则上根据学校学科设置情况在研究生导师中遴选产生；设主席 1 人，副主席若干人，主席由校长担任；按学科或跨学科设置学位评定分委员会；学位评定委员会和学位评定分委员会决定事项，按照少数服从多数的原则，以无记名投票的方式进行表决。"

**（2）学位评定委员会的权限**

通过统计与分析 10 所高校章程，课题团队发现学位委员会的职权主要有学位评定、学位授予等。例如，《暨南大学章程》中"学位评定委员会行使学位评定、授予等职权"；《北京交通大学章程》中规定"学校依法设立学位评定委员会，负责学位评定与授予工作"；《华中农业大学章程》中"学校学位评定委员会依照有关法律法规履行职责，学位评定委员会依据其章程开展活动"；《长安大学章程》中"学位评定委员会依法组建，按其章程运行并履行职责"。

课题团队将学位委员会的职能具体划分如下：

其一，审议职能。例如，《暨南大学章程》中"审议申报硕士、博士学位授予学科、专业的设置和调整，审议研究生指导教师遴选标准和办法，作出撤销研究生指导教师资格的决定，审议授予名誉博士学位建议人员名单；”《大连海事大学章程》中“审议研究生课程体系和培养方案，审议和决定学位评定、授予与撤销，审议和决定研究生指导教师的遴选”；《华中农业大学章程》中“审议、处理学位授予中的有关问题”。

其二，审定职能。《华中农业大学章程》中“决定学校学位的授予及撤销，通过授予名誉博士学位的人员名单”；《北京化工大学章程》中“作出批准授予学士、硕士、博士学位的决定，提名授予名誉博士学位的人员名单，作出撤销已授学位的决定，审核批准研究生指导教师资格，作出撤销研究生指导教师资格的决定，审定学校有关学位的规章制度和办法”；《北京林业大学章程》中“审定学校学位与研究生教育的有关政策”。

其三，其他职能。《北京化工大学章程》中“完成其他需要学位评定委员会决策的重大事项”；《北京林业大学章程》中“学位评定委员会依据法律、法规、规章和学校有关规定，负责学位授予、撤销及争议处理，负责研究生指导教师遴选、批准及撤销，其他需要学位评定委员会决策的重大事项”；《渤海大学章程》中“依照法律和有关规定，制定、修订学校学位授予条例，独立进行学位的评定、授予工作，负责研究生指导教师遴选等工作，处理其他相关学位事宜”。

### 2. 教学指导委员会的结构与权限

教学指导委员会是学术权力体系的一部分。章程中对教学指导委员会的具体规定能够体现出高校对学术权力的重视度。教学指导委员会是对学校教育教学管理工作进行咨询和决策的机构。对学校教育教学一般性工作和相关事项进行决策和咨询等工作内容在高校章程中没有明确体现出来。

课题团队发现只有三所高校章程中规定着有关教学指导委员会方面的内容。《暨南大学章程》中指出教学指导委员会“是学校教学管理工作的咨询和决策机构；由教师以及相关管理机构、学生代表组成。”《北京化工大学章程》中设置本科教学指导委员会，其结构如下：“委员会由主任主持开展工作；委员会由在校工作的教育部高等学校教学指导委员会成员、教授代表、教学科研单位分管教学的负责人等组成，主任由校长担任或由校长任命。”《渤海大学章程》中指出教学委员会“是对学校教育教学一般性工作和相关事项进行咨询、审议、评价、并参与决策的机构；主要由相关教学部门负责人和普通教师组成，共 27 人，每届任期三年。由主任召集，教学委员会召开会议，到会人数须达到应到会人数的三分之二方可开会。执行少数服从多数原则，实行集体决策制度，不可由他人代替表决或投票。所决定事项须在应到会人数一半以上成员表示赞成的情况下方为有效。”

课题团队通过统计与分析发现教学指导委员会主要职责有：审议、审定等职能。具体如下：

其一，审议职能。例如，《暨南大学章程》中“审议人才培养与提高教学质量的重大政策与措施，审议专业建设规划，指导专业评估和教学评估，审议各类教学奖的评选标准和办法，评审各类校级教学奖，推荐省级、国家级教学奖，审议关于教师岗位任职和教师岗位职称申报的教学工作规定以及教学职称系列设岗和评聘办法，审议与教学有关的经费预算及教学经费使用的方案”；《北京化工大学章程》中“审议学校教学发展规划，指导、组织学校的教育教学思想讨论，审议教学经费预算，审议教学改革措施、制定教学管理制度等，审议教学奖评定标准和管理办法，评审各类重大教学项目”。

其二，审定职能。《暨南大学章程》中“审定研究生、本科生培养方案，审定各类课程建设的标准，指导课程建设”；《北京化工大学章程》中“评定教职工的教学质量，审核拟聘岗位人员的教学任务”；《渤海大学章程》中“评定、验收、推荐各类教学成果；对教学活动进行督查和指导”。

其三，其他职能。《暨南大学章程》中“其他需要教学指导委员会处理的重大事项”；《北京化工大学章程》中“指导教师队伍建设、教材建设、实训基地建设、教学实验室等工作，制定教学纪律及规范，处理教学事故等事项，完成其他需要教学指导委员会决策的重大事项”；《渤海大学章程》中“受理教学争议，处理教学违纪行为，其他相关教学事宜”。

### 3. 教授委员会的结构与权限

在课题团队分析的十所高校章程中，只有渤海大学学校设立教授委员会。《渤海大学章程》中规定“教授委员会是学校战略发展规划、目标定位、学科建设、学术研究、科研规划、人才引进与培养、阶段性任务、社会服务等方面重大教学、重大学术事项进行研究讨论、审议、决策的执行机构。教授委员会由校内有较高声望的教授组成，共 27 人，每届任期三年。”

教授委员会的主要职责有审议等职能，具体内容如下：

①审议学校发展规划、学科建设、专业建设、实验室建设、科学研究、人才培养、师资队伍建设等方面的事项，对有关事项进行决策。

②听取、审议教学委员会关于教学、学风方面的评估及报告；听取学术委员会关于学科、科研方面的报告。

③听取、审议校长的学年工作计划和年度工作汇报。

④审议校长或教授委员会委员提请议决的其他问题或事项。

#### 4. 其他专设委员会的结构与权限

除上述几个委员会之外，一些高校还在章程中设立了专业技术资格评审与聘任专家委员会、学部及其他委员会或组织等组织。课题团队通过分析发现三所高校章程中规定有关专业技术资格评审与聘任专家委员会方面的内容；两所高校章程中规定有关学部方面的内容；五所高校章程中规定有关其他专门委员会或组织方面的内容。

**（1）专业技术资格评审与聘任专家委员会**

《暨南大学章程》中规定：“它是学校专业技术职务聘任的决策机构，依照法律和有关规定负责专业技术职务聘任的相关工作；由学校主要负责人和校内各学科领域专家学者组成。”《长安大学章程》中规定：“高级专业技术职务评审委员会由相关校领导、院士、教授代表、各教学科研单位院长（主任）、具有正高级技术职务的相关职能部门主要负责人等组成；根据评审条件和评审规则，负责评审、评议或推荐专业技术系列高级职务。”《北京化工大学章程》规定：“聘任委员会会议由主任召集和主持；由相关校领导、学院院长、教授代表等组成，由校长任主任；审议学校职务评定范围内专业技术职务的评审条件、评审规则；评审、评议、推荐各级各类专业技术职务岗位的受聘人；完成其他需要聘任委员会完成的工作。”

**（2）学部**

《华中农业大学章程》中规定："学校可根据发展需要，按照学科相近的原则设立学部。学部是学校实施学术分类管理与教授治学的学术组织，在学校学术委员会指导下审议本学部学科规划、重点资源配置方案等重要事项，推荐本学部所涉及学科的专业技术职务拟聘人选，发挥学术评价、咨询与协调作用，促进学科间的优化组合。学部主任一般由不担任行政职务的知名教授担任。"《南京农业大学章程》中规定："学术委员会下设植物科学、动物科学、生物与环境、食品与工程、人文社会科学等学部。学部作为校、院的中间层行使学术权力，主要开展学术评价与学术咨询工作。学术委员会可根据实际发展需要，对专门委员会及学部的设置进行相应调整。"

**（3）其他专门委员会或组织**

《暨南大学章程》中规定："各专门委员会或组织根据校长授权履行职责。校长对各专门委员会或组织的决议有提请复议权。"《北京交通大学章程》规定："各专门委员会和院学术委员会根据法律法规、学术委员会的授权及各自章程履行职责，向学术委员会报告工作，接受学术委员会的指导和监督。"《中国药科大学章程》规定："二级学术组织根据需要履行其处理有关学术事务的职责。学术组织根据法律、法规、规章及其章程规定的程序和议事规则，处理有关学术事务。根据工作需要，经学校审议批准后，可根据程序设立、变更或撤销。"《北京林业大学章程》规定："各专门委员会或组织根据校长授权或各自章程履行职责。"《南京农业大学章程》规定："学术委员会在各学院设立学术分委员会。学术分委员会根据法律规定、学术委员会的授权及各自章程开展工作。"

高校章程中对于学位评定委员会、教学指导委员会、教授委员会和其他专门委员会相关内容的规定均比较概略，这样不能确保这些学术权力组织完善的结构体系、职责权限和充分发挥其理想效能。随着高校治理体系不断完善，理顺高校内部的行政权力与学术权力之间的关系对高校内部管理体制更有效的运行和高校稳步发展的必要性十分明显。

## 五、我国大学章程中的学术权力：运作机制的分析

在本部分，课题团队将对大学章程中的学术权力运作机制进行分析。学术权力运作机制是动态的，主要包括成员遴选机制、审议与决策机制和执行与反馈机制三方面。

### （一）成员遴选机制

成员遴选机制是指学术权力机构中的成员是如何产生的。本部分将着重分析章程中有关学术委员会成员遴选机制。课题团队将从委任型、选举型和混合型四方面呈现高校中学术权力机构的成员遴选机制。

第一，委任型。委任型是指学术委员会的成员是由学校相关权力主体直接委任的。通过统计与分析，课题团队发现案例学校中有一所高校章程中有涉及学术委员会的成员是由校长委任的。《大连海事大学章程》中规定“学校学术委员会由选举产生的委员、校长委派的委员组成。”在该校章程中，学术委员会委员构成中有校长委派的成员，成员由校长委派，虽然成员并非全是由校长委派组成，但是校长具有委任成员的权力与职责。

第二，选举型。选举型是指学术委员会成员是由选举产生的。通过统计与分析，课题团队发现有两所高校章程中明确规定学术委员会的成员是由提名和选举产生的。《华中农业大学章程》中规定“主任委员、副主任委员由校长提名，学术委员会全体会议选举产生。”《北京化工大学章程》中规定“学术委员会委员由教授选举产生，学术委员会主任由校长提名、学术委员会选举产生。”

同时，课题团队发现有三所高校章程中明确规定学位评定委员会的成员是由选举产生的。《暨南大学章程》中规定“原则上在教授中遴选。校长兼任学位评定委员会主席。”《大连海事大学章程》中规定“参加学位评定委员会的教学科研人员从高级专业技术职务人员中遴选产生，学位评定委员会设主席 1 名、副主席若干名，主席由校长担任。”《华中农业大学章程》中规定“学位评定委员会委员原则上根据学校学科设置情况在研究生

导师中遴选产生，设主席 1 人，副主席若干人，主席由校长担任。”

第三，混合型。混合型是指学术委员会成员是由多种方式混合产生的。通过统计与分析，课题团队发现共有四所高校章程中明确规定学术委员会的成员是由多种方式产生的。例如《北京交通大学章程》中规定“校学术委员会委员经民主推荐、公开遴选等方式产生，由校长聘任。主任委员由校长提名，全体委员表决产生。”《大连海事大学章程》中规定“学校学术委员会由选举产生的委员、校长委派的委员组成，学校学术委员会设主任 1 名、副主任若干名，由学校学术委员会全体会议选举产生。”《北京林业大学章程》中规定“学术委员会由不同学科、专业的教授及具有正高级专业技术职务的人员组成，经自下而上的民主推荐、公开公正的遴选等方式产生候选人，由民主选举等程序确定。”

此外，四所高校章程中并未明确规定成员是如何产生的。《暨南大学章程》中“学术委员会依其章程组建，成员由校内各学科领域在国内外学术界有较高声望的专家学者组成，每届任期四年。”《长安大学章程》中规定“学术委员会委员由校长聘任，实行任期制，任期为 4 年，可连选连任，但连任最长不超过 2 届。学校可以根据需要聘请校外专家及有关方面代表，担任专门学术事项的特邀委员。”《南京农业大学章程》中并未规定成员是如何遴选的；《渤海大学章程》中“教授委员会由校内有较高声望的教授组成，学术委员会由校内在学术上声望较高的专家学者组成。”

## （二）审议与决策机制

审议与决策机制是指学术权力机构对于相关学术事务是如何具体进行审议与决策的。课题团队将从审议程序的启动、审议与协商机制、表决与决策机制这三方面，对章程中有关学术权力机构中审议与决策机制是如何具体运行的内容进行分析。

### 1. 审议程序的启动

根据《高等学校学术委员会规程》第十九条：“学术委员会实行例会制度，每学期至少召开 1 次全体会议。根据工作需要，经学术委员会主任委员或者校长提议，或者 1/3 以上委员联名提议，可以临时召开学术委员会全体会议，商讨、决定相关事项。”《高等学校学术委员会规程》第二十条规定：“学术委员会主任委员负责召集和主持学术委员会会议，必要时，可以委托副主任委员召集和主持会议。学术委员会委员全体会议应有 2/3 以上委员出席方可举行。”

课题团队通过分析 10 所高校章程文本，发现关于高校学术工作的重要决策需要经由学术委员会的审议。共有两所高校章程规定了该校学术权力会议的启动程序，而大多数高校章程中并未涉及审议程序的内容。《长安大学章程》规定“学术委员会实行例会制度，每学期至少召开 1 次全体会议。”《北京交通大学章程》中规定“学术委员会实行例会制度，每学期至少召开 1 次全体会议。根据工作需要，经学术委员会主任委员或者校长提议，或者 1/3 以上委员联名提议，可以临时召开学术委员会全体会议，商讨、决定相关事项。”《渤海大学章程》规定“教授委员会通过全体会议履行职责，每学年至少例会两次。委员会主任或三分之一以上成员提议，可以召开临时全体会议。学术委员会实行例会制度，每学期至少召开 1 次全体会议。根据工作需要，且有三分之二及以上委员出席方可举行全体委员会议。校学位委员会每年例会二次，分别于每年六月和十二月的中下旬进行。学位委员会例会必须有三分之二以上的委员参加方为有效。教学委员会会议由主任召集，教学委员会召开会议，到会人数须达到应到会人数的三分之二方可开会。”

## 2. 审议与协商机制

高校章程中规定一些重要的学术事务会经过学术委员会的审议与协商。通过统计与分析 10 所高校章程后，课题团队发现这 10 所高校章程中关于对学术事务进行审议与协商的相关内容较为概略，只提出指导原则，没有具体呈现学校是如何对学术事务进行审议与协商的。例如，《北京交通大学章程》规定学术委员会“按照有关规定及学校委托，受理学术不端行为的举报并进行调查，裁决学术纠纷或提出处理意见。根据工作需要，经学术委员会主任委员或者校长提议，或者 1/3 以上委员联名提议，可以临时召开学术委员会全体会议，商讨、决定相关事项。”该校章程中提及会议的启动，却没有涉及会议启动后是如何对学术事务进行审议与协商的，只是说明可以召开会议对学术事务进行审议、商讨、决策等。

#### 3. 表决与决策机制

根据《高等学校学术委员会规程》第二十一条："学术委员会议事决策实行少数服从多数的原则，重大事项应当以与会委员的2/3以上同意，方可通过。"

课题团队通过统计与分析10所高校章程文本后，发现有两所高校章程中规定学术权力进行表决与决策的相关内容，其余八所高校章程中并未涉及该校学术权力是如何对学术事务进行表决与决策的。《长安大学章程》规定："学术委员会议事决策实行少数服从多数的原则，重大事项应当以与会委员的2/3以上同意，方可通过。"《渤海大学章程》规定："教授委员会决策实行集体表决制度，执行少数服从多数原则。委员会全体会议须有三分之二及以上成员出席方可做出表决。同意票超过实到会成员总数的三分之二及以上方为表决通过。学术委委员会对于讨论的议案，需以投票方式做出决定时，须经与会委员三分之二及以上同意方可通过。学位委员会审议表决时须有到会委员二分之一及以上人数同意方为通过。教学委员会执行少数服从多数原则，实行集体决策制度，不可由他人代替表决或投票。所决定事项须在应到会人数一半以上成员表示赞成的情况下方为有效。"

课题团队通过统计与分析10所高校章程文本后，发现多数高校章程文本中并未涉及学术权力是如何进行审议与决策的。虽然大多规定学校对哪些学术事务进行审议与决策，规定学术权力的职权范围，却缺少关于学术权力具体审议与决策运作机制的内容。

### （三）执行与反馈机制

#### 1. 执行机制

通过统计10所高校章程，课题团队发现章程中规定了审议、决策、少数服从多数等原则。例如，《长安大学章程》规定"学校学术工作的重要决策须经学术委员会或其专门委员会审议通过后，由学校发布实施。"《长安大学章程》和《渤海大学章程》均规定学校"实行议事决策实行少数服从多数的原则，重大事项应当以与会委员的2/3以上同意，方可通过。"

这两所高校章程中只提及会议表决决策规则，并未规定学术权力机构如何具体执行决策后的内容。

### 2. 评估与反馈机制

《高等学校学术委员会规程》第二十二条规定："学术委员会做出的决定应当予以公示，并设置异议期。在异议期内如有异议，经 1/3 以上委员同意，可召开全体会议复议。经复议的决定为终局结论。"

课题团队通过统计与分析 10 所高校章程，发现有一所高校章程文本中规定该校与学术权力评估、反馈机制相关的内容，而其余九所高校章程中并未涉及学校关于评估与反馈机制。《渤海大学章程》中规定："学校对学术委员会做出的决定进行公示，并设置异议期。在异议期内如有异议，需征得三分之一及以上委员同意，可召开全体会议进行复议。经复议通过的决定不得再行复议。"《渤海大学教授委员会章程》中规定："教授委员会讨论的事项，一般情况下应提前 2 至 3 天通知委员。教授委员会议决事项，根据其内容应于五个工作日内在全校一定范围内公告，涉及个人的应同时告知当事人或当事人所在单位。"

总体而言，鉴于章程的篇幅有限，多数高校对学术权力的相关规定都偏重于结构设定、原则设定。高校章程中与学术权力对学术事务进行执行与反馈内容有关的规定较粗略，章程中对于学术权力内容的规定多为静态的，即大多数高校章程中规定学术权力的性质、地位、成员、职权等内容，而学术权力在该校中具体运行的机制则不是章程的重点。

## 六、我国大学章程中的学术权力：特征与问题

课题团队通过统计与分析 10 所高校章程，发现章程中有关学术权力方面的内容有一些共性特征，同时也存在着一些有待进一步完善之处。

### （一）大学章程中学术权力的特征

课题团队通过对比分析 10 所高校章程，发现大学章程中有学术权力内容具有趋同性、提倡教授治学和学术权力机构进行分层分级管理三个特征。

### 1. 学术权力内容具有趋同性

大学制定章程并依章治校，对于大学管理制度改革来说是一件非常重要的事情，明确大学章程体制具有重要的现实意义。同时，学术权力研究逐渐受到人们的重视，学术权力在高校中的地位也越来越重要。《中华人民共和国高等教育法》① 第四十二条规定：“高等学校设立学术委员会，审议学科、专业的设置，教学、科学研究计划方案，评定教学、科学研究成果等有关学术事项。”《高等学校学术委员会规程》规定：“高等学校应当依法设立学术委员会，健全以学术委员会为核心的学术管理体系与组织架构；并以学术委员会作为校内最高学术机构，统筹行使学术事务的决策、审议、评定和咨询等职权。”② 同时在《高等学校学术委员会规程》中，也规定了学术委员会的组成规则、职责权限和运行机制。

《中华人民共和国高等教育法》和《高等学校学术委员会规程》均对学术委员会内容有所规定。课题团队通过统计与分析 10 所高校章程后，发现章程中关于学术权力内容具有一定的趋同性。

表 1-7

| 学校<br>内容 | 大连海事大学 | 长安大学 |
|---|---|---|
| 学术委员会 | 地位、职权、成员、人数、任期、机构③ | 地位、职权、成员、人数、机构、产生、任期、会议、决策④ |

① 《中华人民共和国高等教育法》［EB/OL］. http：//www.moe.gov.cn/s78/A02/zfs_ _ left/s5911/moe_ 619/201512/t20151228_ 226196.html，2015-12-28.

② 中华人民共和国教育部．高等学校学术委员会规程［EB/OL］. http：//www.moe.edu.cn/srcsite/A02/s5911/moe_ 621/201401/t20140129_ 163994.html，2014-01-29.

③ 注：学术委员会地位是学校最高学术机构；主要职权是审议、评定、咨询等；委员由选举产生、校长委派组成；校长委派不超过总人数的 1/3，担任行政权力的委员不超过总人数的 1/4，不担任行政权力的委员不少于总人数的 1/2；应当有一些青年教师，应具有正高级专业技术职务；任期与学校聘期同步，连续任职不超过 3 届。

④ 注：学术委员会地位是校内最高学术机构；主要职权是决策、审议、评定和咨询等；担任行政权力的委员不超过总人数的 1/4，不担任行政权力的委员不少于 1/2；委员由不同学科、专业的教授及具有正高级以上专业技术职务的人员组成；委员由校长聘任；任期 4 年，连任至多 2 届；实行例会制度，每学期至少召开 1 次全体会议；议事决策实行少数服从多数的原则。

续表

| 学校<br>内容 | 大连海事大学 | 长安大学 |
|---|---|---|
| 学位评定委员会 | 性质、职权、成员、产生、机构① | 成员、机构、人数② |
| 专门委员会 | 类型、工作 | 成员、性质 |

例如，《大连海事大学章程》中规定了学术委员会的大体状况，内容规定中没有关于学术委员会是如何运行的。该校章程中有关专门委员会的规定较宏观，只规定了专门委员会的类型和承担相关的学术事务。《长安大学章程》在很多方面也体现出这一特征。

这两所高校章程中的学术权力机构是学术委员会、学位评定委员会和其他专门委员会。这两所高校中均规定学术委员会是校内最高学术权力机构。而且从内容上可以对比看出，这两所高校章程中有关学术权力方面的内容具有相似性。这两所学校章程中对有关学术权力方面内容的制定大体遵照《中华人民共和国高等教育法》和《高等学校学术委员会规程》的规定。

### 2. 提倡教授治学

在有关学术方面的问题上，高校中的教授有较大的发言权。“西方高校教授个人和集体权威是以学识为基础的，它与官方权威和政治权威并列。虽然德国、日本教授个人在讲座中权威遭到削弱，但以教授为主体的校内各级各类管理机构仍然保持着对学校事务特别是学术事务参与管理权乃至决策权。”③ 教授治学是大学的重要传统，它来源于大学的学术属性。④

① 注：学位评定委员会负责学位评定工作；主要职权是审议、审定等；成员由校内相关负责人和教学科研人员组成；其中教学科研人员从高级专业技术职务人员中遴选产生；主席由校长担任；根据实际设立学位评定分委员会。

② 注：学位评定委员会成员由校内不同学科、专业的教授及具有正高级以上专业技术职务的人员组成；校长担任主席；成员总数为单数。

③ 杨汉清，韩骅．比较高等教育概论［M］．北京：人民教育出版社，1997.301.

④ ［美］亨利·罗索夫斯基．大学的功用［M］．陈学飞等译，江西教育出版社，1993.71.

在《高等学校学术委员会规程》中规定“高校应当完善学术管理的体制、制度和规范，积极探索教授治学的有效途径。”在《国家中长期教育改革和发展规划纲要（2010—2020年）》第四十条规定：“完善中国特色现代大学制度。完善治理结构。探索教授治学的有效途径，充分发挥教授在教学、学术研究和学校管理中的作用。”

学术委员会制度的本质是教授治学，是学术权力在高校中的外在表现形式。大学章程的地位相当于“宪法”，在高校章程中提倡教授治学，体现出尊重高校学术权力的重要性，认识到学术权力的地位不容忽视。

课题团队通过统计10所高校大学章程中的内容，发现多数高校章程中有明确提倡教授治学。例如，《暨南大学章程》中规定“学校坚持社会主义办学方向，全面贯彻国家教育方针和侨务政策，坚持“面向海外，面向港澳台”的办学方针和“宏教泽而系侨情”的办学宗旨，依法自主办学，实行教授治学，实施民主管理，自主开展人才培养、科学研究、社会服务、文化传承创新活动”；《北京交通大学章程》中规定“学校坚持教授治学、民主管理、依法治校”；《大连海事大学章程》中规定“学校实行中国共产党大连海事大学委员会领导下的校长负责制，坚持依法治校、教授治学、民主管理、社会参与。学校坚持崇尚科学、追求真理、学术自由、勇于创新的学术风气，反对和惩处学术不端与学术腐败行为”。

### 3. 学术权力机构具有层级性

“高等学校的内部管理是一个校内各级管理机构之间的关系和权力分配问题，包括纵向和横向权力配置。纵向方面，从校级到中层，从中层到基层，是领导与被领导的关系，但各自拥有范围、大小不同的管理权限，存在各机构和个人的权力分配问题；横向方面，同一层次承担不同职能的机构和个人，也有一个如何处理相互关系和权力划分的问题。”① 大学章程确立大学的治理结构，包括纵向和横向两个方面，涉及学校党委、行政机构、学术机构等，以及学校与教学科研单位的“校、院（系）”两级或

---

① 韩骅．学术自治：大学之魂［M］．北京：中国文史出版社，2005.205，161-162.

“校、学部、院（系）三级关系。

2014 年，《中华人民共和国教育部令第 35 号（高等学校学术委员会规程）》中规定：“高等学校应当依法设立学术委员会，健全以学术委员会为核心的学术管理体系与组织架构；并以学术委员会作为校内最高学术机构。”

高校实行分级管理，可以让学校更好地运行。学校内部学术机构的组织体系合理，可以让学术权力机构有序进行，保障学术权力在高校的地位和作用。课题团队通过统计 10 所高校章程后发现高校一般设置校、院（系）两级学术权力机构或校、院（系）、部三级学术权力机构。在学术权力机构分级管理体系中，学术委员会是学校最高学术机构，其他学术事务由学术委员会下设的学术机构进行管理。学部是学校实施学术分类管理与教授治学的学术组织。

课题团队通过统计分析 10 所高校章程，发现《暨南大学章程》明确规定学校实行校、院两级为主的管理体制。《大连海事大学章程》明确规定学校实行学校、学院（系、部）两级管理体制。《华中农业大学章程》明确规定学校实行校、院二级管理体制。学校可根据发展需要，按照学科相近的原则设立学部。《北京化工大学章程》明确规定学校实行校、院两级管理体制。《北京林业大学章程》明确规定学校实行学校、学院两级管理。《南京农业大学章程》和《渤海大学章程》明确规定学校实行校、院、系三级管理体制。

部分高校章程中有关学术权力机构分级管理的具体内容如下：《北京交通大学章程》中规定：“学术委员会是学校最高学术机构，学校健全以学术委员会为核心的学术管理体系与组织架构。学术委员会根据需要就学科建设、教师聘任、教学指导、科技工作、学术道德等事项设立人才培养与教学指导委员会、专业技术职务岗位评聘委员会、科技工作委员会、学术道德委员会等若干专门委员会。学院设立院学术委员会，学位评定分委员会。”《大连海事大学章程》中规定：“学校学术委员会是学校的最高学术机构。学校学术委员会设教学指导委员会、专业技术职务任职资格评审委员会、学风建设委员会等专门委员会，具体承担相关职责和学术事务，并依据其规程开展工作。学院（系、部）设立基层学术委员会。”

## （二）大学章程中学术权力的现存问题

课题团队在统计与分析后认为，大学章程中有关学术权力方面的内容存在缺乏详实与特色内容、缺乏健全学术权力机构运行机制和学术权力地位仍需巩固与加强三方面不足。

### 1. 缺少详实与特色的内容

《中华人民共和国教育部令第 35 号（高等学校学术委员会规程）》中规定：“高等学校应当结合实际，依据本规程，制定学术委员会章程或者通过学校章程，具体明确学术委员会组成、职责，以及委员的产生程序、增补办法，会议制度和议事规则及其他本规程未尽事宜。”① 《高等学校学术委员会规程》规定高校应结合实际制定章程，并对学术委员会的相关内容进行了规定，要求高校在制定章程时需要具体明确学术委员会的相关内容并提及高校在制定章程时要考虑本规程中未尽事宜。课题团队通过对比分析 10 所高校章程文本后，发现部分章程中的内容偏于宏观，内容具有趋同性，不能突出每个高校自身的特色。

《高等学校学术委员会规程》规定“高校章程中需要具体明确学术委员会组成、职责，以及委员的产生程序、增补办法、会议制度和议事规则。”《暨南大学章程》中规定学术委员会的地位、职权、成员和任期，章程中并未涉及委员的产生程序、增补办法、会议制度和议事规则。《中国药科大学章程》中规定学术委员会的地位、职权、人数、成员、产生、机构和任期，章程中并未涉及委员的增补办法、会议制度和议事规则。这两所高校章程中有关学术权力方面内容的介绍基本一致，章程中缺少能够突出本校特色的内容。《暨南大学章程》和《中国药科大学章程》大体都是按照《高等学校学术委员会规程》的规定制定本校章程。

① 中华人民共和国教育部．高等学校学术委员会规程［EB/OL］. http：//www. moe. edu. cn/srcsite/A02/s5911/moe_ 621/201401/t20140129_ 163994. html，2014-01-29.

### 2. 缺乏细致的学术权力机构运行机制

2014 年，《中华人民共和国教育部令第 35 号（高等学校学术委员会规程）》中规定："学术委员会实行例会制度。经学术委员会主任委员或者校长提议，或者 1/3 以上委员联名提议，可以临时召开学术委员会全体会议，必要时，可以委托副主任委员召集和主持会议。学术委员会委员全体会议应有 2/3 以上委员出席方可举行。经与会 1/3 以上委员同意，可以临时增加议题。学术委员会议事决策实行少数服从多数的原则，重大事项应当以与会委员的 2/3 以上同意，方可通过。一般应当以无记名投票方式做出决定；也可以根据事项性质，采取实名投票方式。其中与委员本人及其配偶和直系亲属有关，或者具有利益关联的，相关委员应当回避。可以根据议题，设立旁听席，允许相关学校职能部门、教师及学生代表列席旁听。"①

各高校在制定本校章程时都基本依据《高等学校学术委员会规程》规定了学术委员会的结构、职责与运行。《北京交通大学章程》中规定学术委员会的地位、成员、人数、产生、机构、任期、会议、职权。其中关于规定学术委员会运行的具体内容是："学术委员会实行例会制度，每学期至少召开 1 次全体会议。根据工作需要，经学术委员会主任委员或者校长提议，或者 1/3 以上委员联名提议，可以临时召开学术委员会全体会议，商讨、决定相关事项。"《北京化工大学章程》中规定学术委员会的地位、会议、产生、职权。可见，很多高校在章程中虽然规定了学术权力机构的组织、职责等内容，但对具体的运行机制则涉及不深。这与我国高校章程重视客观指导有关。

### 3. 学术权力地位仍需巩固与加强

大学内部存在着两种主要的权力：一种是行政权力，一种是学术权力。大学的学术权力和行政权力的关系影响着大学自治和学术自由。高校办学需要充分尊重学术自由，但如果行政权力干涉学术权力，就会影响学

---

① 中华人民共和国教育部．高等学校学术委员会规程［EB/OL］. http：//www. moe. edu. cn/srcsite/A02/s5911/moe_ 621/201401/t20140129_ 163994. html，2014-01-29.

术自由在高校中的确切实现，因此学术自由离不开学术权力的保障。长久以来中国高校客观存在着行政权力过大，学术权力不足的现实状况。这已经严重制约着中国大学的学术活力和创造力，成为创建世界一流大学最为重大的障碍。

有研究者认为，“西方高校教授个人和集体权威是以学识为基础的，它与官僚权威和政治权威并列，成为后者在行使自己权力时必须考虑并与之相适应的因素。这是高校不同于企业和其他任何社会部门之处。虽然德国、日本教授个人在讲座中权威遭到削弱，但以教授为主体的校内各级各类管理机构仍然保持着对学校事务特别是学术事务的参与权乃至决策权。各种名目的教授集体组织在选举校长、聘任教师、开设课程、颁发学位、对外交流等方面拥有无可争议的权力。”① 我国高校实行的是党委领导下的校长负责制，高校以行政权力为主，学术权力会受到行政权力的管辖与制约，与西方国家的情况略有区别。

改革开放以来，我国高校的学术权力在价值判断和理念上不断被呼吁和重视，然而学术权力的弱化和行政权力越位的现象依然存在。有研究者认为，在高等教育规模扩张和新管理主义思潮强化的现实背景下，这种冲突现象愈加激烈。② 课题团队通过分析 10 所高校大学章程后认为，这种现象也存在高校章程之中。有些学校的章程中规定学校实行党委领导下的校长负责制，教授委员会接受学校党委和行政的领导。教授委员会在学术事务上行使的是学术权力，章程明确规定它要受到行政权力的领导，说明学术权力会受到行政权力的管束与监督。有些学校的章程规定“学校学术委员会由选举产生的委员、校长委派的委员组成。”虽然成员并非全是由校长委派组成，但是校长行使的是行政权力，学术委员会成员行使的是学术权力，行政权力直接介入学术事务，两种权力相互交融，界限不清。目前，我国已经有很多高校成立了学术委员会，但是学术委员会却发挥学术管理的作用并不理想。一个原因在于学术委员会的委员往往由行政部门委

① 韩骅．学术自治：大学之魂［M］．北京：中国文史出版社，2005. 205，161-162.
② 韩骅．学术自治：大学之魂［M］．北京：中国文史出版社，2005. 205，161-162.

派，或者某些行政岗位的教授，这样产生的委员显然无法代表学术群体的权益，容易受到行政力量的影响。学术权力地位仍需巩固与加强，只有真正受到重视，才会更有效地实施与运行。

## 小 结

学术权力是高校内部权力的重要组成部分，它在高校中的地位至为重要。学术权力在学术层面和实践层面上均有重要影响。随着中国高等教育的不断改革与发展，大学学术权力逐渐成为诸多学科领域关注的热门话题之一。本部分以我国大学章程为研究对象，采用文献分析和文本分析等方式进行探究。

学界针对学术权力和大学章程问题都有了较多的研究。为了我国高校能够更好地发展，学术权力的保障不容忽视。要想清楚了解高校学术权力的整体图景，大学章程是一个重要研究对象和研究视角，要清楚高校章程中学术权力相关内容的文本呈现方式、学术权力的组织结构和学术权力的运作机制。大学章程是高校治理的基础，现如今大学章程结构与内容日益完善。在国家推进建设现代大学制度的契机下，越来越多的高校开始意识到学术权力的重要性，并将学术权力相关内容的规定置于大学章程中。学术权力相关内容的呈现方式包括专列式呈现、隐含式呈现和显要位置呈现、非显要位置呈现。文本形式的篇幅和比例主要包括概要式呈现与详述式呈现。我国大学章程中学术权力的组织结构主要包括学术权力的辖属、学术权力的职责定位、机构设置及其权限等内容运作机制主要包括成员遴选机制、审议与决策机制、执行与反馈机制。我国大学章程中学术权力的特征主要体现为学术权力内容具有趋同性、提倡教授治学、学术权力机构分级管理等。学术权力也存一些不够理想之处，例如缺少详实与特色的内容、缺乏健全学术权力机构运行机制、学术权力地位仍需巩固与加强。

学术权力研究逐步成为学界近年来持续关注的热点问题。随着人们越来越明确地意识到学术权力的重要性，并且大学章程不断地进行修改与完善，章程中关于学术权力的设定和保障也会日益完善。大学章程宣扬大学理念及大学精神，维护学术自由。在高校中，大学章程对学术权力的规定具有权威性和有效性。确保学术权力的重要地位，明确学术权力与行政权力之间的界限，不仅能确保学术权力的有效实施与运行，还有助于我国高校稳步、健康地发展。

# 第二章　学术权力的愿景与实践：教授委员会维度的分析

## 一、概　述

### （一）研究问题陈述

高校学术自由、学术权利、学术权力等理念要成为实践，必须经由相关的制度体系。行政权力主要源于行政机构系统中的上级机构授权，是获得某些机构中的职位进而拥有相应权力。但学术权力则不同，学术权力是来源于科学和专业知识的权力，是在一定专业领域内因知识、专业素养而获得权力，其权力及权力主体一般是代表了大学学术水平的教授及由他们构成的团体，其目的在于保证学术标准得以贯彻，保证学科得以发展，保证学术人员的权益得以实现。① 由于学术活动的特殊性，学术权力在实施和运行中不可能是“上级对下级”的科层关系，而是采用民主协商、合议决策的形式。学术权力由理念转变为现实，其中间环节一般是学者组织，例如高校中被称为评议会、教授会、教授委员会等的组织。

在我国，高校中的学术权力组织一般包括学委委员会、教授委员会（通常也称为教授会）及一些临时性的评审委员会等。学位委员会的职能

① 周佳．学术权利的政治哲学基础［J］．太原：山西教育出版社，2010. 91.

比较单一，主要负责学位授予资格是审议和表决；临时性的评审委员会不但职能单一，而且事毕即解散。只有教授委员会是职能范围较广、组织结构较稳定的学术权力组织。在实际上，这也是我国高校当前实施学术权力的主要组织。因而，研究高校的教授委员会对解析高校学术权力，具有重要价值。

中世纪大学产生之初，学校规模小，管理事务简单，一般采用教师合议方式进行决策。可以说，教授委员会的雏形是“教师行会”。19 世纪，德国教育家洪堡组建柏林大学，教授治校观念得以确立，加之此时大学规模扩大，事务复杂，教师层级出现分化，全体教师共同合议治校已经无法实现，于是出现了教师代表治校的形式，即教授借助教授会组织治校。这种教师组织在实质上是一种学术权力组织，在不同的国家和不同历史时期可能存在的名称上的差别。例如，美国、日本等国称它为教授会，英国、德国称之为学术评议会，中国、俄罗斯等国称为教授委员会。在中国近代高等教育史上，教授委员会称为“教授会”并起着教授治校的作用；但是由于特殊国情及学校现行管理模式的不同，现代教授委员会有别于西方国家的教授会。在中国现当代高等教育史上，东北师范大学率先在学院一级设立教授委员会，并倡导“教授治学”这一理念。

本部分主要是对教授委员会的三个层面，即应然层面、规章层面和现实层面进行剖析和解读，提出三种形态的趋近与归一的建议与应对思路。为了便于论述，本部分对高校教授委员会三个层面作出如下界定：

应然层面的教授委员会制度是指大学教授委员会的理念形态，即大学教授委员会的理想状态。在应然层面，教授即大学，倡导大学自治、学术自由，教授通过教授委员会制度以独立、民主的方式行使其学术权力并参与高校治理。

规章文本层面的教授委员会制度是各高校制定并正式颁布的关于教授委员会制度各种章程与文本，即教授委员会制度的“文本形态”（即规章形态、制度形态）。这些文本规定了各个高校教授委员会的宗旨、性质、职能、运作等内容。依理而言，规章文本形态的教授委员会制度是其现实运作的基础和规则。

在现实层面，教授委员会的运作未必与规章文本的设定一致，可能会因为各种原因出现偏离现象。现实运作层面的教授委员会制度是指教授委员会制度的实际运作状况及其效果。

## （二）研究方法概述

### 1. 研究思路

课题团队把大学教授委员会分为三个层面，即应然层面、规章层面和现实层面。应然层面是指大学教授委员会的理念形态，即大学教授委员会的理想状态；规章层面是大学教授委员会制度的“文本形态”，即大学教授委员会章程中所设计的教授委员会制度；现实层面指大学教授委员会制度的实际运作及其效果。

课题团队综合采用文献研究法、比较研究法、访谈研究法和案例研究法，探究教授委员会制度在应然层面、规章层面和现实层面的样态及其关系如何。

### 2. 研究方法

首先，文献研究。课题团队通过中文期刊网、中国知网、各高校的校园网站等多种渠道尽可能多地收集到真实可靠的第一手资料，并对众多期刊、学校教授委员会章程进行逐一检索，系统收集、分类，查阅与教授委员会科研问题相关的专著和论文。对搜集到的资料进行全面的查阅和总结，了解当前学者们在高等教育领域大学教授委员会制度研究的近况，在总结前人的基础上，归纳并分类出具有代表性、权威性的理论依据。

其次，比较研究。学术界在提出设立教授委员制度时，它的宗旨和目标是理想化的，希望通过这个组织真正达到教授治学的目的，但是随后各个院校制定的章程并未完全体现出教授的作用与价值。其后在现实层面，有的高校教授委员会成为“摆设”，行政意识主导学术意识。课题团队通过比较分析现行高校教授委员会章程，分析它与应然层面教授委员会的差异，以及在现实层面上教授委员会是怎样按照章程履行教授的职能，它与规章层面章程中提到的教授委员会有什么差异等等；同时对高校教授委员会制度规章层面及现实层面出现的问题提出合理的优化建议。

第三，访谈研究。课题团队通过访谈与调查的方式，对渤海大学学术委员会成员的教授们进行访谈调研。课题团队旨在通过对教授委员会成员们的访谈，了解教授们对规章层面及现实层面的制度运行境况的看法与评价，从而了解规章层面及现实层面教授委员会的状况，为课题团队论文提供重要的数据和价值。

第四，案例研究。课题团队通过案例研究的方法，以渤海大学为案例，对其学术委员会进行研究分析，寻找它与应然层面宗旨、理念“游离”的原因；在现实层面，通过教授们实际学术权力的行使与校学术委员会章程中所规定的内容进行比较，分析教授们的学术权利是否完全行使。

## 二、应然层面的大学教授委员会制度

### （一）本质：学术人员参与大学治理

我国的教授委员会制度以及其他同类制度，在本质上授权和保障专业的学术人员参与高校治理，使其发挥切实的治理作用。

在理想的应然层面，大学是学者追求真知真理、培育人才之所，学者是大学之本，学术自由的大学之魂。① 正如教育家蔡元培提出，大学的精神应该是学术自由，兼容并包。我国教育家梅贻琦也认为，“所谓大学者，非大楼之谓也，大师之谓也。”大学是学生跟随大师“从游”之所，即“学校犹水也，师生犹鱼也，其行动犹游泳也，大鱼前导，小鱼尾随，是从游也。从游既久，其濡染观摩之效自不求而至，不为而成。”在这一过程中，师生在学业、研究与人格陶冶方面具有自主、自由的空间是必要的。为了保障学术自由，从学术自由这一观念衍生出其他观念，例如学术权力、教授治校、教授会等。其中教授会或其他类似教授组织是把学术自由落于实践必不可少的环节。

教授委员会的雏形可以追溯到中世纪后期的“教师行会”。在中世纪

① 李子江．学术自由：大学之魂［M］．北京：中国社会科学出版社，2012．引言．

的“教师型大学”中，教师通过“行会组织”掌管、行使高校管理权。在17世纪以后，由于世俗国家的形成、宗教分化、教派纷争等因素的影响，中世纪时期归教师所有的高校管理权开始逐步被政府、教会等力量收归和掌控。直到19世纪前期德国教育家洪堡组建柏林大学，才使得现代意义上“教授治校”观念得以确立。柏林大学在建校之初就决定将大学建成为“教授们的大学”，确定大学管理的基本原则是“（正）教授治校”。① 为了确保这一理念得以落实，柏林大学将学校基层的教学与研究制度确定为“讲座制”，即以正教授为核心开展特定领域的学术工作，与此相关的学术事务、行政事务的决策权都归教授所有。在学校层面，柏林大学组织了主要由正教授代表构成的评议会，对学校的学术事务和非学术事务进行协商、表决和决策。柏林大学在世界高等教育史第一次形成完善的教授治校这一经典制度。根据结构功能理论的观点，结构决定功能，具有何种结构将产生何种功能进而获得特定效果。由于柏林大学的这种制度创新激发了学术活力与潜力，其整理办学水平迅速提升，短期内便崛起成为19世纪德国乃至世界最好的大学。

在我国学界，教授治校与教授治学在今天是一个存在争议的问题。其核心就在于，作为专业学术人员的教授是否有必要、有能力在从事本人专业领域的事务之外，再参与学校其他方面的管理工作。从高等教育发展的现实情况看，从19世纪的柏林大学建立到二战前，各国学术水平高、发展效果好的高校基本都是以“教授治校”为主。例如，我国20世纪前期的北京大学、清华大学以及后来的西南联大，在管理中都广泛吸纳教授参与学校决策。在1917年后蔡元培改革北京大学时就是采用民主管理，教授治校。他改变以往北京大学“衙门式”的办学管理体制和官僚气息浓重的管理风气，吸纳不同学科、不同层次的教授组成各种决策组织：组建评议会作为学校“商议校政最高机关”；组建各学科的教授会负责相关学科的事务决策；组建“行政会议”（相当于行政委员会），下设11个专门委员会，作为学校的最高行政机构和执行机构；组建“教务会议”（相当于教务委

① 陈金圣．大学学术权力的制度化建构［M］．北京：中国社会科学出版社，2014. 87.

员会)，负责领导全校的教务工作；组建总务处，主管全校的人事和事务。这些组织和机构的成员中，“主体为教授，依合议制决策，充分体现了教授主导和民主管理的精神与法则”。在这种高校内部治理权力组织架构中，“教授在大学的管理中完全占有主导地位，拥有学校事务的决策权”，而校长“不过是代表教授的意志并依靠教授组成的校政会议及各种委员会和职能机构行使全面负责之权力。”① 蔡元培先生在北京大学推行教授治校，其结果是促进了学校层面的自治和各基层机构的自治，以至于在蔡元培多次以辞职抗议北洋国民政府而离校时学校运转并未受明显影响。对此，蔡元培也认为：“请教务长、总务长与各组主任会设委员会，用合议制度执行校长职务，并请委员会公推主席一人代表全权，照此进行，似无窒碍。合诸先生学理、经验之所具，而益以和衷共济之精神，以运用于北京大学积年改进之组织，区区校务，游刃有余，培一人之去就，又何关轻重耶？”

北京大学、清华大学的教授治校传统在后来的西南联大中被延续。例如，根据西南联大老一代学人的回忆录，“教授治校是西南联大的重头戏”，“重大的事情都要由教授会通过”，“……校长、教务长、秘书长这些行政官员，在学校里实际上是公仆，是执行教授委员会的决议”。② 对于西南联大的这种特点，有一个形象的描述和评价：“西南联大的组织结构好比是一个洋葱头。它每一层的味道、性质完全一样，一直剥到中心，最后一层仍是洋葱。这个洋葱皮和“洋葱心是教授，里里外外都是教授，没有阻隔，教授群体的层次构建了这个学校。而后来的大学好比是一个坚果，外层有皮、茸毛、干硬的果壳。行政、教务、后勤、非教学人员很多。……教授被人们忽视，长期以来的地位和作用都不如前面的各种人群。”③

总之，高校应该尊重和赋予教师的权力与权利，保障教授在学术事务和非学术事务领域的充分参与权、知情权和合理的决策权，即“教授治校”。“教授治校”首先是一种理念，只有通过设定合理的制度才使其得以践行，具体而言“教授治校”的理念应该通过教授委员会等教师组织作为

① 陈金圣. 大学学术权力的制度化建构 [M]. 北京：中国社会科学出版社，2014. 134.
② 张曼菱. 西南联大行思录 [M]. 北京：生活·读书·新知三联书店，2013. 259-260.
③ 张曼菱. 西南联大行思录 [M]. 北京：生活·读书·新知三联书店，2013. 259-260.

制度媒介与平台予以落实。

## （二）宗旨：保障学术自由与学术权利

学术自由在高等教育领域既是一种理念，也是一个重要概念。“学术自由”这一概念最早可以追溯到古希腊哲学家柏拉图的“学园”（academy），最初指“闲逸的好奇心”。而当今，学术自由的要旨则转变为保障学者在求知过程中免受来自外界的不当干扰。所谓“外界的不当干扰”，既包括来自宗教、政府等权力性压力，也包括来自学术权威、社会主流观念、意识形态等非权力性压力。尽管对“学术自由”的内涵界定存在差异，但其核心要旨是一致的。例如，德国教育家威廉·洪堡（Wilhelm Von Humboldt）对学术自由作了如下界定：“教师在专业上享有自由探讨、发现、出版、教授在各自专业领域内所发现的真理，并且这种自由不受任何的限制，也不听从任何权威的指挥；任何主旨的政党的和社会的舆论不得加以干涉等。”[①] 在《国际教育百科全书》中，“学术自由一般被理解为不受妨碍地追求真理的权利。这一权力既适用于高等教育机构，也适用于在这些机构里从事学术工作的人员。”[②] 在《牛津法律大辞典》中，学术自由被界定为：“一切学术研究或教学机构的学者和教师们，在他们研究的领域内有寻求真理并将其晓之于他人的自由，而无论这可能给当局、教会或该机构的上级带来多么大的不快，都不必为迎合政府、教会或其他正统观念而修改研究结果或观点。”学者爱德华·希尔斯（Edward Shils）在《论学术自由》中就研究方法、研究方向层面提出“学术自由就是在无损于个人地位和职位的前提下，学者们自由行事的权利；就是学者们自由选择教学内容、研究课题并自由发表其著述的权利；就是学者们自由择定研究方向和方法的权利。”[③] 但就现实而言，正如自由并非绝对自由一样，学术自由同样是有条件和有限度的。对此，美国高等教育哲学家布鲁贝克（John S. Brubacher）认为，“没有限制的学术自由会像没有限制的经济上

---

① 俞天红．西方学术自由评析［J］．高等教育研究，1994，(1)：98-102.

② ［美］波斯尔思韦特．国际教育百科全书（卷1）［C］．贵阳：贵州出版社，1990. 13.

③ ［美］爱德华·希尔斯．论学术自由［J］．北京大学教育评论，2005（1）：63-72.

的不干涉主义一样成为灾难。”①

总而言之，学术自由是对学者开展学术探究工作的一种必要保护。学术探究工作在人类社会中是一项特殊性质的工作，它是指向于对未知、未来的创新性、突破性、有“犯错”“失败”风险的探索。探究结果往往与人们习以为常的认知以及由此产生的社会习俗、社会观念、法律规范、制度体系存在差别，甚至出现冲突。在人类社会和科技发展史上，因为学术探究结果违背、挑战了传统、主流的观念和权威而受到伤害的事例比比皆是。例如，日心说、进化论因为与基督教的传统教义不符而受到教会力量的强烈打压，18—19 世纪的天赋人权、人生而平等、权力让渡等学说因为与当时的政治制度相抵触而受到政府打压。此外，即便在学术研究领域，一些研究即便在后来被验证为是科学的，但在一定时期内也会因为研究范式、研究方法、研究结论等与主流学术界观点的差别过大，而受到学术同行的排斥和压制。学术探究注重创新和批判，但创新过程又是障碍重重，很多障碍是人为制造的不必要障碍。因此，在 18 世纪以后，随着启蒙运动对政治与社会领域的民主、自由、平等等理念的宣扬，学术领域的民主、自由、平等的理念也逐步形成并逐步得到接纳。

然而，这一过程同样是缓慢和曲折的。到 20 世纪，即便在社会民主化程度较高的欧美国家，学术自由受到侵犯的事件也时常发生。其代表是美国的“罗斯事件”。1900 年，美国斯坦福大学社会学教授罗斯因为发表批判斯坦福家族商业经营的研究观点，激怒斯坦福夫人而被解雇，同时其他七名斯坦福大学教授为支持罗斯而主动辞职。经媒体报道后，“罗斯事件”在美国社会和学术界产生巨大轰动，学者的学术自由问题成为一个关系到学术人员切身利益的现实问题：研究者可能因为发表“不被一些人接纳的”观点而受到处罚，学术研究是“危险的工作”。此后，美国的学术界为了维护自己的权益而开展了一系列工作，最有影响的事件是 1915 年美国大学教授协会（American Association of University Professors，AAUP）的成立。这是美国学术人员的联合维权组织，在该协会《1915 年宣言》中提出

① ［美］约翰 S·布鲁贝克．高等教育哲学［M］．王承绪，译．杭州：浙江教育出版社，1987. 45.

了“学术自由”的原则三个基本要求：教授作为学者和知识传授者有言论自由；除非不称职或道德腐败，教授职位必须得到保证生计应有的长期或终身聘用；教授受到处分前有申诉的权利。① 同时，该协会具有对美国高校中教师与学校冲突的调查权，并公布高校违背学术自由的事件，将此类高校纳入“黑名单”予以抵制。通过这些博弈与争取，美国高校的学术自由才逐步得以保障。

当前，学术自由与学术权利之于高校、学者乃至人类社会发展的价值，已经得到广泛认同。学者只有在拥有充足的学术自由之后，才能在所属学科领域展开有效探索，才有创造和发现新知识的可能。例如学者科尔指出“如果我们的学术自由和自由探究受到威胁，就威胁到大学做出伟大发现的能力，就可能牺牲传递知识和创造新知识的成果，而我们的社会很大程度上依靠知识。”② 我国学者秦惠民也提到“新思想的孕育和成长，有赖于自由的学术空气；学者的创新精神离不开学术自由环境的滋养。同样，学生创新能力的培养，也离不开学术自由机制的保障。”③ 茹宁和赵允德在《知识生产·国家控制·学术自由—学术自由的哲学解析》一文中认为“知识生产的合理性原则不是一个一成不变的模式，而是展开为一个不断在反思中自我确证的认知过程。在这个过程中，只有赋予认知主体以思想自由，才能最大限度地发挥他们的智慧空间，去认识变化着的世界，并允许他们通过大胆的尝试和试错去验证自己的认识，从而获得有益于人类发展的新思想、新技术。从这个意义上，可以说学术自由是个体知识生产自由的题中之义。”④

教授委员会等相关制度的宗旨就是保障学术自由和学术权利。教授有权对自己所在领域的知识进行探索、研究和学习。教授负责全校所有学术事务并拥有制定行政政策的权力，这为教授提供了更多的自由权和自主权。特别是在学术事务方面，教授对促进大学学术发展和大学自治精神有

---

① 周佳．学术权利的政治哲学基础［J］．太原：山西教育出版社，2010. 94.
② ［美］乔纳森·R·科尔．学术自由和自由探究［J］．科学文化评论，2012（5）：33-62.
③ 秦惠民．高校学术管理应以学术权力为主导［J］．中国高等教育，2002（1）：26-28.
④ 茹宁，赵允德．知识生产·国家控制·学术自由—学术自由的哲学解析［J］．现代大学教育，2007（3）：15-19.

着重要的影响。在学术发展方面，由于知识的增长及普及，使得学术更加专业化，非专业学术人员难以对学术事务进行专业的评判与决策。在这种情况下，为了更有效地对学术事务进行评判和决策，最有效的办法是把这些学术事务交给专家教授们进行研究、决策，依靠他们专业、精湛的知识储备及技术方面的优势提升科学技术水平。在大学自治方面，除了政府向大学提供资金和选任适当的人选外，并没有对大学进行干涉。高校确立以教授委员会为核心的学术组织，并在重大学术事务与活动中起制定决策和监督决策行使的作用。教授委员会由教学委员会、专业设置委员会、师资队伍建设委员会等组成，还可下设各种专业委员会。

学术自由是大学自治的目标。只有在宽松的环境中，学者们才能更深入、自由地研究学术问题。这不仅要求大学内部应给予学者们营造一个和谐、舒缓的学术氛围，也体现在大学外部与政府和社会的关系上，即政府不应给予委员会过度的压力和负担。大学自治是因学术发展的需要，从大学内部自发产生的一种自下而上的要求；然而，大学自治并不表示要大学完全脱离政府的管理和控制。① 政府通过宏观层面管理大学，使大学按其自身特点进行自我管理，并始终把大学作为社会的学术组织加以建设。

## （三）使命：促进学术与大学发展

### 1. 完善治理结构，促进决策优化

高校的治理结构是制度基础，决策优化是功能和效果。高等教育治理结构的发展在各国都有其各自路径，但其核心理念是对学术权力的尊重和保障。德国大学制度的最大特点在于不仅大学赋予学者充分的学术自由与学术自治权力，而且为学者提供了“自由、自治”的学术环境。② 在欧洲中世纪建立的巴黎大学，因为教授的权力得不到保障，教授们采取罢课、游行等形式进行抗争，并最终如愿。巴黎大学教授权力及教授治校的传统

① 张俊宗．现代大学制度：高等教育改革与发展的时代回应［M］．北京：中国社会科学出版社，2004. 2.

② 张俊宗．现代大学制度：高等教育改革与发展的时代回应［M］．北京：中国社会科学出版社，2004. 148.

一直在欧洲大学中得到保持。直到现在，巴黎大学教授基本上还控制着大学，甚至认为“除了上帝之外，教授们就是大学自己的主人。”① 美国大学中的最高权力机构是董事会，但其教授组织（评议会、教授会等）在学校治理中具有切实分量，董事会与学术委员会二者之间相互制衡。董事会主要侧重于行政事务；而学术委员会不仅负责执行董事会的决定，同时还决定大学的学术事务，两个权力机构之间相互制约。“这种制度的显著优点在于两个相互监督和制约的机构能够有力地维护学校的利益”。②

大学教授委员会中的教授们除了担负着传播知识、学术研究的任务外，还承担着促进大学发展的任务。我国教育家梅贻琦先生认为，教授会的使命不仅有承担学生训练之使命，还有学术研究之使命。③ 教授们不仅在一般教育政策等领域进行有效的规划，而且在教学物质资源分配、资金预算、院长和校长的选举过程中，教授们都发挥了积极作用。

教授委员会参与高校治理的作用主要体现在：一是避免行政人员因为专业隔阂出现“外行管内行”的问题，避免决策失误和过度干涉专业学术事务；二是保存并保护大学的学术自由、自治传统的沿袭。从中世纪西欧的教师行会到柏林大学，教授群体对大学的创立和发展起着不可替代的作用，“教授治校”已经成为一种经过实践验证的经典治校模式。④ 例如，19世纪的柏林大学逐步实现教学自由、学术自治、教学科研相结合的大学发展模式。教授会在当时拥有很大的权力，在柏林大学内部，各个层级的教授们都具有很大的权力。这一管理模式使柏林大学称为当时世界最好的大学之一，这也是大学的历史特征和传统价值所在。⑤ 尽管大学外部环境历经变幻，但教授治校的理念和基本制度框架并没有发生根本性的变化。

传统意义上的“教授治校”指教授完全掌管大学，是大学的决策者和

① ［加］约翰·范得格拉夫：学术权力——七国高等教育管理体制比较［M］. 王承旭，等，译. 杭州：浙江教育出版社 2001. 55.

② 郭建. 哈佛大学发展史［M］. 石家庄：河北教育出版社，2000. 179.

③ 梅贻琦. 中国的大学［M］. 北京：北京理工大学出版社，2012. 59.

④ 陈金圣. 大学学术权力的制度化建构［M］. 北京：中国社会科学出版社，2014. 88.

⑤ Russell H. Fitzgibbon. The Academic Senate of the University of California［R］. Office of the President，University of California，1970：105.

负责人；而现代意义上的“教授治校”是指高校教师参与大学学术事务及其他事务的决策与管理，并发挥实质性的影响与作用。① 教授委员会制度主要强调大学自治、学术自由和学者治校。大学自治强调大学需按照自身的发展规律来运行，且不受内外部力量不合理的干扰和阻挠；学术自由是学术性的本质要求，学术氛围（即学术自主与自由的氛围大学）是内部制度环境的核心；② 学者治校，主要强调大学是以学者们所做出的决策为主导，并对大学事务进行决策和管理，教授们拥有选举权、决策权、监督权、知情权等基本权利。从高校治理的组织架构方面来说，大学除了教授委员会外，还有其他各领域、各层次、各类型的组织。沟通、协调好教授委员会与其他行政组织的关系，在大学内部治理中至关重要。教授委员会的决策需要在学校整体发展的视野中对各方面因素进行通盘权衡，依法依规依理，不越位，不偏狭；其他治理主体，尤其是高校中的行政机构同样各司其职、各安其位，对教授委员会的运行予以配合和支持。唯有如此，才能建成尊重教育规律、结构完善、运作合理、功能发挥理想的现代大学制度。

### 2. 完善学术制度，促进学术发展

创设大学教授委员会的核心目的是保证大学的学术自由、学术民主、学术进步。大学是学术发展的源动力，学者们通过对学术的交流和批判来达到学术的繁荣和增长目的。学术上如果缺少批判精神且滋生腐败现象，大学的发展就失去了活力和生命力。理想的大学是一个学术自由、研究自由、推进知识进步的场所。③ 大学教授是促进国家学术增长的助推器，担任着研究与教学的共同任务，学校的重要事务均由教授决定。高校的学术人员专心进行科研与教学，并通过互相交流、沟通以达到促进彼此学术增长的目的，从而推动全校的学术、学科、教学的发展。大学学术事务的决

① 彭阳红．论“教授治校”［D］．武汉：华中科技大学，2010. 66.

② 张俊宗．现代大学制度：高等教育改革与发展的时代回应［M］．北京：中国社会科学出版社，2004 . 62.

③ 谷贤林．美国研究型大学管理——国家市场和学术权力的平衡与制约［M］．北京：教育科学出版社 . 2008. 259.

策权应该在真正的学者手中而非来自外来的政治压力或者行政力量来确定，且不受任何组织的威胁和干扰。

教授是大学的主体，教授委员会的成员须由民主投票选举产生，代表广大教师的普遍利益。在我国学者欧阳光华看来，大学教授应当集体享有学术治理的权力。① 同时，大学教授在决策学术问题之前应首先提出意见和建议，然后把议题交由其他利益相关者进行协商和讨论，之后再形成正式的决议。大学教授在一些与学术事务密切相关的人、物、财等方面，同样具有相当的影响力。

在学术制度方面，教授委员会扮演着制定有关学术事务政策与制度的角色，其他组织扮演着执行教授委员会所制定决策的角色。在学术事务方面，如果学术决策与行政决策存在着严重的分歧，发展成熟、尊重学术的高校应该以教授委员会的决策为主导。同时，负责行政事务的负责人需成为教授委员会的当然成员，目的是让行政负责人以专家身份参与到决策中去，从而避免教授委员会与其他行政组织发生矛盾。

在教师学术成果和学术水平鉴定事务中，教授委员会是最核心的参与者。术业有专攻，学术成果和学术水平评鉴是专业性特别强的事务。而且，随着现代学术中各学科领域的不断分化、细化，学术领域的专业性日益增强，在不同领域都有深厚积累且处于前沿的“百科全书式学者”现实中已经极为少见。甚至在同一个学科中，不同研究领域之间因此存在着差别而出现“相互不够了解”的情况。鉴于此，在理想状态下，教师的学术成果、学术水平应该采用“同行评审”机制（peer review），基于学术标准对学术人员、学术成果进行评判的机制。按照合理的程序，组织同领域的专业学术人员进行评鉴，而且最好是同领域的“小同行”评鉴。教授委员会在学术成果评鉴中，要在坚持学术伦理的前提下“内行评内行”。一些欧美高校为了保证学术成果评审的严谨和有效，以基层院系的学术委员会为核心，设定了比较复杂的程序。例如，他们的职称晋升评鉴过程通常包

---

① 欧阳光华．从大学自治走向大学治理——论学术运作的现代转型［J］．教育研究与实验，2008，（2）．

括如下环节：

①以匿名的方式，把申请人的文章邮寄给若干（一般为 5—7 人）同学术领域的外校学者手中，由外部学者来评审申请人的成果，进行质性和量化的评价。

②外部学者的鉴定意见返回后，本系的学术委员会会仔细研读，在此基础上做出一个综合性的评价报告和评价意见，并将这些材料提交系主任，由系主任进行审议，并做出评价意见。如果系学术委员会和系主任都认为申报人成果水平较低，不适合晋升，则程序中止。只要有一方同意继续向上层学术组织推介，申请人的材料将被提交到学院的学术委员会。

③在学院这一层级，院评审委员会一般会以外部评审人的意见为主，在辅助以系委员会和系主任的意见，做出评价，并确定是否提交到学校的审核机构接受继续审核。[①] 总之，在学术成果、学术水平评鉴与此密切相关的职称晋升、人员聘任等事务中，应该由学术权力进行处理，采用学术同行评审的方式完成，在此过程中学术委员会（教授委员会）是核心力量。

## 三、规章文本层面的大学教授委员会制度

通过研读中国各个高校教授委员会章程发现，无论是 985 高校、211 高校或省属高校，所发布的教授委员会章程与理想层面的教授委员会存在较大差异。这主要体现在教授委员会的性质与角色、结构与运作、职责与权限三个方面，现根据部分学校颁布的教授委员会相关章程文本予以分析。

### （一）教授委员会的性质与角色

《中华人民共和国高等教育法》第四十二条之规定：高等学校设立学术委员会，负责审议学科、专业的设置，教学、科学研究计划方案，评定

① 丁学良. 什么是世界一流大学［M］. 北京：北京大学出版社 2004. 164.

教学、科学研究成果等有关学术事项。[①] 由此可见，中国大学教授委员会组织设计的初衷就是使教授共同拥有学术权力，并且主要设置在基层学术组织（即院系一级），发挥着学院学术事务的决策与非学术事务的咨询功能。[②] 在这一层面，教授委员会是在“党委领导、行政管理、教授治学”这一新型模式下创立的，其角色与性质也受到这种模式的限制。

### 1. 决策机构

教授委员会在学校党委领导下，对党委提出的有关重大学术事务进行审核和决策，包括学校的发展与规划、学科专业的设置与调整、学术经费的投入方案、师资队伍的建设与规划、校长的遴选与评议学术事务等等。[③] 课题团队通过分析各个大学教授委员会章程（有的大学亦称为学术委员会章程）发现，《东北师范大学教授委员会章程》中规定教授委员会的决策机制：首先由委员会主任委员确定会议议题，确定议题之后应与院（系）党政主要负责人进行沟通；沟通后由主任委员负责召开会议，委员会的成员们在会议上要坚持客观公正的原则，对所议事项充分发表意见；最后，会议实行集体决策制度，执行少数服从多数原则，必要时也可实行投票表决制。[④]《华东师范大学学术委员会章程》中提到，委员会不定期地在主任的提议下召开学术会议，并且根据需要成立常设或临时性的评议组、评审组和专题组。[⑤]

### 2. 执行机构

我国的教授委员会是建立在“党委领导、行政管理、教授治学”的基础上，在高校治理中扮演着“执行者”的角色。以《东北师范大学教授委员会章程》第四条和第三十六条教授委员会教授的义务为例，在章程中提到“教授委员会由学校组织和领导，教授委员会委员由学校聘任、考核与管理”；“遵守教授委员会章程，执行教授委员会决议”。[⑥] 中国大学通常以

---

① 《中华人民共和国高等教育法》
② 张君辉．中国大学教授委员会制度的本质论析［J］．教育研究，2007，(1)：72.
③ 毕宪顺．高等学校教授委员会制研究［J］．中国行政管理，2008，(2).
④ 《东北师范大学教授委员会章程》
⑤ 《华东师范大学学术委员会章程》
⑥ 《东北师范大学教授委员会章程》

行政组织的决策权为主，有些教授并未参与到决策校学术事务和其他事务中去。教授委员会是领导们颁布命令从而负责执行的执行机构。虽然委员会中有些职务由行政领导担任，但是行政权力大于学术权力的现象仍然普遍存在，教授委员会是行政机构的执行者，担负着执行行政决议的角色。这与理想层面中所规定的行政权力是教授委员会的“执行者”这一角色恰恰相反，行政权力应是学术权力制定政策的执行机构，行政部门应尊重并执行教授委员会的决策，是“服务者”不是作为“管理者”。

### 3. 咨询机构

教授委员会（有的大学称之为学术委员会）是学校党组织和行政权力在学术领域的延伸，在规章层面扮演着咨询机构的角色。教授委员会针对学术上的事务（如科研经费预算、课程计划、教学研究等）以及非学术上的事务（如教师岗位聘任考核、听取并审议院长的学年工作计划等等）提出切实可行的建设性意见和建议，旨在全面提升大学的整体学术水平和非学术水平。不同大学学术委员会章程可能会有所不同，但是教授们在组织中扮演着咨询、指导的角色。以《华东师范大学学术委员会章程》为例，学术委员会的成员由大学校长选择和聘任，在学术事务方面扮演着咨询评议的角色。①《吉林大学学术委员会章程》的第十三条“学部学术委员会”中提到，当本学部遇到较为复杂的问题时，教授负责相关工作的论证和咨询。②《武汉理工大学学术委员会章程》第三章关于教授的职责内容中规定，教授们根据工作需要或受学校委托，对学校科技发展规划、科研项目立项、科研基地建设、师资队伍建设等事项方面进行论证并接受咨询。③通过对高校学术委员会章程的分析发现，高校中的教授们在其中扮演着咨询者而非领导者的角色，这与应然层面“教授治校”思想相距甚远，教授在规章层面只是咨询者和党委、行政机构的代言人。

---

① 《华东师范大学学术委员会章程》
② 《吉林大学学术委员会章程》
③ 《武汉理工大学学术委员会章程》

## （二）教授委员会的结构与运作

### 1. 组织构成

**（1）教授委员会的组织**

通过分析各个高校教授委员会章程和学术委员会章程发现，尽管组织在成员人数构成上有所不同，但是均是由校长聘任，受学校党组织的支配和领导。以《东北师范大学教授委员会章程》为例，其章程认为教授委员会的组织是以院（系）为单位组成，院（系）实行教授委员会集体决策基础上的院长（系主任）负责制。教授委员会由学校组织和领导，教授委员会成员由学校聘任、考核与管理。①《中国政法大学教授委员会章程》中认为校教授委员会的组织是由具有较高学术造诣、处事公正的各学科知名教授组成，成员是由校长从学校在职教师中聘任；同时，为了保证其代表广大教师的权利（力），在聘任时应充分考虑成员的年龄层次、学科结构、院所分布等因素。②《华东师范大学教授委员会章程》认为学术委员会是学术咨询评议机构，由校长聘任部分大学教授组成。③ 课题团队参照多所高校教授委员会章程发现，教授委员会的委员是由校长聘任而非像应然层面中的教授是由教授民主投票选举产生。

**（2）教授委员会的成员构成**

一般来说，大学教授委员会章程规定，委员会设主任 1 人，由校长或院长、系主任担任；设副主任若干人；设秘书处，秘书长 1 人，每届学术委员会任期 3~5 年。以《华东师范大学教授委员会章程》为例，章程中规定，学术委员会设主任 1 人，由校长担任；每届委员任期 4 年，可以连任。委员在任期间退休或离开学校连续一年以上者，自动退出学术委员会。当委员会换届时，候选委员由各院系和有关职能部门协商推举，经校长办公会研究决定，由校长聘任。④ 章程中只是提到换届时委员由各院系

---

① 《东北师范大学教授委员会章程》
② 《中国政法大学学术委员会章程》
③ 《华东师范大学教授委员会章程》
④ 《武汉理工大学学术委员会章程》《吉林大学学术委员会章程》《吉林大学学术委员会章程》

和有关职能部门协商推举，经校长办公会议研究决定由校长聘任，但是具体推选程序并不是很完善，比如章程中说的有关职能部门包含哪些教学人员等等。《武汉理工大学学术委员会章程》中提到，学术委员会委员选举首先由教授（研究员等）进行民主推选，然后校长可根据学校现实科研工作需要及委员会结构情况，可提名不超过总数20%的委员会成员。最后，校学术委员会主任委员、副主任委员、秘书长和副秘书长人选由校长提名，校学术委员会的人员组成由校长办公会审定，学校聘任。① 上述两所大学学术委员均是在教授进行初步推选之后由校长提名选举，校长是行政部门的代表，其决策具有行政意识，这与理想中的教授委员会制度不相符。

但是，吉林大学学院学术委员会主任、副主任及渤海大学学术委员会主任均由无行政职务的教授担任。以吉林大学的学院学术委员会为例，其委员和主任均由非行政职务的学者担任，成员由所辖学科的7至15名教授组成。② 吉林大学学部学术委员会成员每届任期两年，主任委员和副主任委员采用“轮值制”，由学部学术委员会民主选举产生。③

《渤海大学学术委员会章程》中规定人员的构成：校学术委员会委员由27人组成，设主任委员1人，副主任委员2人（自然科学领域副主任1名，哲学社会科学领域副主任1名），主任委员、副主任委员由全体委员民主选举产生，提交校党委会审议，由校长聘任。主任由无领导职务的专家担任，成员中无领导职务的专家不低于1/3。④

### 2. 运作机制

教授委员会的运行机制，主要体现于其议事规则和程序上。通过分析我国高校教授委员的议事规则和程序，其运作的模式是，教授委员会就议题形成结论后，要与校行政领导进行讨论、沟通，达成一致意见后，再公布实施；若是议题没有通过，则实行投票表决制。例如，《东北师范大学

---

① 《武汉理工大学学术委员会章程》
② 《吉林大学学院学术委员会章程》
③ 《吉林大学学部学术委员会章程》
④ 《渤海大学学术委员会章程》

教授委员会章程》十三条提出，委员会主任首先确定会议议题，确定议题之后应与院（系）党政主要负责人进行沟通；沟通后由主任委员负责组织召开会议，委员会的成员们在会议上要坚持客观公正的原则，对所议事项充分发表意见；最后，会议实行集体决策制度，执行少数服从多数原则，在必要时也可实行投票表决制。①《华东师范大学学术委员会章程》第十三条规定学术委员会不定期举行学术会议，必要时根据需要成立常设或临时性的评议组、评审组和专题组，并可根据需要召集院、系（所）的学术委员会主任联席会议。②《佳木斯大学学术委员会章程》规定，秘书长由主任提名且负责学术委员会日常工作，决议须经学术委员会全体会议通过。③这样的人事、运行和议事规则基本是我国高校党政统一领导大框架内设定的。这种设定，有利于高校行政权力监督和规范学术权力的运作，以确保其不出现触碰政治红线、违背学校规则、背离学校意志等现象，但也很难避免出现行政意识代替学术意识、行政权力挤压学术权力的现象。

### （三）教授委员会的职责与权限

在教授委员会制度的相关文件中，教授委员会一般具有如下职责和权限。

#### 1. 学术方面的职责与权限

《中华人民共和国高等教育法》第四十二条明确规定：“高等学校设立学术委员会，负责审议学科、专业的设置，教学、科学研究计划方案，评定教学、科学研究成果等有关学术事务”。④ 在学术事务方面，教授职责不仅体现在确定学院学术发展规划和学科建设、学生的教学计划和培养方案方面，还体现在讨论、确定院（系）的资源配置及确定教师队伍建设规划等方面。

综合各大学教授委员会（学术委员会）章程，教授在学术方面的权限

① 《东北师范大学教授委员会章程》
② 《华东师范大学学术委员会章程》
③ 《佳木斯大学学术委员会章程》
④ 《中华人民共和国高等教育法》

主要包括：掌握学校学术发展动态信息的权力；出席教授委员会会议并具有审议会议内容及表决权；针对委员会出现的不良现象具有批评、监督和建议权；宪法和法律赋予教授们享有的其他权力。以《吉林大学学部学术委员会章程》和《湖南大学学术委员会章程》为例，两个章程在学术方面的职责较大。学术职责概括为：（1）负责本学部人才的学术评价与推荐、成果奖励评审、科研项目评审和正高级专业技术职务评审与推荐等工作。（2）负责本学部学科建设规划、科研工作规划、师资队伍建设规划等学术工作方面的论证。（3）负责本学部涉及学术问题有关工作的论证和咨询。（4）负责本学部学术道德和学术风气建设的有关工作。（5）负责完成校学术委员会委托的其他学术工作。

#### 2. 校政方面的职责与权限

从校政方面来说，主要是指教授们具有参与学校教师及其他部门人员定期聘任、考核的权力；负责审议学院院长年度工作计划和学术工作计划；负责评审本学部的副教授及拟定招聘教师的人数等等。以吉林大学学术委员会下设的《吉林大学学院学术委员会章程》为例，教授们的职责主要体现在：评审推荐本单位申报的各类科研项目和成果奖励；负责本单位选聘教师和推荐人才的学术评价工作；负责评审推荐教授和相关专业技术职务的拟任人选；听取并审议院长关于学院学术工作的年度报告，审议学院学科建设规划、师资队伍建设规划和科研工作计划等方面参与校政。①东北师范大学教授委员会的校政权限主要体现在：讨论、确定院（系）教师和其他系列人员工作考核、成果评价的原则和标准，负责职务（岗位）聘任；讨论、决定院长（系主任）或教授委员会委员提议的其他重大原则问题；听取并审议院长（系主任）的学年工作计划和年度工作汇报等权力。②

通过对我国多所高校教授委员会制度文本的分析，可以发现，这些“现行”规章对教授委员会的性质与角色、结构与运作、职责与权限等方

① 《吉林大学学术委员会章程》
② 《东北师范大学教授委员会章程》

面事项做出了限定。在职责方面，教授委员会主要扮演着决策机构、执行机构和咨询机构等角色；在结构与运作、职责与权限方面，教授委员会在各校存在一定的差异，但基本是按照我国民主表决、集中决策的理念设计其运作机制，其职责与事务主要集中于学术领域。

## 四、现实维度的大学教授委员会制度

2000年以来，我国高校教授委员会建设在理论和实践方面都取得了巨大进步。高校教授委员会在促进决策优化、保障学术自由、推动学术研究、改善人才培养、协调社会联系方面，发挥了积极作用。同时，教授委员会制度在现实层面也存在一些不足，主要体现在职责定位方面的问题、在议事规则方面的问题和在制度设计方面的问题。

### （一）教授委员会的现实运作及其成效

#### 1. 促进决策优化

在教授委员会成员组成方面，大部分的成员均是各个学科的学术带头人或是学识丰富的教授群体，他们对学术领域有着丰富的建树和独到的见解。在现实运作中，由于教授委员会组织具有决策权和咨询权等权力，高校针对相关问题进行决策时，需要教授委员会帮助协调、校审并通过教授们渊博的学术知识来解决学术问题。在这一方面，教授委员会相当于学术促进发展的“助推器”和“领航人”，辅助并促进校党委和行政组织做出的决策更加优化。现以深圳大学的“布衣教授们”录用大学教职人员为例加以说明。“布衣教授”是指深圳大学的26名教授，这些教授组成了“计财教授委员会”和“人事教授委员会”并通过它们执掌深圳大学最重要的行政事务——人事与财务。在深圳大学，虽然教授们分别来自不同的系和专业，但是他们在深大却没有任何官职。虽然是这样，但是他们却掌握着人事录用权、财政权，同时具有质询院长、处长的权力。从2006年至今，深圳大学要聘用教师，必须要经过教授们严格的考核这道面试关。首先，人事教授委员会邀请人事处、教授委员们和院系各个领导们进行面试并进行投票。然后，将确定后的人选报给校长办公室审批。但是在整个确定人选的过程中，校长办公室不得干预；同时，校领导们在未经过教授们投票同意时，不得随意提名候选人。①

在一些高校中，教授委员会的学术权力得到切实尊重，对优化学校决策发挥了积极作用。例如，根据湖南大学办学改革报道《学术评议，教授是核心》中的案例，2013 年湖南大学在聘用从国外留学归来的博士莫某加入该校机械与运载工程学院时，对其聘任起决定作用的“考官”并不是担任行政职务的学院领导，而是该学院各个专业的教授们。按该校老师的观点，“因为教授比较清楚学术问题，由学术委员会成员们来评议更为合适。”该学校博士点建设、学院“十二五”期间学科发展计划及人才培养方案等相关学术方面的工作建设，正是由于学术委员会广泛听取成员教授们的论证意见，促使学科迅速发展，人才培养质量快速提升。② 根据南京师范大学的报道，南京师范大学的教授们在大学扮演着主人翁的角色，参与、推动学院与学校的发展。学院教授委员会的成员们有时候争论得很激烈，但都是从大局出发，而且民主气氛浓，公开透明。该校的教授认为“正是现在教授们有了新的身份——具有审议和监督的权力，由他们在评职称、引进人才、科研项目申报、学科建设等问题来讨论、把关，教职员工都很信服。”③

### 2. 保障学术自由与学术伦理

教授委员会不仅是一个促进决策优化的组织，它更是一个保障学术自由的学术组织。学术研究人员只有在和谐、自由的学术氛围中，才能更好地进行学术研究和学术创造。高校教师拥有讨论、确定学院学术发展规划和学生的教学计划权力、拥有自由拟定培养方案及讨论、确定学院教学与科研组织形式等学术自由权，且不受任何行政势力的干涉和阻挠；同时，

---

① 光明日报．让“布衣教授”参与管理［EB/OL］. http：//www.gmw.cn/01gmrb/2009-05/07/content_ 917661.htm. 2009-05-07.

② 新华网．学术审议教授是核心：湖南大学将学术权力还给教授［EB/OL］. http：//news.xinmin.cn/domestic/2013/06/26/20791961.html. 2013-06-26.

③ 中国校长网．把学术权力还给教授——南京师范大学探索大学内部治理结构改革纪实［EB/OL］. http：//www.zgxzw.com/news/html/182059.html. 2014-01-25.

高校教师拥有就公众关心的热点问题及社会现象发表自己见解或评论的权力。当高校教师所拥有的学术自由权力被干涉或阻挠时，可以通过教授委员会这一组织寻求帮助和庇佑，从而切实的保障教授们的学术自由权。以2014年教育部发表的《高等学校学术委员会规程》（教育部令第35号，以下简称《规程》）为例，该《规程》的出台将切实提高学术组织在高校治理体系中的地位和作用，为学者治学提供可靠的制度保障。很多高校管理者都根据实践状况认为，该《规程》的发布，对促进高校教师依法治校、推进教育体制改革具有重大意义；该《规程》充分尊重我国大学的具体国情，也符合国际潮流。①

此外教授委员会发挥着维护学术伦理、保障学术规范的作用。对于违背学术伦理的行为，各校基本都委托由教授组成的委员会进行认定。例如，2007年西安某大学在高等学校科学技术奖公示期间，有教授实名举报该校教授李某在申报学术课题获奖项目中存在造假、抄袭他人学术成果、进行拼凑等严重学术不端问题。该校学术委员会及有关部门展开调查并进行核实，系统取证后确认李某存在学术抄袭问题。因其严重的学术不端行为，学校学术委员会决定取消其教授职务，并与其解除教师聘用合同。②

### 3. 促进了学校整体发展

有的大学在校教授委员会的组织和领导下，分设各个院（系）学术委员会。校教授委员会成员由各个院（系）的学术委员会主任组成。由于每个院（系）所属研究领域不同以及受学科所限，委员们只是对本专业领域的学术事务研究深刻，但是对其他涉外专业领域并不了解。当成员们在研究过程中遇到其他领域不懂的事务时，可以由院（系）主任出面，向校教授委员会中寻求专业人士的帮助。由于校教授委员会成员来自学校学术领域的不同方向，其中的成员遇到学术问题时可以向所属专业领域的专家咨询，从而推动学术的进步和研究的发展。高校教师在对有关教学的重大事

---

① 中国教育报教授治学有了制度保障——《高等学校学术委员会规程》颁布，3月1日起实施[EB/OL]. http://www.cssn.cn/jyx/jyx_zcyd/201402/t20140220_967625.shtml. 2014-02-20.

② 交大新闻网. 学校取消李连生教授职务解除其教师聘用合同[EB/OL]. http://xjtunews.xjtu.edu.cn/zhxw/2010-03/1269152023d26158.shtml. 2010-03-21.

项和研究议题存在异议时，可以通过教授委员会的成员们充分讨论，认真决策，从而切实保证所做出的决策合理、有效，为学校整体发展打下坚实的基础。例如，南京师范大学教授委员会制度有效保障了该校发展的稳定和持续，促进整个学校和基层学院的整体发展。南京师范大学的教授在评价教授委员会制度的作用时，把大学的建设比作“建高楼”。认为“学校领导班子几年换一次，今年A院长上台了，要发展这个学科；过年B院长上台了，又要发展那个学科。由于学校的资源有限，这栋大楼今天搞娱乐，明天搞餐饮，后天搞调研，最后可能什么都搞不成。”①但是由教授委员会为学术决策进行把关和制定学科发展规划，这样就保证了学院发展的连续性。②

此外，教授委员会还应该在一定程度上承担协调高校与社会联系的职责。教授委员会对大学内部组织结构来说是学术组织，负责全校的学术事务。同时，它也在实际中发挥着汇集、整合校内教师对于学校工作建议、意见的作用，甚至在一定程度上发挥着与社会沟通、汇集社会对高校办学的需求、评价与反馈的作用。

## （二）教授委员会制度的现存问题

教授委员会在现实层面运作的过程中既有显著效果又有一些不完善之处。

### 1. 教授委员会在高校内部治理权力结构中处于弱势地位

教授委员会制度是现代大学制度的一部分，在高校内部治理中被寄予厚望。虽然很多各高校在规程中赋予教授委员会以很多职权和独立性，但在实际运行中，其职权和独立性并不能得到保障。高校的“行政化”问题，并没有得到解决，行政权力对教授委员会所拥有的学术权力仍然具有较强的干预和控制。

---

① 中国校长网．把学术权力还给教授——南京师范大学探索大学内部治理结构改革纪实．［EB/OL］. http：//www. zgxzw. com/news/html/182059. html. 2014-01-25.

② 中国校长网．把学术权力还给教授——南京师范大学探索大学内部治理结构改革纪实．［EB/OL］. http：//www. zgxzw. com/news/html/182059. html. 2014-01-25.

各高校对学术权力机构的设置随意性大，除学位委员会的设置相对普遍和规范外，其他学术权力机构不仅名称五花八门，教授委员会不但设置不够广泛，而且其权限和运作都有不完善之处。有研究者指出，至于学术性事务是否需要教授参与，以及在多大程度上让教授参与，往往随行政权力拥有者的喜好和意图而定。在高校各类学术权力机构中行政权力无孔不入，学术权力有名无实，即使设置了教授委员会等权力机构，但在实际运行中这些机构均被置于行政权力机构之下，很少发挥实质性的作用。①

在我国的部分高校中，教授委员会的运行尚不够独立，比较缺乏实质性的职权。例如，有研究者也指出，在一些高校中，学术委员会（教授委员会）一般是要求其在校长领导下开展工作，甚至是要求对校长负责，本应由委员会处理的学术性事务实际上被行政权力拥有者代行，致使学术委员会难以真正成为一个独立纯粹的学术评判机构。高校各学术权力机构在实际运行中教授治学氛围不浓，民主程度有待加强。这些学术权力机构往往简单套用行政管理办法来进行学术管理。② 有研究者认为，很多高校所建立起来的学术委员会等学术权力机构，最终也只可能是"表面看起来是由教授们组成，但究其实质还是行政权力披上学术面纱再进行控制和管理。"③

### 2. 教授委员会的职能发挥仍然不充分

在理想的应然层面，教授委员会的职责是通过这一组织实现"教授治校"。在现实层面上，一些高校在章程中赋予教授委员会一定的"教授治校"权力，如审议、监督学校学术和非学术事务等。但是由于当前我国高校的教授委员会还缺乏独立、完善的运作机制，在非学术性校务决策中处于"主体缺位"的地位。在校、院两级行政力量与教授的关系中，教授处于弱势地位，其权力有限，"甚至在很长时期内只能受制于他们并未参与制定的规章，被动地服从和执行。"④ 高校教师在学校教师考核、职称晋

---

① 李海平．高校权力运行现状的实证研究［J］．教育研究，2011，(10).
② 李海平．高校权力运行现状的实证研究［J］．教育研究，2011，(10).
③ 周佳．学术权利的政治哲学基础［J］．太原：山西教育出版社，2010. 89.
④ 郑也夫．吾国教育病理［M］．北京：中信出版社，2013. 266.

升、学校资源配置、财务、招生等方面的权力极为有限，严重缺乏有效参与。以至于有研究者认为，教授委员会常常成为“摆设”和“工具”并扮演着将行政机构的决策合法化的角色。①

“教授治学”是我国多数高校教授委员会的宗旨，在大学章程教授委员会的相关制度中，也主要把“治学”作为教授委员会的主要职责。然而，在现实层面，综合各个高校学术委员会运行的情况来看，即便是在对学术事务进行处理时，教授委员会的决策权也并不充分。由于高校“行政化”问题一直没有得到有效解决，在一些高校中学术人员所应享有的学术权利和学术权力经受到行政权力的挤压。我国高等教育领域的研究者张俊宗就认为，我国现在实行的教授委员会制度并没有实现其彰显学术权力和去行政化的初衷，高校内部管理行政权力依然处于强势的主导地位。② 研究者李海平研究发现，在一些治理水平较低的高校中，行政权力依然要远高于学术权力，行政的力量依然在学术界起着决定性的主导作用，而学术力量只能成为这一领域中的“附庸与点缀”。③ 这些现象和观点虽然反映的部分高校的现象，但也这些现象的确应该引发重视。

近年来，随着我国现代大学制度建设的推进和高校教授委员会等学术权力制度的设立，高校治理水平有较大发展，但在学术民主方面始终存在着一定的缺失。高等教育研究者赵俊芳认为，最为典型的问题便是大学学术权力关系的错位，其主要表现是绕开大学委员会的学术权力，将众多的学术性事务交给行政系统进行决策，这实际上把执行机构变成了“决策机构”，而将真正的“决策机构”——教授会、学术委员会等机构架空，从而导致大学学术权力运行程序倒置。近年来有些大学虽然陆续设立了学术委员会或教授会，但权力向上集中、向行政集中的问题并未得到根本解决。④

---

① 陈何芳．教授治校：高校“去行政化”的重要切入点［J］．高等教育管理研究，2010，(21)：70-71.

② 张俊宗．现代大学制度：高等教育改革与发展的时代回应［M］．北京：中国社会科学出版社，2004. 262-264.

③ 李海平．高校权力运行现状的实证研究［J］．教育研究，2011，(10).

④ 赵俊芳．论大学学术权力［M］．北京：中国社会科学出版社，2012. 229.

总之，教授委员会中应独立行使学术权力而不受其他外界因素的不当干预，但是在现实运行过程中，教授委员会经常受制于上级行政组织的过多干涉。

### 3. 教授委员会在组织机制方面尚不够完善

教授委员会是一所高校内学术人员的权力组织，代表了本校学术人员的宗旨、立场与权益，从理论上来说，教授委员会的人选应该是以基层民主选举和推荐的方式产生。由基层学术单位的教师在同行中推选出若干人员组建教授委员会，代表并维护着院系及学校的学术权益。然而，在分析各校教授委员会规章制度时发现，在实践中教授委员会委员的选择很多是自上而下进行的，是以领导推荐、任命的方式产生的。教授委员会成员遴选的权力，不掌握在基层教师手中，而是掌握在行政人员的手中。这是我国当前高校教授委员会、委员遴选程序方面存在的一个重要问题。

在调查者所调查的100所高校的学术委员会，学位评定委员会和教学委员会中，各委员会成员资格与担任系主任以上职务或处级以上干部两者之间高度相关，即担任各级行政职务更容易成为各类学术权力机构成员。并且除研究型高校的学位评定委员会中，纯学术人员所占比例较其他两类高校略高一些之外，在所谓的研究型高校、教学研究型高校和教学型高校中，三类学术权力机构中，行政领导所占比例构成并无明显差异，研究型高校在此方面并无任何正面表率作用。① 由于很多高校的教授委员会成员中，包含相当比例的“双肩挑”的行政领导，这就导致教授委员会进行讨论和合议时，成员在实际身份地位、话语权方面并不平等，因而经常出现行政主导的情形。有研究者指出，由于教授委员会成员中有很多既是行政领导又是教授的“双肩挑”教师，在当前高校的行政人员任命与权力架构下，这些身兼“官民”两重身份的教师，很难成为普通教师的代言人。与此同时，许多普通教授的权力、意见和建议由于缺乏表达的渠道，还是无法表达。② 有研究者将教授委员会的成员分为“学术派”和“行政派”，

---

① 李海平．高校权力运行现状的实证研究［J］．教育研究，2011，(10)．
② 陈何芳．教授治校：高校去行政化的重要切入点［J］．北京：教育发展研究，2010，21.70-71.

当“学术派”与“行政派”的立场与观点产生分歧时，就会出现向行政派“一边倒”的现象。甚至有学者认为，在当下高度行政化的大学氛围中，不少学校建立所谓大学学术委员会（教授委员会）之类的形式化的学术权力机构的意图无非是“借学术之名，行行政之实”。在这种行政主导的思维方式、行动规范和价值引导之下，学术权力机构的行政化异化自然难以避免。①

总之，我国高校教授委员会的成员产生方式和成员结构，往往导致学术权力机构的“行政化”，即简单地延用行政管理思维，套用行政管理办法来进行学术事务管理，严重影响学术权力参与高校治理预期效果的实现。

#### 4. 教授为委员会的学术权力存在功利化问题与现象

高校是学术职能和学术事务为主要职能和事务的组织，学术性是高校区别于绝大多数其他社会组织的本质特征之一。而学术事务对学术自由、学术权利有着特殊需求。高校教授委员会制度在本质上是一种教授参与高校治理的学术权力制度，即通过这一制度保障高校内的学术自由和学者的学术权利。但学术权力也是一种权力，在理论上和行政权力一样也具有运行失范的可能，而在实践中学术权力也的确因为受到利益、人际关系、偏见等因素的影响而出现偏差。有研究者关注我国高校内学术权力“寻租”问题，认为在大学学术组织中，部分学术权力所有者利用职务之便，在各个部门、各个领域、以各种方式控制一切学术资源及资源配置权，以权谋私，以权谋利，权钱交换。权力寻租者利用学术及其资源攫取私利，取得更大的权力租金，权学交易的权力寻租不仅危害公众的物质利益，而且玷污了神圣的学术领域。② 有研究者探究高校学术权力与行政权力的过度联姻问题，发现一些高校不同程度地存在着“学者谋官，官谋学术”的现象。并不是说学者不能做高校的领导，也不是说高校的领导绝对不能做学术；但是过多的学者争着做领导，某些高校领导利用行政资源谋学术，那

---

① 陈金圣．大学学术权力的制度化建构［M］．北京：中国社会科学出版社，2014.221.
② 赵俊芳．论大学学术权力［M］．北京：中国社会科学出版社，2012.231.

就不太正常了。[①] 这些问题既与高校制度设定存在的漏洞有关，更与当前社会和高校中的不良风气有关。例如原中国科技大学校长李培根就指出，功利主义、拜金主义比任何时候都更严重地侵蚀着教育的集体。在教育机构的某些角落由此滋生的毒瘤，甚至使其斯文扫地，在很多高等学府里，某些教育工作者自身对教育缺乏敬畏感，恐怕不是个别现象。某些教师不再有当初作为教师的崇高感，一些教育管理者也缺乏对教育的神圣感，他们利用手中的行政权力或公权力不太顾及地挤压教育与学术权力的事情时有发生。[②]

综上，从中世纪产生的“教师行会”到 19 世纪洪堡创立的柏林大学“教授治校”制度，使得“教授治校”这一理念得以确立。在应然层面，教授即大学，教授委员会是“教授治校”的机制，教授通过教授委员会制度以独立、民主的方式行使其学术治理权、财政计划权、人事聘用权等权力。然而，理想形态的教授委员会并不等同于“制度形态”（即现行形态、文本形态）的教授委员会。在我国，多数高校在教授委员会职责定位上把“教授治校”调整为“教授治学”，同时在制度设计方面也做了相应的调整。在现实层面即当前我国高校教授委员会实际运作中，虽然教授委员会制度对优化高等教育治理和高等教育生态产生了积极作用。但是，制度“走形儿”、效能发挥不完善的问题也广泛存在，以至于“教授治学”也不能得到充分保障。

## 小　结

根据社会学、管理学等学科的研究，社会变革与发展越来越呈现出以理念为先导的趋势，而合理的制度或机制则是理念成为现实的中间环节。教授委员会制度作为现代大学制度的一部分，其形成与发展同样遵循“应然形态—规章文本—现实运作”这一路径。基于此，课题团队把教授委员

---

① 李培根．认识大学［M］．北京：商务印书馆，2015. 234.

② 李培根．认识大学［M］．北京：商务印书馆，2015. 13.

会制度分为三个层面，即应然层面、规章文本层面（制度层面）与现实运作层面。

鉴于学术自由的理念和高等教育历史上长期的教授治校传统，在应然层面上，教授委员会制度是高校教师参与高校全面治理的平台和途径，也是高校最重要的治理主体之一。或者说，教授委员会制度的“教授治校”的制度。高校教授委员会有利于保障高校的学术自由与学术发展，有利于促进决策优化，有利于高校与社会之间确立更加合理的关系。

但高等教育的发展已经今非昔比，当今高校规模不断扩大、高等教育与社会的深度融合等因素使高校的办学事务和治理体系都日益复杂，19世纪和20世纪前期中外高校中的“教授治校”已经很难胜任。在这种情况下，在设计教授委员会制度时，我国多数高校的教授委员会制度都将其职责限定为“治学”。高校的教授委员会制度均对教授委员会的性质与角色、结构与运作、职责与权限等方面事项做出了限定。在职责方面，教授委员会主要扮演着决策机构、执行机构和咨询机构等角色；在结构与运作、职责与权限方面，教授委员会各校存在一定的差异，但基本是按照我国民主表决、集中决策的理念设计其运作机制，其职责与事务主要集中于学术领域。

在现实运作中，教授委员会在促进决策优化、保障学术自由、推动学术研究、改善人才培养和协调社会关系方面发挥了积极作用。然而，我国当前的教授委员会制度在职责定位、议事规则、制度设计、权力行使等方面也存在着一些不可回避的问题。

总之，由于历史、文化、教育体制、高校管理制度、教师观念等方面的原因，我国高校教授委员会制度在应然层面、规章文本层面、现实运作层面出现了偏离。故而，在尊重高等教育发展现实和治理规律的基础上，促进我国高校教授委员会制度三种形态的合理融合，是我国现代大学制度的建立和完善的重要任务。

# 第三章　我国高校教师的学术权力：历史演进维度的分析

## 一、概　述

### （一）研究问题陈述

高校治理中的学术权力，在广义上可以理解为学术专业人员所拥有的权力，在狭义上一般指专业学术人员根据其专业知识处理学术事务的权力。无论在哪个层面上，学术权力都属于高校教师参与高校治理的范畴。

从19世纪末我国现代大学出现到如今，我国高校教师参与高校治理经历了一个较为复杂的演进过程。在民国时期，我国高校多采用当时欧洲大学的管理模式，教授拥有较大权力。新中国建立以后，我国在社会主义改造阶段对此前的高校进行大调整，高校管理以党政权力为主。“文化大革命”期间，高校正常的办学秩序与管理体系受到严重冲击，高校成了政治运动的场所，知识分子是接受“改造”和“再教育”的对象，基本没有参与学校管理的权利。改革开放之后，高等教育领域开始拨乱反正，教师的政治身份和社会地位问题被重新确定，参与高校管理的各项权利被逐步落实，而且参与的范围和程度不断增加。在一定意义可以说，高校学术权力是高校教师参与学校治理的一个特殊和高级形式。

在探究高校学术权力问题时，尤其对我国高校学术权力的探究时，高校教师参与高校治理过程经历了怎么的变化，每个时期的主题都有哪些，整个变化过程何以发生，是需要探究的重要问题。在探究这些问题时，课题团队选择了一个新的视角：学术问题是现实问题的投射，从学术问题域的变迁可以获得对现实状况的把握。

### （二）研究方法概述

#### 1. 研究思路

学术问题与现实问题是一对范畴。一般而言，现实问题（practical problems）是在社会生活中客观存在的、需要应对的现实困境与疑难。学术问题（academic problems）是经过学术研究者提炼、界定并予以探究的理智困境与疑难。现实问题具有客观性、复杂性和原初性；学术问题则多是由现实问题转化而来的，是对现实问题的提炼、概括和界定。由于社会问题林林总总，纷繁复杂，学术研究的关注范围有限，故而只有那些在“当时”最具“现实意义”与“学术价值”的问题才能被提炼为“学术问题”，并力求通过学术探究实现现实领域的改善。随着学术问题横向的范围延展和纵向的历史演变，针对某一现实问题的学术问题将衍化、形成一个动态的、变化的场域，即“问题域”（academic problem domain）。整个“问题域”由边缘区域、外围区域和核心区域构成，重要的学术问题处于核心区域，比较重要者处于外围及边缘区域，所有问题都在三个区域中“流动”。随着某个问题的现实影响不断凸显，引发研究者的关注和探究，从而使该问题由普通的社会问题提升为学术问题，并由一个处在学术问题域边缘的新问题进而跻身于热点问题、焦点问题；随着该问题在学术领域和现实领域内得到解决，将逐步淡出学术研究的核心领域，而被那些更急迫、更具有前沿性的问题所取代。“问题域”在本质上是学术界对不断变化的客观现实的理性反应。

当前，建立现代大学制度无论在学术领域还是实践领域都是我国高等教育所关注和研究的热点问题。现代大学制度的一个基本特征是利益相关者的共同治理（shared government），而高校教师是其中当然的治理主体。学界关于我国高校教师参与大学治理这一问题已经进行了较为深入的研究，并形成了关于这一问题的“问题域”。“面向事情本身”的研究具有毋庸置疑的重要性，但也存在着某些不足。其中最为突出的问题是，面向现实问题的研究往往遗失了对学界（研究者群体）自身的关注。而在我国高校治理中的教师参与这一问题上，研究者的身份基本为高校教师，研究者群体在一定程度上就是所有高校教师的代言人。因此，研究者是研究这一问题时不可忽视的研究对象。这一群体在不同时期的问题判定、立场与愿景、研究方法等方面的演变在很大程度上反映了我国高校教师参与大学治理这一问题的演变。当学界都在进行面向事实的研究时，以“问题域”为视角对学界从“现实问题”中选择提炼出来的“学术问题”进行研究，可以实现对我国高校教师参与大学治理这一问题更为清晰的全景式把握，可以发现面向事实研究所不能发现的问题。

鉴于上述思路，本部分主要针对我国学术界高等教育研究领域四种重要的核心学术期刊《高等教育研究》《中国高等教育》《中国高教研究》《教育研究》在20世纪八九十年代及21世纪，有关我国高校教师参与大学治理问题的“问题域”研究。选取了各个年代不同阶段学界关注的焦点与研究者眼中对这一问题的重视程度与学界对于该问题研究的发展趋势。

鉴于此，本部分将核心问题界定为：我国高校治理中的教师参与这一问题的“问题域”变迁能反映出现实领域怎样的变化？

为了便于研究，课题团队将这一问题分解为如下分支问题：

①学界在不同时期做出了怎样的问题判定和分析？

②学界在不同时期对相关问题持有怎样的立场、观点和愿景？

③学界在不同时期采用了怎样的理论依据、视角和研究方法？

④“问题域”变迁与现实领域变化是什么关系？

### 2. 研究方法

本部分主要采用文献研究法、比较研究法和统计分析法展开研究。

**（1）文献研究法**

通过利用中文期刊网等文件检索工具对《高等教育研究》《中国高等教育》《中国高教研究》《教育研究》这四种期刊中所收录的论文逐一进行检索，系统收集、分析我国高校治理中的教师参与问题的相关论文，并检索与此相关的专著。对搜集到的论文与著作进行全面的查阅和总结，了解该领域研究的最新进展情况，归纳出最新的、具有代表性、权威性的理论依据。

课题团队之所以选取了《高等教育研究》《中国高等教育》《中国高教研究》《教育研究》期刊自 20 世纪 80 年代起至今所发表的论文，是因为这几本期刊乃高等教育研究领域及教学类研究领域的权威期刊。发文者多是高等教育研究领域的权威人士与教育界声誉显赫的资深学者，因此，以这些研究者们的学术论文作为本章选题的研究资料来源为课题团队的理论研究基础、论述课题团队的观点和立场对论文写作具有重要的学术价值与实践价值。

**（2）比较研究法**

比较法是进行比较研究的重要方法之一。从纵向研究方向上来看，本章主要针对我国学术界高等教育研究领域四种重要的核心学术期刊《高等教育研究》《中国高等教育》《中国高教研究》《教育研究》自 20 世纪 80 年代起，直到目前这一阶段内有关我国高校治理中的教师参与问题的“问题域”研究；从横向研究方向上来看，本章选取了各个年代不同阶段学界对有关我国高校治理中的教师参与问题这一研究主体的关注焦点的变化与研究者眼中对这一问题的关注程度与研究发展趋势。

**（3）统计分析法**

本部分主要通过对文献进行研究，进而从学术问题与现实问题之间关系的角度分析我国高校教师权利（力）与地位的变化。在进行文献研究时，为了更清晰的认识不同时期我国学界对相关问题的关注程度及其立场，课题团队对文献进行多个维度的分类、数量统计与计量分析。

## 二、20 世纪 80 年代：高校教师参与权

### （一）学术界对高校教师参与大学治理问题的问题判定

在 20 世纪 80 年代（1980—1989 年），《高等教育研究》《中国高等教

育》《中国高教研究》《教育研究》这四种学术期刊中共有11篇论文涉及我国高校教师参与大学治理问题，占相关论文总数的7%。

“文化大革命”彻底打乱了当时中国的社会生活和社会秩序，高等教育领域也受到极大损害。“文化大革命”结束后，尤其是十一届三中全会推进拨乱反正、确立改革开放和科教兴国等基本治国方略之后，我国高等教育同其他各项事业一样走上正常轨道，逐步回归正常状态，积极纠正“文化大革命”时期的偏失，开始了解、借鉴西方发达国家的教育经验，确立具有中国特色的高等教育发展路径等。在高校教师参与大学治理的问题上，这一时期的关注点主要是高校教师的政治与社会身份、权力与地位及参与大学管理等问题。

### 1. 高校教师的身份问题

“文化大革命”结束后，虽然中央政府在决议文件和相关政策中重新确认知识分子是“工人阶级的一部分”，但由于长期的社会动荡所导致的疑虑和争议尚未完全消除，高校教师的身份和相关政策的落实是这一时期学界关注的重点问题。有两篇论文对此予以探讨，约占20世纪80年代探讨高校治理中的教师参与问题文献总数的1/5。我国高等教育专家、时任华中工学院（今华中科技大学）校长的朱九思教授（1983）就提出了“如何落实党的知识分子政策、完善高校内部管理等问题。”[①] 刘克（1984）认为，我国的高等教育管理体制存在着“权力过于集中、基层缺乏自主权等问题”，进而导致党的知识分子政策未能得到充分体现。[②]

### 2. 高校管理体制改革及教师参与大学管理问题

20世纪80年代，随着我国社会从失序状态中逐步回归于平稳有序，解放思想、社会改革、发展进步成为重要的时代议题和历史任务。20世纪80年代是我国走向以改革开放为特征的社会主义建设新阶段的转变期。在社会改革的大背景下，高校管理体制改革和教师参与大学管理也成为20世纪80年代学界的关注焦点之一，几乎所有探讨高校教师权利的论文都直接

① 朱九思．高等学校管理的若干基本原则和方法［J］．高等教育研究，1983，(2)：1-17．
② 刘克．高校学校管理改革的几个基本问题［J］．高等教育研究，1984，(3)：32-36．

或间接地对这一问题予以探讨。学界认为，我国高等教育在管理体制上存在着权力过于集中、缺乏民主参与等弊端。除朱九思、刘克等学者外，张力（1985）认为，“现代化的高等教育管理要由教授出任高校的高级管理职务。”① 程斯辉（1986）指出“分权管理、教师参与，是蔡元培时代北大的一个重要特征。”② 陈俊忭（1986）认为，“文化大革命”期间的“一元化领导制”和苏联的“一长制”都存在着高度集权、“外行可以领导内行”、教师地位受到贬抑等诸多弊端。③ 陶爱珠（1988）提出，“设立校务委员会的设想。”④ 张立荣（1988）认为，“我国高等教育的管理体制存在管理模式僵化，权力过分集中等问题。”⑤ 刘金桂（1989）基于通过分析其他地区高校管理制度来反思我国高校教师在高校管理中的参与问题，她介绍了香港高校教务会的一项重要制度就是“聘任有名望的教师担任学校各级教职”。⑥

## （二）学界对高校教师参与大学治理问题的立场与愿景

20 世纪 80 年代，在高校教师参与大学治理这一问题上，学界主要关注的是高校教师身份、教师的权利与地位、高校管理体制等问题。在提出和讨论这些问题的同时，学界也表达了各自的立场与愿景。

### 1. 执行党的知识分子政策

“文化大革命”结束后，我国政府在决议文件中重新确认知识分子是“工人阶级的一部分”，从而在使“知识分子”从“右派”“臭老九”“小资”等政治枷锁中解放出来，为其政治身份“正名”。但“名分”的获得不等于现实状况切实而全面的改善，“名至”与“实归”尚存在着不小的差距。由于历史上长期处于被严格管制状态，高校教师的社会地位、工作待遇、生活状况等方面仍存在现实的困难和问题。针对高校教师的身份问

① 张力．教授、专家担任高校管理职务后的“转型”[J]．高等教育研究，1985，(1)：35-41.
② 程斯辉．蔡元培在北大的管理实践 [J]．高等教育研究，1986，(2)：50-55.
③ 陈俊忭．国内外高等学校内部领导体制的几种模式 [J]．高等教育研究，1986，(1)：78-82.
④ 陶爱珠、宓治群．高校管理体制改革的原则与模式 [J]．高等教育研究，1988，(1)：17-22.
⑤ 张立荣．论高校民主管理的完善途径 [J]．高等教育研究，1988，(2)：44-49.
⑥ 刘金桂、吕联钟．香港高校的教学与师资管理 [J]．高等教育研究，1989，(2)：91-95.

题以及由此所带来的困境与疑虑，学界普遍呼吁应该在管理、工作、生活等各个方面落实党的知识分子政策。例如，朱九思教授（1983）提出，政府与高校要认真执行党的知识分子政策，做到“政治上信任、工作上大胆使用、生活上关心”，使高校教师摆脱政治、生活与心理上的后顾之忧，改善其工作与生活。刘克（1984）认为，高校教师“对于办好学校最有发言权”，高校管理要体现党的知识分子政策，下放权力，扩大基层机构与教师的自主权。

### 2. 赋予教师参与高校管理的权利

这一时期，在我国学界看来，高等教育管理中存在着“一元化”“集权化”“外行领导内行”、管理模式僵化等问题。在这种管理体制下，高校教师在高校缺乏必要的参与权，实际上也有悖于“党的知识分子政策”。因此，学界提出扩大高校基层自主权，赋予部分教师参与高校管理权的观点。

首先，解决高校管理中的集权问题，呼吁民主管理。程斯辉（1986）呼吁对高校实行多层次的管理，发扬民主精神、调动教师参与学校事务的积极性。

其次，建议通过合理的机制吸纳高校教师加入高层管理团队。张力（1985）认为，教授担任高校管理职务是高等教育事业发展的客观需要。陈俊忭（1986）指出，应适时接纳专家参与高等教育的管理工作，加强民主监督，建立中国特色的高校内部领导新体制。

最后，呼吁建立健全各类教师组织，主张教师参与大学管理。李春生（1984）认为，随着高校委员会的设立，管理上应重视一长制与委员会制相结合，这有利于管理民主化。陶爱珠等（1988）提出，建立和健全高校教师代表大会，增强教师参与高校管理的参谋咨询作用，完善高校的民主管理。张立荣（1988）指出，要完善高校的民主管理，使教职工代表大会成员参政议政权利得到真正的实现。

## 三、20 世纪 90 年代：高校教师的治理参与

### （一）学界对高校教师参与大学治理问题的问题判定

在 20 世纪 90 年代（1990 年—1999 年），《高等教育研究》《中国高等教育》《中国高教研究》《教育研究》这四种学术期刊中共有 16 篇论文涉及高校治理中的教师参与问题，占相关论文总数的 11%。

进入 20 世纪 90 年代，学界除了对高校教师的身份与尊严问题继续进行探讨与研究以外，开始关注高校教师生活状况和待遇问题。这一时期，随着经济发展、生活质量提高与生活成本上涨等社会问题的出现，教师生活方面，譬如落实政策后的工资收入调整问题也同时成为学者们讨论的焦点，学界侧重关注高校教师最基本的生活诉求问题。

#### 1. 高校教师的身份与地位问题

随着科教兴国战略在我国的确立，高等教育在国家现代化进程中的作用日益重要，在国家发展中的战略地位也日渐突出。这一时期，学界继续对高校教师的身份与尊严问题进行探究，但较 80 年代更具深度。喻岳青（1999）指出，在高校管理中赋予教师以更多、更切实的权利是所有研究共同关注的问题。于长慧（1999）就指出，“如何解决好当前高校教师在参与学校管理中的地位问题已成为首要任务。”①

#### 2. 学术权力与教授治校问题

20 世纪 90 年代，国内学界中开始出现“学术权力”“教授治校”等概念，这意味着高校内部的权力制衡问题日益受到关注。纵观国内外高校内部管理中的权力配置机制，不难看出在过去相当长的时间里，我国知识分子受到不公正对待，学术权力只能发挥极其有限的作用。即使近年来高校教师的地位有了相应的提高，大学内部也成立了各种吸纳教师参与决策的咨询委员会，但其中真正发挥作用的机构和组织仍十分有限。大学中普

---

① 于长慧．俄罗斯高等学校管理和师生的地位［J］．高等教育研究，1999，(3)：98-100.

通的教学与研究人员常常感到“没地位”，几乎每一个本来属于“服务部门”的机构都变成了可以对其“指手画脚”的“权力部门”。然而，大学毕竟是学术机构，学术权力的受尊重程度及其作用发挥的实际效果备受学界关注。在这一时期，陈学飞（1992）介绍了美、苏等五国高等教育体制的调整和改革，指出“如何给予高校教师更多的自主权、决定权是迫切需要解决的问题。”① 张凤莲等（1994）介绍了世界一流大学高校内部管理的成功经验，并具体呈现了高校教授在参与行政管理中应具有哪些权利。陈玉琨等（1999）提出，高校管理体制改革的核心是权利的划分，“如何发挥由教师参与决策的咨询委员会的实际作用，是我国高校内部管理应注意解决的问题。”② 王玉芝（1993）论述了学术自由对于大学发展的重要性，并指出学术自由“是日本大学经营管理的基本原则。”③

### 3. 高校教师待遇与生活状况问题

这一阶段，高校教师的工资待遇增长水平远远落后于经济发展水平，进而导致了生活陷于困境。其中，高校教师所面临的最大的难题就是居住条件差。我国著名法学专家江平先生回想起当年在高校任教期间，学校分给各位教师的宿舍大多都是“很破旧的房子”，看上去就像“简易棚”。④ 根据赵越胜先生的回忆，当他初次前往其恩师——我国当代著名学者、国内现代伦理学奠基者、北京大学周辅成先生的住所拜访时，发现周辅成先生住在学校安置教职工的“筒子楼”中，“楼不甚高、内部光线较暗，略显简陋。”⑤ 在这一时期，“筒子楼”几乎成为高校教师生活的一种象征，然而即便是“筒子楼”，在高校教师中也不是人人可有的待遇。安功（1998）指出，高校教师（特别是青年教师）的住房困难问题仍然相当严重，“如何解决好教职工住房问题”的任务依然十分艰巨。⑥ 朱开轩

---

① 陈学飞．五国高等教育管理体制改革中几个带共性的问题［J］．高等教育研究，1992，（1）：44-48.

② 陈玉琨、戚业国．论我国高校内部管理的权力机制［J］．高等教育研究，1999，（3）：12-14.

③ 王玉芝．日本高等教育改革评介与思考［J］．中国高等教育，1993，（10）：45-47.

④ 江平口述、陈夏红整理．沉浮与枯荣——八十自述［M］．法律出版社，2010. 202.

⑤ 赵越胜．燃灯者——忆周辅成［M］．湖南文艺出版社，2011. 19.

⑥ 安功．落实十五大精神加快教职工住房建设——全国教育系统住房工作综述［J］．中国高等教育，1998，（6）：7-9.

（1991）认为，如何解决好教职工，特别是“中青年教师的住房问题”是改善高校办学条件的重要任务。① 朱开轩（1993）指出，“我国高校教师工资待遇与住房问题亟待解决。”② 胡汉斌（1998）认为，高校的建设与发展需要一支强有力的师资队伍，“如何充分发挥大学教师的才能显得尤为重要。”③ 信玉堂（1992）指出，“教师的工资待遇偏低、住房问题已成为影响教师队伍稳定的不可忽视的重要因素。”④

#### 4. 教师职务晋升问题

随着经济体制改革和高等教育改革的进一步深化，高校内部人力资源的合理配置、人事制度的优化与改革问题日渐突出。教师职称与职务晋升问题引起了学界的关注，很多研究者分析了国内、国外在教师晋升这一问题上的体制、经验与问题。蔡次明（1993）介绍了美国高等学校教师的职务晋升体系及其过程。⑤ 刘来泉等（1993）指出，高校开始关注教职工的培养和强化编制意识。⑥ 马德伟（1996）指出，“高校注重教师的流动及队伍的优化。”⑦ 汤以文等（1991）指出，“青年教师队伍的建设是高校面临的紧迫任务。”⑧

### （二）学界对高校教师参与大学治理问题的立场与愿景

20 世纪 90 年代前期，我国经济在改革开放后增长迅速，国家经济实力和公众生活水平较 20 世纪 80 年代有较大改观，但还处于从“温饱”到“小康社会”的转变初期。

---

① 朱开轩．关于制定规划——改革校内管理体制及发展校办产业问题［J］．中国高等教育，1991，（12）：3-5.
② 朱开轩．关于中华人民共和国教师法草案的说明［J］．中国高等教育，1993，（12）：4.
③ 胡汉斌．加快改革和建设创办国内一流大学［J］．中国高等教育，1998，（5）：17-18.
④ 信玉堂．北京高校教师队伍建设的基本思路与措施［J］．中国高等教育，1992，（11）：33-35.
⑤ 蔡次明．美国高等教育近况［J］．中国高等教育，1993，（11）：46-47.
⑥ 刘来泉、管培俊．全面推进高等学校内部管理体制改革［J］．中国高等教育，1993，（4）：19-21.
⑦ 马德伟．面向 21 世纪建设一支高水平的师资队伍［J］．中国高等教育，1996，（12）：33.
⑧ 汤以文、贾连奇、张东军．加强青年教师队伍建设的思考与实践［J］．中国高等教育，1991，（8）：55-56.

### 1. 呼吁高校教师生存环境的改善

在教育财政方面，国家实施地方统筹的政策。整体而言，教育经费投入不足，教师工资低，生活状况差，是一个具有普遍性的问题。“拖欠教师工资”“搞原子弹的不如卖茶叶蛋的”“教师队伍流失”“教师下海经商”成为当时广受关注的社会话题。在这种情况下，学界呼吁切实改善高校教师在工资、住房、医疗等方面的供给情况与分配制度，改善教师的生活状况，稳定高校教师队伍。例如，程斯辉（1991）认为，应改进并加强当前教师管理工作，尊重教师的劳动成果，通过激励机制调动教师积极性，稳定教师队伍。正所谓“安居”才能“乐业”。稳定教师队伍不仅要依靠高校内部所设立的激励和竞争机制，而且还应妥善解决好教师最基本的住宿问题。此外，教师的工资待遇水平也有待进一步的提升，用以保障高校教师的基本生活需求。胡汉斌（1998）、朱开轩在 1991 年及 1993 年分别提出，要尽量提高教师的福利待遇水平，切实保障高校教师的基本生存权利。他们尤其强调，对青年教师要动真情，办实事，解除后顾之忧，不断扩大新房源，解决住房问题。马德伟（1996）、安功（1998）提议，在生活上关心、爱护青年教师，建立体现对教师“优先、优惠、优待”的住房、医疗、保险制度，为教师排忧解难。

随着高校教师生活状况的逐步改善，20 世纪 90 年代中后期，高校教师的生活条件与工资待遇问题逐步从学界问题域的核心中退居外围，而为高校教师创设良好的学术环境、工作环境则成为核心问题。例如，呼吁要为教师提供良好的学术研究环境。喻岳青（1999）、于长慧（1999）建议高校应尊重教师自由表达意见的权力。改善教师的工作条件，各学校要积极稳妥地探索人事制度和分配制度的完成，进一步深化高校内部管理体制的改革。信玉堂（1992）、胡汉斌（1998）提出，在职称评定中，凡是有真才实学的教师，校方就应当授予其相应的职称。

### 2. 提升教师在高校管理中的地位

首先，深化改革高校内部的管理体制。国家教委在 1992 年发布《关于国家教委直属高校内部管理体制改革的若干意见》的同时，还发布了《关于国家教委直属高等学校深化改革，扩大办学自主权的若干意见》。文件中提出在扩大直属高校自主权的同时，还应建立健全大学内部的规章制度，保证教师在大学内部管理中的作用得以充分发挥。通过对美、苏、日、法、德国在高等教育改革管理体制方面关于集权与分权问题的分析，陈学飞（1992）指明，进一步探究并努力实现高校内部既适当集权又适当分权的管理体制，有利于促进我国高等教育管理体制的改革及高等教育事业的发展。校内管理体制改革是一项复杂而敏感的工作，涉及全校教职工的切身利益，改革的成功与否，在很大程度上取决于全校教职工的支持及参与。王玉芝（1993）认为，我国高校应积极改革大学内部的人事管理制度，下放教师聘用权限。

其次，增强教授广泛参与学校事务管理的权利。健全我国高校的权力制衡体系，增强教授在参与学术研究及学校事务中的决定权，大胆起用优秀青年教师，担任各级党政领导职务；大胆提拔聘任高水平的教授，充分发挥教授参与高校决策的作用。蔡次明（1993）提出，高校内部应当实行管理公开的政策，使大学教师可通过教职工评议会参与到学校的学术工作计划、财务管理以及学校管理的一系列事务当中。刘来泉等（1993）提出，应充分发挥教职工代表大会的作用，重视广大教师的集体参与及民主决策。

## 四、2000 年以来：高校教师的治理参与

### （一）学界对高校教师参与大学治理问题的问题判定

21 世纪以来（2000—2012 年），《高等教育研究》《中国高等教育》《中国高教研究》《教育研究》这四种学术期刊中共有 121 篇论文涉及高校治理中的教师参与问题，占相关论文总数的 82%。

#### 1. 大学教师的社会角色问题

现实中，高校教师在政治、社会方面的地位问题，自 20 世纪 90 年代以来，一直是学界所关注的问题。随着改革开放打开学界的视野，研究者发现教师的社会角色问题并非中国所独有，而是世界各国面临的一个共性问题。即便在像美国这样经济、科技高度发达的国家，教师也没有享受很

高的社会地位。因此，进入21世纪，学界就这一问题展开了深入的研究。首先，学界开始从“社会人”的视角认识教师的身份。周宗诚（2001）指出，“如何界定大学教师的社会角色是值得关注的问题。”① 何齐宗（2008）认为，“教师地位问题关乎教育事业的发展，要深化和拓展对教师问题的研究。”② 申素平（2008）指出，“公立学校教师身份与地位的认定是确立教师法律地位的前提。”③

其次，部分学者开始关注特殊教师群体的权益问题。黄耀明等学者（2008）认为，“我国高校仍然是一个男性中心主义组织，女性教师处于弱势地位。”④

此外，这一时期，学界的视野日益开阔，研究者关注国外高校教师的身份问题并寻求有益经验。张凌云（2009）分析了德国高校教师聘任制度改革。⑤ 黄明东（2008）认为，“北美高校教师的职称晋升机制值得借鉴。”⑥

### 2. 高校内部学术权力与行政权力的制衡

21世纪以来，“学术权力”“行政权力”“学术自由”等新概念的相继出现。暂且不谈这些概念及其所蕴含的理念与内涵，运作与成效如何，仅仅这些概念的出现、传播并被广泛接受这一事件本身，就标志着国内学界对高校组织结构、教师地位的认识日渐深入与成熟。

首先，学者开始关注高校学术权力问题。当前我国大学治理中仍存在着行政权力与学术权力关系失衡的现象，以行政化为主导的大学内部治理结构模式并没有从根本上得到扭转。大学内部管理中的“机关化”“衙门化”“行政化”色彩过于浓厚，以行政权力干预或压制学术权力的现象比

---

① 周宗诚．大学教师社会角色论［J］．高等教育研究，2001，（5）：53-56，61.
② 何齐宗．全球视野的教师理念——联合国教科文组织教育文献研究之一［J］．高等教育研究，2008，（1）：58-64.
③ 申素平．对我国公立学校教师法律地位的思考［J］．高等教育研究，2008，（9）：54-58.
④ 黄耀明、黄思平、夏君．高校女教师的生存状态分析——以上海市为例［J］．高等教育研究，2008，（8）：75-80.
⑤ 张凌云．主动与渐进：德国高校教师聘任制度的特点与改革动向［J］．高等教育研究，2009，（5）：92-98.
⑥ 黄明东．北美地区高校教师发展状况探究［J］．高等教育研究，2008，（6）：63-69.

较普遍。例如，钟秉林（2010）、姚先国（2005）指出，高校内部“官本位现象”① 严重，学术权力在大学的地位没有得到充分落实。祁占勇（2011）、毕宪顺（2011）、曹卫星（2011）等研究者指出，“学术权力与行政权力失衡”，是我国“现行大学管理体制最大的弊端”。② 此外，对我国高校学术自由与学术权力状况表示不满与忧虑的观点还诸如，在我国高校内部，行政主体高高在上，“一股独大”；③ “权力过度集中”；④ “行政权力与学术权力失衡现象极其严重”；⑤ 学术权力在日益强大的行政权力面前迅速“边缘化”；⑥ 行政权力的泛化已成为“制约高校健康发展的障碍”。⑦ 随着学界的呼吁与现实领域的变化，大学行政权力的作用范围虽有所缩小，但其控制力并没有表现出明显的弱化。学术权力在与行政权力的博弈中尚未赢得对等地位，“行政权力仍处于越位状态。”⑧ 我国大学治理模式正处于急速变革的过程中，权力结构“仍基本属于行政权力的模式”。⑨

学术自由问题也是学界关注的重点。有学者认为我国大学组织正“向学术本位回归”，⑩ 学界普遍认为大学组织不同于一般的社会组织，故而，“学术自由是各高校矢志不渝的理想追求”。⑪ 李发伸、赵婷婷等人（2006）指出，学术自由是高校内部关注的焦点问题，其中提及了“保障

---

① 钟秉林．关于大学去行政化几个重要问题的探析［J］．中国高等教育，2010，（9）：4-7.

② 曹卫星．遵循教育规律转变发展方式提高管理效能——关于高教管理体制改革的思考［J］．中国高等教育，2011，（13）：10-13.

③ 胡金平．从学校组织类型的变化看我国教师身份的变迁［J］．高等教育研究，2007，（11）：38-43.

④ 郭丽君、周清明．地方高校青年教师的发展［J］．高等教育研究，2011，（1）：65-69.

⑤ 龚怡祖．大学治理结构——现代大学制度的基石［J］．教育研究，2009，（6）：22-26.

⑥ 宋伟．存在与本质——研究型大学中的学术权力［J］．教育研究，2006，（3）：60-65.

⑦ 郑毅、刘文斌、孟激．组织结构视角下的中国大学行政权力泛化［J］．高等教育研究，2012，（6）：25-29.

⑧ 徐娟．社会转型背景下我国大学行政权力演变的二维分析［J］．高等教育研究，2012，（1）：27-32.

⑨ 柯文进．现代大学权力运行机制研究［J］．中国高等教育，2006，（22）：27-28+35.

⑩ 康翠萍、黄曈山．现代大学管理制度取向研究——基于大学组织特性及人性的思考［J］．教育研究，2012，（5）：59-63.

⑪ 韩延明．当代大学学术自由的理性沉思［J］．教育研究，2006，（2）：16-21.

学术自由的必要性”。[①] 也有研究者认为，学术自由制度的构建与高等教育强国建设之间具有紧密的联系。[②] 但是，由于大学内部行政文化较浓等方面的原因，导致了学术自由的现状不尽如人意。学界对这一问题做了较为一致的判定，诸如“行政权力总揽一切的局面尚未改变”；[③]“相关制度的制定与实施未将保护学术自由考虑在内”；[④]“学术自由的权力没有得到制度的保障”；[⑤]“学术自主发展的空间随即减少”；[⑥]“学术权力与行政权力在行使的过程中存在着学术管理腐败的现象”；[⑦] 若是以行政权力代替学术权力必将“压抑学术力量的生长”。[⑧]

其次，教授治学与治校、教授权威得到学者们的普遍关注。随着学术权力的提出、学术自由的备受重视，“教授治学”自然而然地成为学界所要探讨的核心问题。学界认为，教授治学是一种“学术内行对大学实行民主管理的制度”，[⑨]“大学组织确保学术权力有效存在的具体表现。”[⑩] 有学者指出，“教授就是大学”这一命题对我国大学而言至关重要。[⑪] 虽然学界一致认同教授治学、教授治校的重要性，但教授治学“作为现代大学制度建设的基础”，在我国“并未真正得到落实。”[⑫]“纯粹学术人员治学渠道阻滞，”[⑬] 是教授治学制度难以实施的一大困境。董泽芳等（2012）指出，

---

① 赵婷婷、于旸．美国大学中的行政权力及其对教师学术自由的影响［J］．高等教育研究，2006（12）：86-93.

② 黄明东、冯惠敏．学术自由制度构建与建设高等教育强国比较研究——一种制度视角的分析［J］．中国高教研究，2010，（8）：30-37.

③ 林杰、赵章靖．高校拔尖人才队伍建设的制度分析［J］．中国高等教育，2008，（8）：12-14.

④ 曹淼孙、李汉邦、梁志星．学术自由与我国高校评估制度的冲突及协调研究［J］．中国高教研究，2011，（7）：35-38.

⑤ 刘献君．论大学内部权力的制约机制［J］．高等教育研究，2012，（3）：1-10.

⑥ 戚业国、王徐波．我国高校内部管理体制改革30年——历程、经验与发展趋势［J］．中国高教研究，2008，（11）：22-27.

⑦ 秦惠民．高校学术管理应以学术权力为主导［J］．中国高等教育，2002，（3）：25-27.

⑧ 龙宗智．行政规制缓和与高校权力行使［J］．中国高等教育，2004，（15）：8-10.

⑨ 杨东平．现代大学制度的精神特质［J］．中国高等教育，2003，（23）：15-16.

⑩ 张君辉．中国大学教授委员会制度的本质论析［J］．教育研究，2007，（1）：72-75.

⑪ 黄达人．教授就是大学师德最关质量［J］．中国高等教育，2008，（7）：18-20.

⑫ 陈治亚．浅析现代大学制度建设［J］．中国高等教育，2010，（20）：14-16.

⑬ 余宏亮．教授治学——当代困境与路径选择［J］．中国高教研究，2010，（5）：5-6.

“如何探索教授治学的有效形式，成为推进高校实行民主决策的关键所在”。[①] 我国高校内部的权力配置仍存在着“官本位”“行政化”的现象，教授治校“只停留在口头上”,[②] 蔡元培时代“教授治校”制度在北大走向了消亡。[③] 而且，对于高校“教授治校”还是“教授治学”也存在诸多争论。

再次，高校内部各种教职工组织的设立及其功能受限问题。高校内部各种教职工组织对高校发展具有重要意义，有助于“实现民主决策”,[④] 避免行政的“官僚色彩和权力寻租现象”,[⑤] 教授委员会制度的确立“是对我国现代大学制度建设所做出的一种尝试”。[⑥] 大学学术委员的设立逐渐增多，但由于学校决策机构与行政职能部门的权力过于集中，导致了代表学术权力的学术委员会、代表职工利益的教代会等教职工组织的效能发挥并不理想。这些组织“处于弱势地位”,[⑦] 高校内部学术委员会组织体制和运行机制作用的发挥“不尽如人意”,[⑧] 高校基层组织“缺乏自主权”。[⑨]

### 3. 现代大学制度中的高校教师权利问题

首先，教师参与高校管理的权利保障问题。学界通过对比中西方各国高校教师参与大学治理的权利，提出了我国高校教师的权利保障问题。在英、美、德等国，大学教授的地位甚高，“学术工作之自由令人羡慕”。[⑩] 然而在我国，由教授组成的学术组织发展正处于“亚健康的状态”。[⑪] 高校

---

① 董泽芳、岳奎．完善大学治理结构的思考与建议［J］．高等教育研究，2012，（1）：44-50.
② 毕宪顺．高校学术权力与行政权力的耦合及机制创新［J］．教育研究，2004，（9）：30-35.
③ 蔡磊砢．蔡元培时代的北大——教授治校制度困境与变迁［J］．高等教育研究，2007，（2）：90-96.
④ 张体勤．建立四种机制落实党委领导下的校长负责制［J］．中国高等教育，2006，（24）：32-33.
⑤ 马陆亭．现代大学制度建设与创新人才培养［J］．中国高等教育，2010，（5）：20-24.
⑥ 史宁中．实行教授委员会制凸显教授治学［J］．中国高等教育，2005，（3）：27-28.
⑦ 徐敦楷．落实高校办学自主权完善现代大学治理结构［J］．中国高等教育，2010，（19）：5-8.
⑧ 沈波、许为民．学术评议会大学学术权力的制度保障与借鉴——以德国大学为例的分析［J］．中国高教研究，2012，（7）：60-64.
⑨ 胡成功．高校基层学术组织存在问题的原因及改革对策［J］．高等教育研究，2007，（8）：59-63.
⑩ 马陆亭、李晓红、刘伯权．德国高等教育的制度特点［J］．教育研究，2002，（10）：77-82.
⑪ 胡建华．大学中两种组织的矛盾与调适［J］．教育研究，2012，（5）：54-58.

教师在大学内部管理中所发挥的作用“仍十分有限”。[①] 大学内部民主管理“未能真正实行”。大学把权力紧紧握于“一把手”,[②] “忽视教授群体”,[③] 教师的“合法权利受损”。[④]

其次，现代大学制度中的教师管理体制问题。如何改进并完善高校教师的“聘任、晋升机制”,[⑤] 明晰大学与教师“并不是纯粹的雇佣关系”,[⑥] 一时成为学界所关注的热点问题。有研究者指出，我国大学内部在人事任免上采取的是“政府行政单位的任免方式”,[⑦] 完全忽视了真正的学术权力存在于基层的特点。如何克服行政化、“避免官僚化”,[⑧] 维护教师权益既是高校人事制度改革的重点，也是高校教师在职业发展中所要面对的首要问题。当然，我国学界也同样重视对高校教师队伍建设、高校内部管理体制的改革的研究，并将其置于事关“大学发展全局”[⑨] 的战略位置。

再次，教师的个人价值与职业发展需求问题。有学者认为，师资队伍水平是高校学术水平的决定性因素。但由于高校对教师的人文关怀不够、人文环境欠佳，导致高校优秀“教师流失现象”[⑩] 的出现。与此同时，高校教师在待遇薪资方面也存在着一定的问题，譬如：岗位津贴对教师激励作用“始终是比较有限的”。[⑪] 高校党委对教师群体的“利益需求”与

---

① 田鹏慧．教师在高校管理中的角色定位［J］．中国高教研究，2012，(5)：68-72.

② 朱家德．基层学术组织自治——西方大学自治的实践与中国大学的一个现实命题［J］．中国高教研究，2010（9）：26-29.

③ 赵大宇、朴雪涛．大学基层学术组织创新的探索——沈阳师范大学实行教授研究室制度的理念与实践［J］．中国高等教育，2004，(20)：14-15.

④ 孙霄兵．在法治基础上构建现代大学制度［J］．中国高等教育，2006，(19)：38-40.

⑤ 宋永刚．人才战略与高校教师队伍建设的政策取向［J］．高等教育研究，2002，(3)：36-41.

⑥ 陈林、孙冬梅．从非国有化到非营利化——推进大学管理制度转型［J］．中国高等教育，2004，(19)：26-27.

⑦ 韩呼生．完善我国大学治理结构的思考［J］．中国高等教育，2008，(20)：49-50.

⑧ 洪银兴．以科学发展观为指导创建世界一流大学［J］．中国高等教育，2008，(19)：4-6.

⑨ 林萍华、王济干．从基层学术组织的视角看高校学术团队建设［J］．中国高等教育，2006，(19)：22-23.

⑩ 郑南宁、王建华．理顺校内管理体制把人才队伍建设落到实处［J］．中国高等教育，2004，(3)：16-18.

⑪ 邢志杰、阂维方．浅议高校岗位津贴制度的激励机制［J］．中国高等教育，2005，(21)：23-24.

“职业需求”的认识不够。①

## （二）学界对高校教师参与大学治理问题的立场与愿景

进入21世纪，在高校治理中的教师参与这一问题上，学界主要关注的是教授治学与教授治校的实现、高校教师参与大学内部治理、学术权力与行政权力的相互制衡等问题。在提出和探究这些问题的同时，学界也表达了在这些问题上各自的立场与愿景。

### 1. 实现教授治学与教授治校

这一时期，学界掀起了打破大学的行政权化、官僚化，逐步建立体现科学、民主的学术制度的讨论热潮。随着教师地位不断攀升，学界开始呼吁各高校实现教授治学、教授治校。实现教授治学既是落实教授主体地位的客观要求，又是完善高校民主管理体制和决策机制的根本。实行教授治学，并实现由教授会负责大学校长的遴选、参与治校，进而可以有效地遏止大学的行政化趋势。韩延明（2011）、王洪才（2012）等学者认为，教授治学符合中国国情，在我国高校内部“官”和“学”理应当适度分离，实现“教授治学”。只有充分发挥教授在学院学术事务中的作用，才能使学院褪去“科层制”的色彩。与此同时，还应充分尊重学者的学术自由，使教授享有更高的学术地位，着力于提高学术权力的行使质量。孙和义（2012）、别敦荣等（2011）学者提议，加快落实学术权力，促进教授治学、民主管理，强化“以教师为本、学术为尊”的观念。赋予高校教师更多的话语权，尽可能地实现“学术事务由学者去解决”。确立教授治学、民主监督的体制框架，形成决策科学、运转高效的高校内部权力运行机制。毕宪顺（2011）、张君辉（2007）等学者提出，高校应建立起学术、行政、政治分立的管理体制，设立教授委员会，教授委员的本质是教授治学。杨兴林（2012）、史宁中（2005）等学者认为，高校不仅应设立教授委员会，而且还应适度扩大学术人员参与学术事务管理和决策的学术权

① 何祥林. 从人本管理视角认识和加强高校教师队伍建设［J］. 中国高等教育，2008（23）：49-50.

力。实现教授委员会制度，并保证学术权力的相对独立性。曹卫星（2011）、史宁中（2007）等学者提出，应充分发挥教授在学术研究和高校内部管理中的作用。

### 2. 倡导教师参与高校内部管理

2000年以来，学界开始提倡现代大学制度建设，认为理想中的现代大学应实行高校内部的民主管理与决策，赋予教授更多地参与决策权，健全教师参与大学内部管理的体制与机制。大学内部管理者与教职工之间如何形成“责任分担、利益共享”① 的和谐关系，关乎大学内部“决策与管理的有效运行”。② 刘长安（2008）等学者提出，高校应为在职的女性教师提供更多的担任大学领导岗位的机会。重新评价并制定政策和措施，科学准确地界定教师的法律地位、明确教师的公务员身份，使教师职业享有更高的社会地位。申素平（2008）、张凌云（2009）等学者认为，高校教师的地位关系到教师自身的生存及教育事业的良性发展。教师对大学的管理权的范围应该涉及全校事务，教师和行政人员之间应建立起一种机制，即通过分工和协作来实现高校内部的共同治理。秦惠民（2009）等学者提议，建构并完善大学内部的民主管理的权力机制，使教师参与高校管理的权利变成有效发挥作用的权力形式。建立保障教职工有效参与学校治理的相关制度，打消其行使权力的后顾之忧，使教职工真正参与到高校管理当中。陈治亚（2010）等学者提出，健全和完善教职工代表大会制度，保障教职工对学校事务管理的知情权、参与权、决策权和监督权。朱玉泉（2003）等学者呼吁，大学内部行政部门应逐步实现高校决策的民主化，充分发挥专家在学校管理等方面的“智囊团”作用。切实加强大学内部的民主参与、专家治学，营造人才培养和队伍建设的良好制度环境、人文环境和治学环境。邹孝彬（2008）等学者提出，为高校教师创设良好的工作环境，使其实现自我价值，获得“幸福感、自豪感”。高校教师应是受尊敬的人物，一流大学的教师是学校一流水平的捍卫者。赋予教授在行政和学术上

---

① 韩民．完善法人治理结构促进民办高等教育可持续发展［J］．中国高等教育，2006，（8）：8-9.

② 刘长安．加强高校民主管理的几点思考［J］．中国高教研究，2008，（11）：82-83.

的双重权威，确保其参与学术事务管理权力实现的同时，还应确保其在参与高校内部重大决策时更具有发言权。周光礼（2010）等学者提议，赋予教授更多的管理权并广泛听取他们的意见和建议，依法保障教师参与高校民主管理的权利。大学内部管理层应当经常深入基层，使教师的呼声和意见能及时地反映到学校的决策层。张俊宗（2011）等学者提出，在事关高校发展的重大决策中，应赋予教授更多的参与权。

### 3. 协调学术权力与行政权力的关系

基于对高校“行政化”“衙门化”等问题的判定、分析，学界提出解决这一问题的立场和设想，即权衡并协调学术权力与行政权力之间的关系，赋予高校教师更多的校政参与权。顾爱民（2011）、祁占勇（2011）等学者提出，学术权力与行政权力的协调与否直接关系到大学内部的学术自由、民主管理的实现。李奇（2011）等学者提议，为学术权力提供人员和机构的支持，以保障学术活动的自由。为避免学术自由存在着被削弱的危险，吸取克拉克有关高等教育分权管理的谆谆告诫的作用越发显得弥足珍贵。刘献君（2012）等学者呼吁，完善大学内部的分工结构，使“领导层”与“学术层”能够更好地进行交流与协商。赋予大学教师较大的学术权利，充分尊重学术人员的自主发展，保护学术自由。曹淼孙（2011）等学者提出，构建高校以学术自由为基本理念的生态环境系统，充分保障高校学术自由的实现。高校内部应实现权力的下放，在有关大学内部的决策制定与选择上，要广泛争取教师的意见和建议。毕宪顺（2009）、朱家德（2009）等学者呼吁，依法保障教师参与大学内部民主管理和监督的工作。正确处理好学术带头人与行政负责人之间的关系，协调学术权力与行政权力。黄明东（2010）等学者提出，改善高校内部的治理结构，确立教师在大学重大事务决策中的权利与地位。赋予教授委员会以部分学术事务的决定权，并建立相应制度以保障教师对学术事务具有参与和监督的权利。刘献君（2011）等学者提议，在我国大学学术委员会中建立起学术权力与行政权力相对独立、相互制衡和相互支撑的运行机制，并确保其落到实处。然而，委员会制亦非一剂灵丹妙药，从某种角度而言，容易引起民主形式下隐藏的小集团局部利益的纷争。周文辉（2006）等学者提出，应最大限度地保障学术权力。从制度上解决行政权力与学术权力界限模糊的问题，赋予高校教师参与学术事务的决策权，“学术权力需通过制度予以确认和形式化”，否则难以发挥影响。① 李文山（2009）等学者呼吁，即使有些问题是需要行政权衡的，也应当在学术组织提出意见的基础上进行解决。

#### 4. 保障和尊重学术自由

这一时期，学界尤其关注大学自治、学术自由等理念的价值及其落实。学界认为，学术自由是教授治学的先决条件，没有学术自由，教授治学只能成为空谈。学术自由意味着学术问题不能完全用行政命令的方式进行处理，要由教师自主决定。唯有这样，才能避免大学治理过分行政化的偏向。周光礼（2009）等学者提出，高校应当努力营造民主、宽松、开放、和谐的良好学术环境。高校内部应当提供一个好的制度环境，来实现学术权力最大化和最优化。钟秉林（2010）等学者提议，强化学术民主制度的建设，健全学术委员会等相关制度，保障学术人员切实享有对学术事务的主导。学术自由不仅是一种理念，还需要有相关的制度来对其进行保障。建立学术自由机制，保障学术权力的合理性。高校应积极营造一个宽松自由的学术环境，充分尊重学者与学术组织在学术事务决策中的作用，确立学术权力在学术管理活动中的主导地位。赵旻（2011）、秦惠民（2002）等学者提出，保障学术自由，尤其要增强教师在学术性事务方面的决策权。允许教师在科学研究中失败，为高校教师营造出自由的学术空间。有关学术自由的限度，范文曜（2004）等学者还指出，任何人或学术机构所享有并非不受约束，随心所欲的自由，而是拥有协商的自由。

#### 5. 提升教师在社会与高校治理总的地位

随着我国经济的快速发展，出现了如何共享改革开放成果的争论。高校教师地位与待遇再次受到关注，学界对于这一问题的基本立场是，根据高校教师工作的特殊性为其提供符合其贡献的待遇和回报。在形式上，大学与教师之间通过一纸聘书确定契约关系，与企业和公司相同。但与公司、企业内部的聘任制度相比，教师在升等、同行评审以及终身教职等相

① 周文辉．对改善高校学术管理运行机制的几点建议［J］．中国高等教育，2006，(21)：49-50.

关制度中，地位远远超过企业的员工。陈静源（2011）、马陆亭（2010）等学者认为，对那些经过严格的学术遴选、确有学术潜力且自愿献身于学术的学者，要为他们提供终身职位、签订长期合同，甚至可以让部分教授直接任职于校级等领导职务。高校还应加大经费投入，增加教师发展专项支持；改善教师待遇，为其解决后顾之忧。大学内部各级领导都应努力创造感情留人、待遇留人的学术环境，想教师之所想，急教师之所急。钟秉林（2011）等学者提出，要维护教师的现实利益，改善教师的待遇。高校应大幅度提高学术带头人及骨干教师的待遇，真正做到一流人才与一流报酬。实现学术事务由学者管理，允许学者们自由调配科研经费，使专家和学者的作用得到正确的发挥。林杰（2008）等学者提议，要保障广大教职工的参与大学内部民主管理的权利，特别是涉及教职工的切身利益的事项，通过教职工代表大会等组织形式，使其参与到高校内部的民主管理中来。

### 6. 关注教师的专业与事业发展

高校内部要遵循发展人、提高人、尊重人、理解人、温暖人、体贴人的原则，努力为教师办实事，提高教师的福利待遇，努力改善教师的工作、生活环境，为教师创造学习、提高的机会和条件。周济（2007）等学者提议，高校领导者应真正做到“求贤若渴、爱才如命”，尊重、关心并爱护人才，真正做到感情留人；在事业发展中培养人才，在学校建设中造就人才。利用教授终身制来吸引有才华的专业人士进入学校工作，必要之时，还应适当给予高校教师一个永久性的职位，用来确保其自身拥有足够的学术自由和经济的保障。大学内部要想留住高素质高水平的教师，不仅需要避免官僚化体制中的人情关系的干扰，而且还应在高校内部建立公平、公正、公开的学术评价和人才竞争机制。洪银兴（2008）、姚先国（2005）还提出，高校应营造有利于教师生存与发展的人文环境。

## 五、教师参与治理："问题域"变迁与现实变革

### （一）"问题域"变迁：现实变革的表征与导向

#### 1. 问题判定：现实问题的凝练与变革轨迹

学界针对我国高校治理中的教师参与问题已经进行了较为系统深入的研究，并形成了关于这一问题的"问题域"。20 世纪 80 年代，由于此前受"文化大革命"的影响，高等教育受到极大的损害。十一届三中全会之后，党中央积极纠正"文化大革命"时期的偏失，这一时期，学界所关注的核心问题主要包括如何落实党的知识分子政策，完善高校内部的民主管理，吸纳教授参与高校管理。20 世纪 80 年代是我国走向以改革开放为特征的社会主义建设新阶段的转变期。在社会改革的大背景下，高校管理体制改革和教师参与高校管理成为 20 世纪 80 年代学界所关注的焦点。随着改革开放国策的确立，我国教育领域的管理者与研究者开始摆脱冷战思维的窠臼，对原属于"敌对阵营"的欧美多国的教育进行观察和研究，其中涉及高校教师的待遇与地位问题。到了 20 世纪 90 年代，党的知识分子政策基本落实，教师的流动问题逐步解决，高校内部权力下放问题也得以实施，这些问题随即淡出"问题域"的核心部分。取而代之的是"学术权力""教授治校"等相关问题。随着学术权力等概念的呈现，高校内部的权力制衡问题备受关注。近年来，高校教师的地位虽有了相应的提高，大学内部也成立了各种包括教师参与决策在内的咨询委员会，但其中真正发挥作用的仍十分有限。对此，学界对高校内部管理体制与权力配置问题继续予以探究，只不过较学术自由、学术环境和教授治校问题次之。

20 世纪 90 年代，随着物价、房价等生活成本不断提高，学者们也开始关注高校教师的生活方面，譬如落实政策后的教师工资待遇调整问题。21 世纪以来，"学术权力""教授治学"问题迅速跻身于核心"问题域"，"学术自由""教授治校"问题依旧处于"问题域"的核心位置，自 20 世纪 90 年代以来，高校教师在政治和社会方面的地位，一直是学者们所关注

的重点。进入21世纪，学界开始从“社会人”的视角认识教师的身份，部分学者也开始关注特殊教师群体的权益问题。与此同时，高校教师参与大学内部管理等相关问题也得到关注，但较“学术权力”“教授治学”及“教授治校”问题次之。随着社会经济发展的突飞猛进，政府加大了对高校教育资金的投入，教师的工资待遇水平有了显著的提高，教师的生活状况等一系列问题逐渐淡出“问题域”的研究视野。

### 2. 学界愿景：现实需求的表征与变革导向

20世纪80年代，在高校治理中的教师参与这一问题上，学界在提出如何落实党的知识分子政策，完善高校内部的民主管理等问题的同时，也表达了各自的立场与愿景。针对高校教师的身份问题以及由此所带来的困境与疑虑，学界呼吁应落实党的知识分子政策。由于高等教育管理中存在着“集权化”“外行领导内行”，因此，这一时期学界提出解决高校管理中的集权问题，呼吁建立健全由教师参与在内的各类组织，主张高校教师参与到大学的管理当中。随着高校教师生活状况的逐步改善，到了20世纪90年代中后期，高校教师的生活条件与工资待遇问题逐步从学界问题域的核心领域退居到外围区域，而为高校教师创设良好的学术环境、工作环境则成为核心问题。学界呼吁深化改革高校内部的管理体制，健全我国高校的权力制衡体系，增强教授在参与学术研究及学校事务中的决定权。进入21世纪，学界主要关注的“教授治学”与“教授治校”的实现，高校教师参与大学内部治理，学术权力与行政权力的相互制衡等问题。在提出和探究这些问题的同时，学界呼吁“教授治学”与“教授治校”的实现。高校内部应实行民主管理，赋予教授更多参与决策权，建立健全教师参与大学内部管理的体制与机制。

从20世纪八九十年代、21世纪以来这三个时期我国高校教师参与高校治理这一问题的“问题域”变迁可以发现，学界对不同问题探究的关注度是变化的。一般来说，现实领域中影响最大、最急需解决的问题，也是学界关注的热点问题。对于这些问题，学界提出了不同的分析思路与解决设想，这些愿景又在一定程度上成为政府、高校关注和解决相关问题的导向。从学理角度而言，这一过程可以通过政府政策的形成过程予以分析。

社会问题林林总总，但由于政府施政规划、资源调集能力等方面原因，只有一小部分“社会问题”能受到政府的密切关注，进而制定相应的对策予以解决。① 这一过程即“问题进入政府”的过程。“问题进入政府”的方式总体上可以分为两类。根据美国学者弗朗西斯·福勒对政策议程问题的研究，政策议程分为综合性政策议程和政府政策议程两大阶段。综合性政策议程是广义的，其外延甚为广泛，包含了政府部门之外的所有人士正在讨论的问题。政府政策议程指政府对相关问题正在慎重讨论或者采取措施予以解决的过程。②

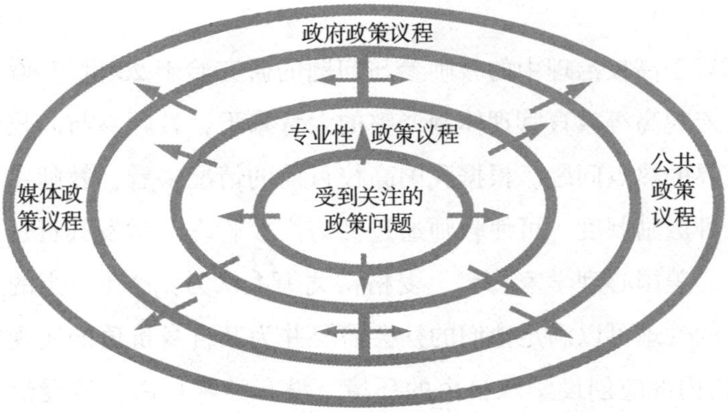


图 3-1　各种政策议程的相互关系

资料来源：参见弗朗西斯·福勒. 教育政策学导论［M］. 许庆豫，袁振国，译. 南京：江苏教育出版社，2007. 168.

在一个问题从“社会问题”成为“政策问题”之前，必然要经过“专业性政策议程”的界定与分析，同时这一过程也是选择的过程。“专业性政策议程”首先在面对繁杂的社会问题时根据不同时期各问题的重要性做出选择，并在学术争议中自然而然形成了一个包含着“核心问题”“外围问题”与“边缘问题”的层级性问题域。这就是本章所谓的“问题域的判定”。同时，对相关问题从各个角度进行解析，追溯其源，辨析其由，

① 周世厚. 利益集团与美国高等教育治理［M］. 北京：中央编译出版社，2012. 92.
② ［美］弗朗西斯·福勒. 教育政策学导论［M］. 许庆豫，袁振国，译. 南京：江苏教育出版社，2007. 167.

探寻其解，进而使问题以清晰、可解决的形态“进入政府”，这就是本章所指的“学界的愿景”。在高校治理中的教师参与问题上，学界在不同时期对此问题的关注就属于弗朗西斯·福勒所谓的“专业性政策议程”，在很大程度上影响着哪些问题可以“进入政府”并以何种方式得到解决。因此，“问题域”的变迁实际上是现实变革的表征。

### （二）现实变革：“问题域”演变的基础与动力

#### 1. 社会大环境变化是高校教师参与学校治理、获得学术权力的根本因素

我国对于高校治理中的教师参与问题的研究始于20世纪80年代，近年来，在宏观高等教育管理体制调整的大背景下，教师参与高校管理成为高等教育界的热点问题。根据我国高校目前的情况来看，教师参与高校管理作为一种激励制度，可使教师通过参与高校管理，激发其责任感，增强其成就感。美国心理学家梅奥、麦格雷戈等人认为：“在适当的条件下采取参与式的管理可以满足他们的社会需要并为其自身价值的实现提供了机会”。高校内部应创设学术自由的环境，没有学术自由，教授治学只能成为空谈。“学术自由是创新人才成长的重要的环境条件，只有在学术自由得到保障的环境里，才会出现学术繁荣，创新人才辈出的局面。”① 学术自由意味着学术问题不能完全用行政命令的方式处理，而是应由高校教师自主决定。唯有这样，才能避免大学治理过度“行政化”的偏向。“大学治理的政治化将摧毁学术精神，导致学术的贬值。政治化永远不要发展到教育和权力不分的地步。政治应该远离那些会威胁教学与研究人员学术自由的事情。”② 为保证知识的准确性与正确性，“学者的活动必须只服从真理的标准，而不应受外界的压力。”③

20世纪80年代、90年代、21世纪以来的这三个阶段，我国政治、社

---

① 杨德广、谢安邦．高等教育学［M］．高等教育出版社，2009.101.

② 克拉克·克尔．高等教育不能回避历史［M］．王承绪，译．杭州：浙江教育出版社，2001.246.

③ ［美］约翰·S·布鲁贝克．高等教育哲学［M］．王承绪，译．杭州：浙江教育出版社，2002.46.

会、高校管理模式所发生了巨大变化。随着社会回归稳定，公众获得了越来越多的言论自由。2009 年夏，西安交通大学的 3 名老教授以“侵犯名誉权”被来自共事多年的同事告上法庭；时隔两年，中国农业大学 4 名教授举报原校长学术腐败，引发舆论一片哗然。由此看出，高校教师获得了相应的言论自由的权力。政府、高校也给予了教师越来越多的言论自由权，使教师在大学管理中的地位不断提升。东北师范大学自 2000 年设立了教授委员会以来，先后赋予了教授委员会学术决策及参与高校内部管理等权力。有香港媒体评价说：“东北师范大学的教授委员会几乎控制了大学校园里最为重要的人权和财权，最接近 1917 年蔡元培在北京大学的改革。”正是由于这种地位的提升，原来学界所呼吁的“愿景”变成了现实，原来不可能的事情变成了事实。以前，学界关注的是教师参与大学管理的可能性（是否能参与），现在则更多地关注参与的有效性（怎么更好地参与），教师参与环境的变化影响到了学术问题域的变化。

**2. 教师自身权利意识的觉醒对其参与学校治理、获得学术权力具有重要影响**

我国大学在经费预算、福利待遇等涉及教师权益的改革中，虽也在大力提倡民主管理，倡导平等、互动，从某种程度上体现了教师民主参与的理念，但在具体决策过程中，“未能让教师真正体会到他们是改革的主人，绝大部分教师只是改革的被动接触者。”① 不过，总体来看，在一些欧洲国家和大多数发展中国家，“高校教师的社会地位还是较高的。”② 但与其他专门职业相比，高校教师的声望虽然很高，但实际地位相对较低，“教师个体在学术地位上存在着巨大的等级差别，学术声望和荣誉、薪俸和津贴、学术权力和权威表现出极度的不平等。”③ 在洪堡的理想世界里，从事学术研究的高校教师理应享受完全的自由，然而现实却不尽如洪堡之意。我们往往忽略了教师实际上是一所大学管理中不折不扣的主体，而高校的

① Kenneth P. Mortimer. *The Structure and Operation of Faculty Governance*: *Prepared for A Workshop on Faculty Roles in Governance* [M], Houston: Texas Press, 1971. 89.

② 潘懋元．高等教育研究方法 [M]．高等教育出版社，2008. 9.

③ 王希．原则与妥协：美国宪法的精神与实践 [M]．北京大学出版社，2000. 1.

领导者，本就应该是教师群体授权的代言人。在这方面，深圳大学的“布衣教授”可算是一个典型代表。所谓的“布衣教授”就是深圳大学校长对其校内26名教授的尊称，由这些位教授所组成的深圳大学教授委员会，推动了高校内部的民主管理和科学决策。由于国内高校目前普遍存在资源过度向权力集中、决策扯皮的现象，因此，成立教授委员会的目的就在于要消除这些弊端，并从最关键的资源分配和人才引进入手。

我国有“大学，非大楼之谓也大师之谓也”的说法，西方存在着“教授及大学”的观念，这都说明高校教师是高校治理体系中不可或缺的组成部分，也说明高校教师应该具有参与高校管理的“应然”权利。2013年，空缺数月的浙江大学校长一职，出现接任人选“尚未公布，先遭质疑”的风波。在美国，大学校长的遴选是由高校内部的教员、职工代表们参与选拔。当然，这种应然权利的获得并不是自然而然的，而是需要经历一个漫长的演变过程。2011年11月9日，第三十四次部长办公会议审议通过的《学校教职工代表大会规定》中明确指出，各高校应当建立健全沟通机制，全面听取教职工代表大会提出的意见和建议，并合理吸收采纳。不能吸收采纳的，应当做出具体的说明。与此同时，高校教师参与大学管理的实践也在逐步深化。校政参与、学术权力、共同治理等概念和理念相继被提出，学界在研究高校治理中的教师参与问题时开始采用更具有深度和实效的研究方法（例如案例研究和实证研究），其研究结果较以往也更具深度。这不但是现实变革的体现，也是学术问题与变化的表征，更体现了教师参与观念的变化影响学术界的问题判定、立场与愿景。

### 3. 不断完善的制度设计为教师学术权力提供重要保障

教育部第三十二号令颁布并施行的《学校教职工代表大会规定》，充分体现了教育部对高校民主管理工作的高度重视和大力支持，对广大教职工政治民主权利的高度尊重。与高校的其他民主管理制度比较，教代会制度具有更加广泛的群众性与权威性，比较完备的工作制度和组织体系以及明确的法律地位，并在我国经受了三十年的实践检验。高校作为典型的学术组织，“其内部的行政权力应是为学术而服务的，没有学术的自治与自主，没有独立之精神、思想之自由，高校自主权是不可能实现的。”① 从发达国家的高校管理模式来看：大部分学校坚持了以教授为中心的教学科研管理方式。其中，英、美、德、日等国的高校主要以定岗的“责任教授”为中心，责任教授集人事权、财权于一身。在聘在岗期间，享有很大的管理权力。由在岗责任教授组成的学校教授委员会则对学校的重大决策，甚至是对校长人选行使监督与否决权。为了保证权威教授或大牌学者的学术地位，不少欧美大学特别设立了“终身教授”的岗位，其用意便在于保持学术精神的独立性与完整性。

就目前我国大学内部运行机制和管理架构而言，如何改变行政权力与学术权力之间存在着的失衡的状态，是学界与大学管理者所关注的一个重要问题。在我国高校内部，普遍存在着行政权力对学术事务介入过多，学术权力在大学的地位没有得到充分落实。由于体制的惯性，高校内部的学术组织或泛化为行政组织，行使某种行政职能；或作为“虚位”组织，学术权力在大学中往往难以发挥实际的作用。学术权力的弱化影响了行政决策的科学性，降低了决策实施的严肃性，大学管理中不同程度地存在着“议而不决、决而不行、行而无果”的现象，不利于高校的整体发展。从高校内部治理结构来看，学术权力本位建立的根本目的是协调好行政权力与学术权力的关系。针对我国高校内部存在着行政权力对学术权力的控制与僭越、学术权力边缘化、行政权力泛化、学术信仰功利化等问题。学者呼吁应强化高校教师对有关学术事务的决策权，充分发挥学术委员会在学术发展方面的主导作用。此外，还要尊重学术自由，营造自由宽松的学术氛围，“使学术自由成为‘学术人’的价值信念、理想追求和生活常态。”② 教职工代表大会、教授委员会、学术委员会等教师参与学校管理的组织逐渐增多，不但丰富了教师参与高校治理的途径，优化了参与机制，同时也影响到学术“问题域”的变迁。这为学界提供了新的研究对象，学

① 祁占勇．落实与扩大高校办学自主权的三维坐标—高校与政府、社会关系的重塑及内部治理结构的完善［J］．高等教育研究，2013，（5）：26-31.

② ［美］伯顿·克拉克．高等教育系统—学术组织的跨国研究［M］．王承绪等，译．杭州：杭州大学出版社，1994. 25.

界获得了新的研究视角，也为学界设计未来更好的愿景提供了原点，教师参与高校管理机制的变化在很大程度上直接影响着学界的探究。

# 小　结

本章主要从高校教师参与高校治理“问题域”这一视角，分析我国高校教师身份、地位、权利的演变过程，以及在此基础上其学术权力从无到有、由弱渐强的发展过程中。

20 世纪 80 年代，我国高等教育事业逐步走上正常轨道，开始回归到正常状态，学界开始了解、借鉴西方发达国家的教育经验，确立具有中国特色的高等教育发展路径。重点关注高校教师的身份、权力与地位及参与大学管理等相关问题。与此同时，学界提出了执行党的知识分子政策；赋予教师参与高校管理的相关权利。学者们在对这一问题进行研究的过程中主要采用了思辨研究、比较研究及实证研究的方法，其中以思辨研究为主。20 世纪 90 年代，学界除了对高校教师的身份与尊严问题继续进行探讨与研究外，还关注了高校教师的待遇与生活状况、学术权力与教授治校等问题。针对这些问题，学者们呼吁改善高校教师的生存环境、提升教师在高校管理中的地位。在研究的过程中主要采用了思辨研究、历史研究及实证研究的方法，其中以实证研究为主。21 世纪以来，我国学界所探讨的核心问题是大学教师的社会角色问题、高校内部学术权力与行政权力的制衡问题、现代大学制度中的高校教师权利问题。针对这些问题，学界的立场与愿景为：实现教授治学与教授治校，倡导教师参与高校内部管理，权衡并协调学术权力与行政权力，营造学术自由的氛围，提升教师的地位与待遇并关注教师的自身发展。在研究的过程中，主要采用了比较研究、历史研究、实证研究及思辨研究的方法。

通过对 20 世纪 80 年代至今学界对高校治理中教师参与的“问题域”分析，论文认为，“问题域”变迁是现实变革的表征与导向，而现实变革又是“问题域”演变的基础与动力。我国高校教师参与大学治理在不同时期有着不同的历史背景、问题与需求、参与程度与机制，也有着相应的进步与局限。

总之，本章从高校教师参与高校治理历史演进的视角，分析高校学术权力的另一个侧面。从 20 世纪 70 年代至今，我国高校教师从在政治身份上是否属于“工人阶级”的政治社会身份争议，到政治社会身份问题得以解决并获得越来越多的参与学校管理事务的权利，再到最近十年来明确被赋予制度化的“学术权力”。就我国而言，高校教师的学术权力由行政权力授权和赋予的，是学术权力与行政权力由此前“不合理的平衡”逐步转向“更合理的平衡”。在这个转型与过渡的过程中，出现了学术权力与行政权力的冲突，而这种“冲突”和博弈正是达到更高水平平衡的必然过程和必要途径。

# 第四章　学术权力与行政权力的冲突：案例分析与冲突机理

## 一、概　述

### （一）研究问题陈述

在高校治理中，行政权力和学术权力是两项基本权力。高校内的行政权力与学术权力之间的矛盾与冲突自两种权力存在伊始就一直存在。两者的矛盾与冲突也是学界老生常谈的话题。学术权力作为一种弹性权力其内容清楚但边界模糊，在实际运作中经常与行政权力产生摩擦和冲突，两者在动态中不断寻找平衡。近年来，出现了行政权力逐渐膨胀，学术权力不断遭到挤压的问题，并且已经严重到危及大学自身的发展。加之随着我国高校的规模不断扩大，国家要求全面建设、实行现代化大学制度。高校内的行政权力与学术权力的矛盾与冲突问题也是现代大学制度建设和推行过程中亟待解决的一个问题。行政权力与学术权力的矛盾与冲突近年来在高等教育领域尤为凸出、棘手，主要表现为行政权力与学术自由的冲突，甚至常春藤院校之一的哈佛大学——美国历史最为悠久的世界一流名校，也无法避免这一问题。

美国的高校治理结构比较特殊，大学中行政权力较之学术权力往往权限与范围更大，而各种权力的复杂交织也使行政权力经常越界，侵犯其他权力主体的权力。尤其美国的大学更是频频出现行政权力与学术权力的矛盾与冲突事件，所以，为了更深入了解高校行政权力与学术权力在实际运行当中的矛盾与冲突的机理、焦点、影响因素及深层原因，课题团队选择了哈佛大学第27任校长劳伦斯·萨默斯（Lawrence Summers）治理过程中行政权力与学术权力发生的系列冲突事件为案例，对两种权力的矛盾与冲突的过程、焦点、机理、影响因素和深层原因进行阐释与分析。

2001年10月12日，在经过长达9个月的遴选之后，美国财政部第71任部长劳伦斯·萨默斯在尼尔·路登庭（Neil Rudenstine）辞职之后，承载着哈佛大学及社会各界的期望出任哈佛大学第27任校长。萨默斯（Lawrence Summers）在28岁时成为哈佛大学史上最年轻的获得终身教职的经济学教授。随后，萨默斯又在1993年辞去该职，成为美国政府一名政界精英。他先是担任世界银行的发展经济学总裁和首席经济学家，后就任美国财政部部长。虽然萨默斯此前的职业生涯引发诸多争议，争议的焦点是：萨默斯不是地地道道的学者而是一位官员，这样政治气息浓厚的人是否适合领导一所大学。但哈佛毕竟是一个崇尚学术和拥有博大胸怀的学校，且萨默斯本人具有的明星光环使他在董事会眼中是校长一职最合适的人选。但出乎所有人意料的是，萨默斯在担任哈佛大学校长期间使用行政权力屡次侵犯教师和学生学术权利的行为以及他个人强势官僚的领导作风使他与哈佛的教职人员及学生之间产生了诸多激烈的矛盾，甚至被嘲讽为是“一头闯进瓷器店的公牛”。在萨默斯将与自己意见相左的哈佛学院院长哈里·罗伊·刘易斯撤职之后，哈佛大学师生长期以来压抑在心中的对萨默斯的不满情绪被引爆。哈佛大学教职员工对萨默斯进行了“不信任投票”。2006年2月劳伦斯·萨默斯宣布辞职，成为哈佛近144年来任期最短的校长。萨默斯与教职员工及学生之间的矛盾与冲突也是哈佛大学的行政权力与学术权力间的矛盾与冲突的体现。

从众望所归的明星校长到被大多数教职员工投票表决为“不被信任”的校长，是什么因素导致行政权力与学术权力在实际运行当中产生如此不可调和的冲突与矛盾？基于以上内容，本章从不同权力主体角度出发，呈现哈佛大学中行政权力与学术权力在实际运行过程中产生矛盾与冲突的机理、焦点并深层挖掘隐藏在矛盾与冲突背后的深层原因，以期对我国现代大学制度建设、保障学术自由、学术权利提供有益的启示与借鉴。

鉴于此，本部分将所要研究的核心问题界定为：高校的行政权力与学术权力在实际运行过程中产生矛盾与冲突的机理、焦点、影响因素以及深层原因如何？

此核心问题可以分解为如下分支问题：

①哈佛大学内部治理的权力结构，包括行政权力、学术权力及它们的运作机制如何？

②行政权力与个体性学术权力的矛盾与冲突的机理、冲突焦点、影响因素与最终结果如何？

③行政权力与组织性学术权力的矛盾与冲突的机理、冲突焦点、影响因素与最终结果如何？

④高校行政权力与学术权力实际运作中产生矛盾与冲突的机理与影响因素如何？

## （二）研究方法概述

### 1. 研究思路

本章的核心问题是：高校内行政权力与学术权力的冲突如何发生？二者在实际运行过程中产生冲突的机理、焦点、影响因素是什么？本章以哈佛大学第27任校长“萨默斯式”治理为案例，其中涉及校长代表的行政权力与教授的个体性学术权力、基层组织代表的组织性学术权力以及学生权力之间的矛盾与冲突。首先，需要对哈佛大学内部的治理结构，包括权力的运行及运作机制进行探究和呈现。然后，将重点探究行政权力与个体性学术权力、组织性学术权力发生矛盾与冲突的过程、焦点、结果、机理、影响因素及深层原因。最后，在此前案例分析的基础上进行归纳和概括，呈现高校行政权力与学术权力产生矛盾与冲突的机理与影响因素。具体如下图所示：

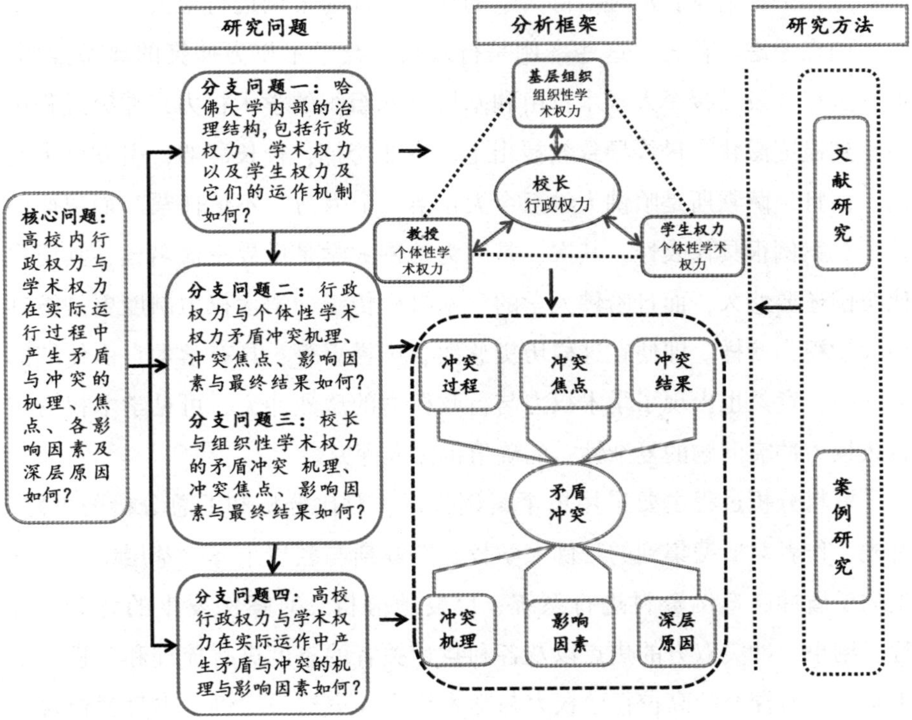


图 4-1

## 2. 研究方法

### （1）文献研究

课题团队首先利用搜索引擎、网上图书馆、各大报纸官网（比如《波士顿环球报》《纽约时报》《哈佛深红报》《华盛顿邮报》《美国高等教育纪事》等），围绕“高校行政权力、学术权力”等主题，由窄到宽地系统搜集有关行政权力与学术权力、高等教育治理、美国高等教育历史演进、高等教育法规、学术自由等方面的文献。然后，对所搜集到的文献进行整理和分析。

### （2）案例研究

本部分选择哈佛大学第 27 任校长萨默斯执掌哈佛大学时期的“萨默斯式管理”系列事件为案例，对“高校行政权力与学术权力在实际运行过程中产生矛盾与冲突的机理、焦点、影响因素与深层原因”进行研究。

选择萨默斯校长治理哈佛大学的相关事件为案例进行研究，主要出于以下两点考虑。首先，这些案例是行政权力与学术权力冲突的典型案例。冲突过程涉及教授个人学术自由和基层学术组织的学术权力，冲突过程由微小到极度激化，最终导致教授出走、专业垮掉、校长辞职，引发巨大震动。而且，萨默斯是哈佛大学至今为止第一个因为“不信任票”而离职的校长，案例很具代表性。其次，是因为哈佛大学是世界一流名校，其历史比美国还要悠久，而且哈佛大学的学术自由传统、学术权力制度更是被其他大学视为榜样。即便在这样历史悠久、声誉卓著、具有学术自由传统的大学中，竟然也出现了学术权力与行政权力的激烈冲突，可见学术权力与行政权力冲突问题的复杂性，的确值得深入探究。

资料分析过程主要采用单个案例分析、对比分析和汇总分析的思路。首先，作者对所搜集到的哈佛大学校长萨默斯与教授个体、基层组织、学生的矛盾冲突案例资料进行系统、反复地分析，对案例发生的背景、过程、结果、冲突双方的焦点以及各利益相关者的态度进行梳理和分析。由于本选题所探究的高校行政权力与学术权力冲突这一案例，本身就包含着“婆说婆有理，公说公有理”的冲突特点，所收集到的文献涉及这一个事件中的不同群体和个体，有着不同、甚至对立的立场。这些资料既有利于辨识和分析利益相关者的立场，也很容易对研究者梳理、分析事件发生过程与影响因素造成干扰。笔者在分析中对案例中矛盾双方在案例中所面临的具体问题进行设身处地地分析，交叉比对，进行验证，认真筛选，去伪存真。最后，在对案例认真分析的基础上呈现高校行政权力与学术权力在实际运作中产生矛盾与冲突的机理、焦点、影响因素及深层原因。

## 二、哈佛大学内部治理的权力结构

在高校产生后，随着高校内部事务不断增多，分工不断细化，出现了学术事务和行政管理事务的区分。高校内的行政权力与学术权力之间的矛盾与冲突自两种权力存在伊始就一直存在。两者的矛盾与冲突也是学界老生常谈的话题。学术权力作为一种弹性权力其边界模糊，在实际运作中经常与行政权力产生摩擦和冲突，两者在动态中不断寻找平衡。行政权力与学术权力的矛盾与冲突问题也是现代大学制度建设过程中亟待解决的一个问题。美国的高校治理结构比较特殊，大学中行政权力较之学术权力往往权限与范围更大，而各种权力的复杂交织也使行政权力经常越界，侵犯其他权力主体的权力。本章将要分析的哈佛大学第 27 任校长劳伦斯 · 萨默斯在哈佛就任期间的“萨默斯式”治理就是高校行政权力与学术权力间矛盾与冲突的典型案例。想要更清晰地探究哈佛大学“萨默斯式”治理的矛盾与冲突，就需要对哈佛大学中的行政权力与学术权力这两种权力的运作机制与权力的分配、制衡进行探究与梳理。

### （一）行政权力及其运作机制

高校行政权力就是指高校行政管理组织及人员为顺利、高效达到学校发展的预期目标而对学校行政事务进行行政管理的权力。随着高校规模的逐渐扩大，学校对管理人员的需求量也随之增加，管理部门日益增多，分工愈加精细、明确，呈现出较强的等级性。哈佛大学的行政权力自上而下，体现出明显的等级性。最高层行政权力由董事会掌握。董事会酌情将权力部分下放给校长，通过校长来管理学校；校长则酌情将权力再将部分下放给下属的行政机构（比如院系），通过下属的行政机构对基层教师和学生进行管理。本章将从董事会，校长和校长下属行政机构这三级行政组织进行行政权力的梳理和探究。

#### 1. 董事会的权力与职责

哈佛大学原名哈佛学院，建立于 1636 年。哈佛学院虽早在 1639 年就有自己的董事会，但是董事会却并不掌握管理学校的实权，直到在邓斯特校长的争取下，马萨诸塞州政府颁布了《1650 年特许状》，才确立了哈佛学院的董事会和监事会，形成了今天哈佛大学独特的“两会制”的校内管理制度。董事会负责管理哈佛大学内外的重大事务，监事会对董事会的工作进行监督，两者相互制约。在哈佛大学建校之初的很长一段时间，监事会都扮演着最主要决策机构的角色，甚至董事会的许多决议议案也需要得到监事会的批准之后方可执行。但是，随着时间的推移，监事会在学校管理中的影响逐步减弱，演变成了一个可有可无的组织。而与之相反，董事会的权力却逐渐得到增强，“董事会有权制定一定的细则和规定而不必非要得到监事会的同意和认可，董事会为此负责。”① 董事会不仅是哈佛大学对外唯一的法人代表，更掌有管理哈佛大学的最高权力。关于董事会的职责及其权限，在《哈佛宪章》中有较为详尽的描述，主要包括如下方面。

**（1）选举董事会成员以及聘任、罢免校长**

哈佛大学董事会成员的任期实行无限制的终身制，除非董事会成员去世或者自动辞职，否则他们将会一直作为董事会成员在董事会中任职。② 哈佛大学董事会还具有“自我存续性”，即当董事会成员卸任后，董事会内部会选举出新的董事会成员，新成员的任期也实行终身制。

校长的选举是哈佛大学董事会最为重大的职责之一。监事会虽然也是哈佛大学的权力主体，但在校长选聘工作上却参与不多。③ 校长的选举关乎学校未来的生存和发展，所以董事会在面对这个问题时，通常都是小心翼翼、谨慎再三。哈佛大学校长的人选取决于学校发展所需，即哈佛当时有什么实际需要或者说面临什么亟待解决的困境和问题，因需选人。例如第一任校长亨利·邓斯特（Henry Dunster），在哈佛大学面临停办危机之时临危受命接掌哈佛，不但确立了奠定非哈佛未来管理基础的《哈佛宪章》，还初步完善了哈佛的课程体系。在邓斯特校长的带领下，哈佛的学位逐渐被牛津剑桥等高校承认。再如，第 26 任校长陆登庭（Neil Rudenstine）的任命是因为哈佛正值财政危机，他以出色的筹款能力赢得了董事会的青睐；在路登庭校长解决了哈佛的财政危机之后，哈佛想要一改以前的旧形象，以全新的面目示人，此时哈佛需要一个有强势领导风格的人来领导哈佛，前美国财政部部长萨默斯无疑就成了最佳人选。董事会既负责聘任校长，也有权在校长出现严重失职情况时罢免校长，但是这种情况极少出现。

---

① Harvard university . The constitution of the university at Cambridge [M]. 1812. 10.
② Harvard university . The constitution of the university at Cambridge [M]. 1812. 10.
③ 徐来群. 哈佛大学史 [M]. 上海：上海交通大学出版社，2012：62-63.

**（2）筹集、管理学校的资产**

筹集资金，管理资金也是哈佛大学董事会的重要工作之一。作为世界一流的大学，哈佛离不开一流的教育环境，想要创造一流的教育环境就需要大量的资金投入。哈佛大学的筹款渠道主要有慈善捐款、组织捐赠活动、政府拨给经费、学生学费以及哈佛自己经营产业的收入。根据捐赠者或委托人的真实意愿，各个时期，各种人捐赠，拨款，遗赠给哈佛大学的土地，房屋，动产，遗产以及运输工具对哈佛大学董事会来说拥有永久性的处置权。① 董事会谨慎管理学校的财产，筹集来的资金除了维持学校正常运行和发展的预算之外还需进行商业性质的活动来确保所得资金不贬值，确保资产增值。哈佛大学董事会的成员不仅负责对外筹集资金，他们自身也是资金的捐赠者，因为随着哈佛的发展与壮大，董事会的成员中出现了一批拥有强大经济实力的商业精英，而他们对哈佛的贡献之一就是捐赠资金以维持哈佛的日常运作与壮大。

**（3）审批学校的长远规划**

董事会通常不会直接参与制定学校的长远发展规划，因为这是校长的工作。校长管理学校日常具体运行发展事宜，对学校的接触和了解比董事会要深，所以计划的具体制定是校长组织下属行政及学术人员结合实际情况而进行，计划制定完成之后尚不能直接投入实施而是需要提交董事会做最后的审核批准。董事会审核通过之后的计划方可投入施行，若审核不通过则该计划只能搁置。董事会、校长及下属行政、学术人员分工明确，这也是董事会在宏观层面掌控学校的运行和发展的一个具体体现。

**（4）监督、辅助校长的工作，监督学校的日常运行**

哈佛大学管理分工明确，董事会虽享有最高的管理权，但是具体的日常管理工作却是交由校长执行的，董事会只在宏观的层面进行监督和把关。这也是董事会领导下的校长负责制的一大特点，校长仅需对董事会负责，董事会则对校长进行监督和问责。在校长的工作面临困境时，董事会

---

① 欧阳光华．董事、校长与教授：美国大学治理结构研究［M］．北京：高等教育出版社，2011：172.

更多时候是给校长提供支持和帮助。例如给予校长建议或在其他方面进行安排布置以配合校长工作。由于董事会成员大多是校外人士，他们往往能跳出学校层面的限制从不同的角度看待问题，考虑问题较为全面和冷静。但也正是因为哈佛大学董事会成员大都是校外人士，平日都有自己的工作，并不在哈佛大学值守，他们对学校日常情况的了解大多来自校长和相关行政助理人员。这使得董事会对学校的信息掌握不全面，对校长工作的监督也会因此出现疏漏。

**（5）学校与社会间的联系纽带与缓冲带**

所谓纽带即发挥连接作用。如今，大学逐渐担当起了为社会服务的职能，这就注定了大学与社会的联系会日渐密切。大学开始了解社会的需求并让社会了解其高校的办学情况，进而促进高校与社会的深度融合，使高校能获得更多外部资源和支持。这也是董事会大量吸纳学校外界人士参与学校事务管理的一个重要原因。董事会成员作为外界社会的代表参与到学校的管理当中，既能向学校传达社会的需求又能向社会反映学校的价值。而缓冲带的作用就是减轻社会对学校的干预。在政府或社会想要对大学事务进行直接干预时，董事会会及时接收信息并进行探讨商议，针对那些对大学利益有损的外界干预，董事会会通过一系列行政手段和方法向相关单位反映情况，以将外界对大学的不利干预和影响降至最低。向有关部门反映意见以争取将政府或社会对大学的不利干预限度降到最低。董事会有责任保证哈佛的独立性不受侵犯，大学本身对自治有强烈的需求，只有在自治的条件下，探索才能自由进行，学术才能蓬勃发展，过多的社会干预将会使大学失去原本的生机与活力，逐渐沦为政府或社会的附属物。

**2. 校长的权力与职责**

哈佛大学的最高决策机构董事会将部分权力授予校长，通过校长来管理全校日常工作。校长又将手中的权力部分下放给下属行政机构，通过这些行政机构对基层的行政事务进行管理。校长及其下属的行政机构对哈佛的行政事务进行日常管理，校长不仅是董事会和监事会成员而且还是教授会主席，处于连接哈佛管理系统的枢纽位置，是哈佛日常管理的中心角色。

**（1）形成决策，任命下属行政人员**

作为学校首席行政官员，哈佛大学校长需要定期召开董事会议，作为日常管理的中心人物，校长还会经常沟通、协调监事会、董事会以及教授会三方的意见。不仅如此，校长还需要主持大型活动与报告。因为实行的是校长负责制，校长处于大学管理的中心地位。董事会将哈佛大学的日常管理全权委托给校长，校长就有必要定期向董事会汇报工作及学校情况。校长不仅是董事会成员，还是学术发展的首席带头人。所以组织公共学术活动、主持各院系教授会也在校长的职责范围内。对一所学校进行行政管理，校长作为行政长官需要在明确发展目标之后组织强大有效的行政团队来协作实现目标。所以，哈佛校长有权任命副校长以及各学院院长来分管学术和财务等事项。

**（2）筹集资金**

哈佛是私立大学，主要依靠自筹经费，政府给予的补助有限，而维持这个一流大学的运作和发展需要庞大数额的资金支持。作为哈佛校长自然也肩负为学校筹集更多资金的职责。这时，校长就作为募捐者出现在公众视野中。校长不仅用哈佛的号召力来争取捐款，还要利用自身的资源和优势来为学校吸纳更多捐赠金。哈佛大学在选聘第 26 任校长尼尔·路登庭时，面临严峻的财务危机，他凭借其出色的筹款能力为哈佛大学积累数额庞大的资金。以至于在其卸任之时，哈佛大学的资产达到了 190 亿的天文数字。第 27 任校长萨默斯身为美国财政部前部长拥有诸多明星光环和金融界的人脉资源，在筹款时，凭借其昔日的号召力和人脉也为哈佛带来令人瞩目的财政收入。

**（3）制定教育计划与长远发展规划**

哈佛大学董事会确定学校的发展方向和目标，要求校长针对该方向与目标拟定具体的发展规划及教育计划。校长是负责联系董事会和学校的关键人物，校长及其下属行政及学术组织会结合学校发展的实际需要和现实情况针对董事会给予的目标拟定规划，规划完成后需提交董事会进行最后审批，只有在董事会审批通过之后规划方可施行。

**（4）学校与董事会之间的联络员**

哈佛大学的董事会成员来自各行各业，他们绝大多数并不住在哈佛之中，对哈佛大学的具体了解绝大部分来自校长的汇报，所以，校长自然而然地成了哈佛大学董事会和师生之间的重要沟通桥梁。董事会通过校长了解学校日常情况，师生们通过校长向董事会表达自己的意愿与建议。面对师生，校长代表了董事会；而面向董事会，校长又化身为师生们的代表。

**（5）学校面向外界的代表**

大学历来被称为象牙塔与世俗隔绝，但是随着时代的发展和变迁，大学逐渐摆脱了象牙塔的称号渐渐与外部社会环境产生了密切的联系。这是必然的发展趋势，因为大学是一种特殊的社会组织，是社会组织就避免不了与社会产生关系。此时，大学就需要一位代表，代表大学本身与社会交流沟通，校长就是这个代表。在相关问题上，他代表大学权衡各方的利益并做出整体的判断和决策。

## （二）学术权力及其运作机制

本章中学术权力的主体指的个体性学术权力的主体——大学中的教师（包括教授等）以及组织性学术权力的主体——院系。在大学之中，教师个体即拥有学术权力，在教学方面可以自由地选择教学的方式，内容以及评分标准，而在科研方面教师则可以自由地选择研究对象、研究方法和呈现研究结果的方式。基层的组织院系也拥有自己的学术自治权，可以对院系本身的学术及绝大部分行政事务进行自我管理。

### 1. 个体性学术权力及运作机制

美国高校教师拥有较多的学术自由，为了保障高校教师这一自由权，美国于1915年成立了美国教授协会（American Association of University Professors），简称AAUP，并相继颁发了《原则声明》和《关于学术自由和终身教授制的宣言》等文件，明确学术自由原则、终身教授制度以保障教职人员的学术自由。为了回应学界的呼应，提高哈佛大学对一流学者的吸引力，哈佛大学的校长科南特（James Bryant Conant）在1935年设立校级教授职称，也就是哈佛的终身教授制度。根据这项制度，如果哈佛大学的学术人员经过评选后晋升为终身教职，除非该教授犯有重大过错或是自己主动辞职，否则学校都应持续聘任，任何人都无权随意解聘。正因为这种“特权”，晋升为终身教职的教授相当于大学之中的“无冕之王”，更重要的是这一保障使这些教授获得充分的学术自由。哈佛大学以此保障那些经过考核后合格的优秀教授的学术权力，使他们能够不受外界影响按照自己的意愿，自由地进行教学和科研，保持教学与科研工作充满生机与活力，进而保障哈佛大学的学术自由传统得以延续。典型的案例是哈佛大学的政治哲学教授罗尔斯（John Bordley Rawls），他在晋升为终身教授之后在几乎十年内没有成果发表。这在注重学术，甚至“不发表就出局”的美国精英高校中是反常现象，以至于很多同行怀疑罗尔斯教授的才学水平。经过近十年的潜心著述，1971 年罗尔斯的《正义论》出版，该书被学界公认是 20 世纪最伟大的政治哲学著作，至今仍是学术经典。如果没有终身教职这一制度对学者的保护，很难想象罗尔斯教授能否在学术竞争激烈的哈佛大学继续留任。

### 2. 组织性学术权力及运作机制

高校基层的组织性学术权力的主体主要是院系和教授评议会。院长或是系主任会组织本院系的教职人员对该院系内部的学术或行政事务进行决议，主要的方式是投票。在学校组织层面还设有学术评议会来对学术权力进行保障，“尤其是在学术领域发挥重要的建议、审议和立法职能。”① 评议会负责学校的课程设置和审核、确立申请学位的条件、新的院系和课程的审批、学生入学条件、学术活动组织及教师人事等工作。学术评议会定期召开相关会议并且每个成员都会参与到针对重大决策的投票活动当中。“作为一种公开辩论的组织，美国大学学术评议会同样必须以会议的形式发挥其功能，通过会议表决对大学的重大问题进行议定，并依据大多数人的意见进行决策，以此体现大多数人的意志。”②

---

① 欧阳光华．董事、校长与教授：美国大学治理结构研究［M］．北京：高等教育出版社，2011：172，

② 欧阳光华．董事、校长与教授：美国大学治理结构研究［M］．北京：高等教育出版社，2011：178.

本部分中我们主要探究的是哈佛大学的院系组织性学术权力与校长的行政权力在运行过程中失衡所引发的冲突。哈佛大学的院系拥有较强的自主权，对于院系本身来说，完全有权让内部教职人员通过投票审议的方式完成本院系内部学术或行政事务的重大决策，即使是校长绝大多数情况下也是无权对此加以干预的，正是这种院系自治的历史传统使得哈佛大学的院系得到充分的发展，各具特色，充满活力。

## 三、校长的行政权力与个体性学术权力的矛盾与冲突

大学是一种特殊的社会组织，它集中了各学术专业领域的精英人才，它以为人类创造、传递知识为核心任务。对真知的追求就需要研究者敢于突破常规、超越权威，只以学术探究的真理为标准，而不受其他干扰。所以美国教育哲学家布鲁贝克说：“为了保证知识的准确和正确，学者的活动必须只服从真理的标准，而不受任何外界压力，如教会、国家或经济利益的影响。”① 美国的私立大学拥有较多的自治权，其独特的董事会管理制度也使大学内部行政部门、学术部门在各司其职的同时又分权制衡，以保证大学在顺利运行之余拥有最大限度的学术自由。这也是美国在短短的三百多年内迅速崛起并赶超世界上其他大国一跃成为世界第一高等教育强国的原因之一。虽然美国高校内部的行政权力与学术权力在规定上需要各司其职互不侵犯，但在实际运行过程中行政权力和学术权力却时有摩擦与冲突。哈佛大学第27任校长萨默斯掌管哈佛之时就频频出现行政权力与学术权力的冲突事件，引起社会各界的广泛关注。本章即以哈佛大学校长萨默斯与黑人教授韦斯特之间的冲突事件以及校长萨默斯“反犹主义演讲”事件为案例，呈现高校内的行政权力与个体性学术权力在实际运行过程当中的冲突机制与深层原因。

### （一）矛盾与冲突的背景与始末

萨默斯在哈佛大学任职期间所发生的最典型的校长行政权力干预教授

---

① ［美］约翰·S·布鲁贝克．高等教育哲学［M］．杭州：浙江教育出版社，1987.46.

学术权力事件当属萨默斯与黑人教授韦斯特的矛盾及校长萨默斯有关反犹主义话题的演讲事件。这两起事件不仅引起哈佛师生们的争议，还引发社会各界的广泛关注，有关事件被频频诉诸报端，成为高校内行政权力与学术权力冲突的典型案例。因此，本部分将着重呈现校长萨默斯与黑人教授韦斯特之间的冲突事件和校长萨默斯的反犹主义演讲事件的始末以厘清事件发展的过程。

1. 黑人教授韦斯特事件

2000 年 5 月 22 日哈佛第 26 任校长尼尔·路登庭结束自己十年的任期，哈佛董事会开始着手遴选下一位继任者。与向来以绅士形象示人的尼尔·路登庭不同，董事会希望他“必须在揽钱方面和管理上都有一套，要有能力解决境况不佳的哈佛本科教育，有强硬的手腕镇得住所属各学院的院长，要有成为一个国家领导人的精力。”① 经过九个月的校长遴选，满足上述条件的前美国财政部部长劳伦斯·萨默斯在众候选人中脱颖而出，成为哈佛大学第 27 任校长。

萨默斯是哈佛建校以来的第一位犹太裔校长，他出生于一个重视教育的家庭，继承了犹太民族的智慧天性。他天资聪颖，高中毕业后于麻省理工学院就读本科，后于哈佛大学继续经济学博士学位的学习，并在 28 岁时被德里克·博克校长授予哈佛终身教授一职，成为哈佛建校以来最年轻的终身制教授。38 岁时，萨默斯离开哈佛大学前往华盛顿政界，从世界银行的首席经济学家，官至美国财政部部长。虽然萨默斯智慧且博学但他的强势和暴躁也为他惹过很多麻烦，在哈佛大学第 27 任校长的最后遴选过程中，哈佛大学董事会也曾在这个问题上犹豫不决，他们担心萨默斯的性格会给他日后的校长工作带来不良影响，董事会不得不再次征询建议。鲍勃·鲁宾是萨默斯之前的美国财政部长，既是萨默斯的上司也是好友。而且，鲁宾是哈佛大学声名显赫的校友，在哈佛大学的影响力很大。他的建议最终打消了董事会对萨默斯的疑虑，使萨默斯通过最后一项筛选程序成

---

① ［美］理查德·布瑞德力．哈佛，谁说了算［M］．梁志坚译．北京：北京大学出版社，2014. 62，

功继任第 27 任哈佛大学校长。哈佛大学期待这一位拥有传奇经历的校长能带来变革与进步，带领哈佛大学迎来下一个辉煌。萨默斯校长确实展现出了与既往的几任校长截然不同的领导风格，但是这位校长的强势作风在哈佛内外所造成的不良影响也是董事会所始料未及的。萨默斯财政部部长的任职经历使他精于政道，喜欢等级森严的政界管理体制。但大学是一个特殊的社会组织，崇尚的是自由和共同治理，政界上级施令、下级服从的管理方式显然与大学的传统与文化不符。萨默斯之前在政界养成的职业习惯使萨默斯在上任后出现了“黑人教授韦斯特事件”及“反犹主义演讲事件”等一系列校长行政权力侵犯教授学术权利事件。

美国是一个多民族、多文化融合国家，世界不同的移民及其文化形成了美国多样化的特点。在美国社会中，黑人是一个特殊群体。按一些学者的观点，“美国黑人是在违反其自身意志的情况下被强行带到美国的唯一种族。”① 随着美国社会不断发展，在遭受两个多世纪奴役之后，直到 1863 年黑人在美国才真正成为法律意义上的美国公民，但是社会对于黑人的歧视在美国一直存在，直至今天也没有完全消除。种族问题渗透美国的各个角落，不仅在外部社会中如此，在大学中也不例外。在早期对哈佛大学分数膨胀的指责声中，就有人将责任归咎于黑人学生，认为黑人学生的学业能力和学术水平根本达不到哈佛大学所要求的标准，但学校方面因为“平权运动”对少数族裔学生录取和考核给予“优待”，放宽标准。

哈佛大学重视对非裔美国人群体的研究。在研究者看来，非裔美国人有自己的文化和传统，在他们身上可以更清晰地看到不同文化在美国发展历程中的融合与发展。因此，对具有传奇色彩的美国黑人种族进行研究也是从另一个角度对美国进行研究，意义重大。尼尔·路登庭校长花费了十年时间发展哈佛大学的非裔美国人研究系，上到资金筹集下到人才延揽无一不照顾周全。黑人教授内尔·韦斯特（Cornel West）就是路登庭延揽而来的人才之一。韦斯特在哈佛大学完成大学学习并在普林斯顿大学完成哲学博士学位的攻读，1994 年到哈佛大学非裔美国人研究系任教，不仅待遇

---

① ［美］托马斯·索威尔．美国种族简史［M］．沈宗美译．北京：中信出版社，2015. 191.

优厚，还被授予哈佛校级教授荣誉。哈佛大学的校级教授一职是科南特校长于1935年设立，其目的就是使优秀的教授能够按照自己的意愿从事教学和研究工作而不受外部条件的制约，这在很大程度上保护了教授们的学术自由。终身教授是哈佛大学教授所能获得的最高荣誉，足可见路登庭对非裔美国人研究系所倾注的心血和寄予的厚望。

此次事件的导火索是10月7日和8日，《波士顿环球报》有关哈佛大学分数膨胀问题的长篇报道《哈佛静悄悄的秘密：分数贬值》和《哈佛荣誉学位沦落至中等水平》。这两篇报道称哈佛大学的成绩标准被放宽，其毕业优秀率远远超过其他顶级高校。① 虽然哈佛大学的分数膨胀争议历史久远，但在新校长上任之前被再次提起并引发社会广泛关注，使分数膨胀问题成为新校长萨默斯必须要面对的问题。对萨默斯而言，这既是个挑战又是个机遇，虽然媒体所指出的问题对哈佛大学而言不甚光彩，但若是准确找到分数膨胀问题的原因并妥善处理，新校长则可以借此向公众展示其优秀的领导能力，也是一个证明自己能力的大好机会。第一个受到校长指责的就是非裔美国人研究系的黑人教授韦斯特。

校长萨默斯于2001年10月24日与非裔美国人研究系教授科尔内尔·韦斯特见面。这次见面，校长萨默斯对教授韦斯特进行了如下几项批评与要求：

首先，对学生的评分过高引发分数膨胀。在这次会面刚开始，校长萨默斯便将哈佛大学分数膨胀问题归咎于教授韦斯特，认为是韦斯特教授放宽了评分标准从而引发哈佛大学分数膨胀这一问题，萨默斯校长要求韦斯特教授将其所教授的“非裔美国人研究10”该门课程的所有成绩进行整理并由萨默斯亲自审查。

其次，因过多参与政治助选活动而逃课。对于一个教师来说，其首要职责是教学，萨默斯校长认为韦斯特教授因为参加政治活动而逃课是一种不能容忍的失职行为。并指出韦斯特教授在2000年因为参与比尔·布瑞德

① ［美］理查德·布瑞德力．哈佛，谁说了算［M］．梁志坚译．北京：北京大学出版社，2014．62，116．

利的选举活动而旷了三节课，虽然韦斯特极力否认，但萨默斯并不予以过多回应。①

再次，韦斯特的专著通俗有余而学术高度不足。作为资深的经济学家，萨默斯拥有经济学家的习惯就是凡事相信数据，数据就是证据。这一点在处理与韦斯特教授的矛盾上有所体现。在与韦斯特见面之前，韦斯特政治上的对手也就是著名文学编辑威泽尔蒂亚所写的一篇批评韦斯特的文章对萨默斯影响很大。② 萨默斯校长认为哈佛大学是卓越的代表，作为卓越学校中的教师，不仅自身所拥有的学识是卓越的，其作品也应该是卓越的，应该是相应行业内的标杆与榜样。但韦斯特教授近期的作品却都是一些通俗读物，甚至还有一张说唱乐 CD，实在难以与卓越联系在一起。所以，萨默斯校长希望韦斯特教授能利用参加社会活动的时间与精力来切实完成几个高质量、严谨的、有代表性的学术作品。毕竟作为一个大学教授，学校内的事务应该排在第一位，只有把学校内的事做好才可以去做其他与学术不相关的事，所以，“他要求韦斯特写一篇如何解读一个特定的哲学传统的学术文章。”③ 韦斯特教授对萨默斯校长的观点不赞同，不接受校长的批评与要求。

随后，《波士顿环球报》《纽约时报》及其他多家报纸报道了这次会面，将校长与教授两人的矛盾呈现于公众视野之中。这已不仅仅是教授韦斯特与校长萨默斯之间的误会与争执，美国学术界和公众都知道了校长对教授的诸多指责，公众舆论这个放大镜将校长对教授的这次私下批评放大、催化成为行政权力与学术权力的冲突，更有甚者将其上升到种族主义问题的高度，认为校长萨默斯有种族歧视倾向。④

哈佛大学这样的世界名校无比重视自己的声誉，新校长刚一上任就传

---

① ［美］理查德·布瑞德力．哈佛，谁说了算［M］．梁志坚译．北京：北京大学出版社，2014. 62，103.

② ［美］理查德·布瑞德力．哈佛，谁说了算［M］．梁志坚译．北京：北京大学出版社，2014. 62.

③ ［美］理查德·布瑞德力．哈佛，谁说了算［M］．梁志坚译．北京：北京大学出版社，2014. 111.

④ ［美］理查德·布瑞德力．哈佛，谁说了算［M］．梁志坚译．北京：北京大学出版社，2014. 116.

出这样的新闻着实不是哈佛想要的，在董事会的敦促之下，两人于2002年1月3日进行了第二次会面。“在整个会面过程中，萨默斯再三向韦斯特表示道歉。”① 韦斯特教授的目的已经达到，作为一个学者和公众人物韦斯特教授非常在意自己的公众形象，不管校长萨默斯对自己那些莫须有的指控从何而来，教授需要校长对自己的公开道歉，以向舆论证实那些指控全然不成立。而不论是作为财政部前部长的萨默斯还是作为哈佛校长的萨默斯，也都不希望自己的公众形象受损，刚一上任就出现胡乱指责教授并公开道歉的事件，这对日后领导工作的开展会产生难以预计的不良影响。

《纽约时报》记者根据对萨默斯校长的采访，就这次会面写成专题报道，于2002年1月4日发表。但是，该报道中称校长萨默斯并没有向韦斯特教授道歉，所有的一切都是误会。② 这一报道激怒了韦斯特教授，前面的报道依然向社会公布了萨默斯对自己的诸多指控，如果萨默斯不公开道歉，公众舆论就会认为萨默斯的指控是成立的。作为一个大学教授逃课、放宽分数标准、学术作品通俗这些都有违职业准则与操守，这对一个学者来说是十分严重的指控。对于这一报道，校长萨默斯的解释是“《纽约时报》错误地引用了他的话”③ 虽然萨默斯校长一再强调报道的失误与自己无关，但是一些人却不这么看。当时的哈佛学院院长刘易斯认为这是萨默斯为了达到赢得这场舆论关注的冲突所使用的政界手段。“他在华盛顿任职期间学会了如何玩弄权术，也深知媒体的影响力，知道控制信息渠道的重要性。他知道‘防民之口，胜于防川’的道理。”④

韦斯特教授对萨默斯校长的行为极其不满，后来双方冲突不断升级。韦斯特教授最终以辞职抗议，2002年秋季离开哈佛大学，任教于普林斯顿大学。此后不久，哈佛大学非裔美国人研究系的多位终身教授宣布辞职，

① ［美］理查德·布瑞德力．哈佛，谁说了算［M］．梁志坚译．北京：北京大学出版社，2014. 103.
② ［美］理查德·布瑞德力．哈佛，谁说了算［M］．梁志坚译．北京：北京大学出版社，2014. 117
③ ［美］理查德·布瑞德力．哈佛，谁说了算［M］．梁志坚译．北京：北京大学出版社，2014. 124.
④ ［美］哈瑞·刘易斯．失去灵魂的卓越［M］．侯定凯译．上海：华东师范大学出版，2007. 223

同样任教于普林斯顿大学。哈佛大学这个美国最高水平的非洲研究领域土崩瓦解。

### 2. 反犹主义演讲事件

萨默斯校长是哈佛史上第一位犹太裔校长，提起犹太民族就要提到“反犹主义”。反犹主义作为一种思潮始于公元前 4 世纪马其顿王亚历山大（公元前 356 年—前 322 年），凭借军事实力建立了一个横跨亚欧非三大洲的庞大希腊帝国之时。[①] 亚历山大希望把希腊文化带到自己所到之地，让希腊文化繁荣、昌盛。但是犹太人却固守自己原有的文化，拒绝接受希腊文化，这使得希腊人对犹太人产生了敌意。到了罗马时代，由于对犹太文化缺少了解，罗马人对犹太文化产生了很多误解，这使罗马人也开始对犹太人产生不满。到了公元 132 年，因为罗马皇帝对犹太圣城耶路撒冷的改建计划，犹太人爆发了反对罗马统治的反抗运动。最终犹太人惨遭镇压，死伤无数，直接导致犹太人被驱逐出自己的家园，在其他国家流浪。但这只是个开始。“当欧洲在 10 世纪前后基本基督教化以后，犹太人成为欧洲社会中唯一信仰一种不同宗教的人群。”[②] 当基督教成为欧洲社会的统治性地位宗教时，犹太人在《圣经》的《新约》部分被描述成杀害上帝独生爱子耶稣的凶手，这使犹太人在基督教世界的处境更加艰难，对犹太人的各种迫害也接踵而来。最初是剥夺犹太人的政治权利，孤立犹太人以及以著述、演讲的方式宣扬反犹主义思想。此后，犹太人经常被所在国家驱逐出境并没收大量财产，流离失所。欧洲犹太社团自进入中世纪以来遭受的第一场大规模迫害是 1096 年开始的“十字军东征”。人们将犹太人妖魔化为魔鬼的化身，是基督徒的“敌人”。一切有犹太人的地方只要发生不好的事情，人们通常会开始指控、诬告和迫害犹太人，甚至连 14 世纪的黑死病也被归咎为是犹太人的过错。[③] 直至近代，对犹太人的迫害不再局限于贬低他们的社会地位和社会待遇而是逐步演化为暴力威胁和伤害。在第二次世界大战期间，纳粹德国甚至建立死亡集中营对犹太人进行大规模的种族

① 徐新．反犹主义：历史与现状［M］．北京：人民出版社，2015. 26.
② 徐新．反犹主义：历史与现状［M］．北京：人民出版社，2015. 57.
③ 徐新．反犹主义：历史与现状［M］．北京：人民出版社，2015. 98.

灭绝式的屠杀。第二次世界大战之后，国际上的反犹主义形式又有了新的变化，那就是通过对犹太国家以色列的反对来表达反犹太人情绪。这使人们对与“反犹主义”的相关问题变得尤为敏感。在萨默斯担任校长期间，哈佛大学就发生了一起“反犹主义演讲事件”。

2002 年，几位哈佛大学和麻省理工大学的教授在网站上发起请愿信，呼吁美国大学使用从以色列撤资的办法对以色列施压，促使以色列能够善待巴勒斯坦人。[①] 2002 年 9 月 17 日萨默斯校长在听众甚少的纪念教堂发表演讲。萨默斯曾作为美国政府的高层官员，在对国际问题进行判断时倾向于采用美国政府的外交思维。以色列是美国在中东地区最重要的盟友，因此他对“施压以色列”的提议是持反对态度。而且，萨默斯本人就是犹太人。在演讲中，他称自己不是以校长的身份而是以一个普通公民的身份发表看法，他认为哈佛大学中的一些教授正在支持“反犹主义”，教师们发起的呼吁美国大学从以色列撤资的请愿信是“反犹主义”卷土重来的前兆。他宣布哈佛大学不会接受从以色列撤资的提议。演讲后，媒体对校长的这次演讲进行了一系列报道。[②] 一些支持撤资运动的哈佛教授被媒体公开，并且遭到了一系列的网络恐吓、诋毁以及语言攻击，校园内持不同意见的教师甚至要求进行辩论，事情的走向完全出乎师生们的预料。

对社会进行正确的价值引导，是大学不可推卸的社会责任。校长的道德价值立场不仅会影响学校师生的价值观，还会对社会的道德价值取向产生引导作用。大学校长的言行早已不仅代表他本人而是代表大学。虽然萨默斯一再强调自己的此番发言仅代表自己作为一位公民的立场而无关校长身份更无关哈佛的主张，“但我们也可以认为，讲这些言论与正式的大学声明区分开来几乎是没有理由的，因为这两者都可能会使持反对意见的教师有一种威胁感。”[③]

---

① [美] 理查德·布瑞德力．哈佛，谁说了算 [M]．梁志坚译．北京：北京大学出版社，2014. 187-188.

② [美] 理查德·布瑞德力．哈佛，谁说了算 [M]．梁志坚译．北京：北京大学出版社，2014. 193-194.

③ [美] 德里克·博克．走出象牙塔—现代大学的社会责任 [M]．徐小洲，陈军译．杭州：浙江教育出版社，2001. 283.

### （二）矛盾与冲突的争议与焦点

这两件事使萨默斯校长与黑人教授韦斯特、哈佛大学多数师生之间爆发激烈的矛盾与冲突。在这两起事件中，人们所关注的争议焦点在哪里呢？笔者分析后，认为有三个焦点：教授自由评定所授课程的成绩的限度、教授自由选择所研究内容和呈现研究成果方式的限度、大学校长就社会问题公开发表言论的限度。下面将着重针对这三个问题展开梳理与讨论。

#### 1. 教授自由评定所授课程成绩的限度

现代大学的学术自由起源于德国，对美国高等教育的发展影响巨大。德国所提的学术自由包两方面内容：教师教的自由和学生学的自由，“教学自由也类似于学习自由，也指教学活动不受行政干预的自由：不受指定教学大纲的限制，能够自由履行教学职责，能够对教师感兴趣的人和话题发表演讲。”① “大学内部的学术自由作为大学的核心价值之一，是学术权力得以在大学内部确立的理论依据，为学术权力的制度化提供重要的组织氛围支持。”② 为了保障学术自由，哈佛大学在 1935 年由时任校长詹姆斯·科南特设立哈佛校级教授这一哈佛教授最高荣誉职位。获得校级教授荣誉的教授可以不受任何限制和外界干扰，自由进行教学和科研，在不严重违反教学原则的前提下，没有任何人、任何事可以解雇校级教授，这给予教授教学和研究的自由权力以最大程度的保障。作为哈佛大学的校级教授，韦斯特当然有自由、有权力对学生进行成绩评定，况且学生成绩评定属于教师教学的评价与反馈环节，一般教师也应有充分的按自己标准和意愿为学生赋予成绩的权力，因为作为高深学问的传递者，没有人比教师本人更加清楚学生需要达到什么样的水平才算修业合格，教师在学生的成绩评定上比其他人更有发言权。在“韦斯特教授事件”中，校长萨默斯谈话

---

① ［美］沃特·梅兹格．美国大学时代的学术自由［M］．李子江等，译．北京：北京大学出版社，2010．129．

② 陈金圣．大学学术权力的制度化建构—基于组织分析的新制度主义视角［M］．北京：中国社会科学出版社，2014．108

开篇就指责韦斯特教授对学生评分过松、过高，是“教学放水”。当时，萨默斯校长没有确凿证据，也没有经过慎重调查，这无疑是侵犯教师学术权利（力）的行为。韦斯特教授感觉受到侮辱和侵犯，不接受校长萨默斯对自己的指责和对自己所授课程成绩进行检查的要求，也是情理之中。

而校长不仅是大学的首席行政执行官员，还是大学的学术领导者，不仅需要负责管理学校的行政事务，还需要对教授的学术活动进行管理与敦促。所以既然有迹象显示韦斯特教授对学生评分过高，为维护大学的声誉与学术质量，校长有责任和义务对教授进行敦促，这本无可厚非。但是校长对教授的敦促是建立在相互平等，承认并尊重教授所拥有的学术权利（力）的前提基础上。作为学术领者的校长，需要与教授进行平等的交谈，对事实进行充分的了解。在此次事件中，萨默斯校长显然没有进行谨慎、完备的调查取证。

如果萨默斯事先进行完备的调查就会发现起码两点问题。第一，哈佛分数膨胀问题早在20世纪20年代就已经出现，并非韦斯特教授个人造成。况且，造成分数膨胀的原因有许多，教师赋分过高只是其中一项。曾任哈佛学院院长的哈瑞·刘易斯就指出，哈佛大学分数膨胀问题的产生有诸多原因，有来自学生的压力；学生相比以前更加优秀，学术水平有所提高；更多小规模课程的开展，调查显示规模越小的课程学生所得分数越高；评分标准划分过细以及人文学科固有的特殊性都会导致学生分数升高。[①] 第二，分数升高并不能代表哈佛的学术标准下降，分数是用来评价学生的手段之一。“学生也是人，我们不应该用任何的测量方式给他们的能力下结论。”[②] 盲目将学生的学术能力与分数画等号是片面且不负责任的行为。不仅没有进行事先的调查，萨默斯校长显然也没有转换好自己对职责、身份的认知。他不是以学术领导者的身份向韦斯特教授了解情况，进行平等的交流，而是以首席行政执行官的身份对教授进行斥责和下达命令。这远超过了行政权力的运行范畴，使教授韦斯特感到萨默斯侵犯了自己

① ［美］哈瑞·刘易斯．失去灵魂的卓越［M］．侯定凯译．上海：华东师范大学出版，2007．100-104

② ［美］哈瑞·刘易斯．失去灵魂的卓越［M］．侯定凯译．上海：华东师范大学出版，2007．120．

的学术权利（力）。

### 2. 教授自由选择研究内容和呈现研究成果方式的限度

在校长萨默斯与教授韦斯特的第一次会面当中，校长指责教授近来的作品通俗性有余而学术价值不足，还录制一个说唱乐 CD，都是与哈佛严肃的学术传统不相符的。萨默斯要求韦斯特写一篇特定的哲学类文章，并称会检查该研究的进度。韦斯特教授认为萨默斯作为校长无权要求一个校级教授进行特定方向和内容的研究，萨默斯更是无权干涉自己录制说唱 CD 等私人事务。韦斯特认为自己有自由选择呈现研究结果方式的自由权，说唱 CD 虽然是以说唱的形式，但反映出的实质内容确是对黑人年轻人有重要教育意义的，这是韦斯特所寻找的更易被当代美国黑人年轻人所接受的教育方式。韦斯特教授认为，萨默斯校长和自己对哈佛大学传统的理解有差异：萨默斯所说的传统是传授知识，是形式上的传统；而自己的传统是哈佛正确指引年轻人精神的传统。作为大学教授，尤其是哈佛的校级教授，韦斯特在选择研究对象和研究方法时享有充分的自由，这毫无争议。既然如此，韦斯特教授认为，校长萨默斯不可能不知道校长无权对校级教授的研究进行干预，那么萨默斯执意这么做的原因就可能是对自己作为“黑人教授”是有歧视的甚至想要解雇自己，因为除了教授严重违背教学职责会被开除以及教授自身辞职之外，任何人都没有权力解雇哈佛校级教授。

对校长萨默斯而言，严谨的学术成果理当以严肃且正式的方式展现出来。所以，他认为韦斯特教授的学术成果应当以一种更为严谨且可信的方式呈现出来，例如能被学界公认的权威的学术期刊或著作收录。学术自由并不是无限制的自由和绝对的自由，学术自由的前提条件是学者的结论是在经过严密的分析和论证之后得出的。因为大学赋予教授以学术自由，有学者将大学的行政管理比喻为“牧猫”，教授们自由自在且个性随意不愿受到管束，而大学校长就是管理这一群“特立独行的猫”的人，难度很大。习惯了华盛顿政界等级严明、令行禁止管理模式的萨默斯对高校特定的运行生态一时无法认同，认为即使是校级教授也应该遵守行为规范，韦斯特教授的行为无异触碰了基本的行为规范底线。董事会聘任萨默斯为校长的初衷也是希望他的强势领导能好好改善教授们这种“散漫”的状态，所以萨默斯沿用华盛顿政界的管理模式，对哈佛的教授们进行管理，希望能够更改风气。

### 3. 校长就社会问题公开发表言论的限度

大学的校长往往代表着大学的精神信仰与价值取向。甚至大学校长的一举一动都代表着大学本身。虽然萨默斯校长一再强调，自己设计犹太问题的发言仅代表自己作为一位公民的立场，而无关校长身份，更无关哈佛大学的主张。但是，正如一些学者对校长言行的分析，“我们也可以认为，讲这些言论与正式的大学声明区分开来几乎是没有理由的，因为这两者都可能会使持反对意见的教师有一种威胁感。”①

对社会进行正确的价值引导是大学不可推卸的社会责任。哈佛大学第25任校长德里克·博克（Derek Bok）曾指出，“宗教机构不可能再像过去那样给青年人灌输基本价值了。在这样的情况下，大学，包括哈佛，在面对许多人认为的伦理标准普遍下降的情况下，需要思考它们可以做什么。”② 20世纪美国具有卓越成就的校长，如加州大学的克尔（Clark Kerr）、耶鲁大学的布鲁斯特（Kingman Brewster）、芝加哥大学的赫钦斯（Robert Hutchins）和哈佛大学的康南特（James B. Conant）等，均是时代的先声和卓有影响的伦理领袖，他们的言行不仅影响了他们各自大学师生的价值取向，甚至影响了美国社会一代人的价值追求。③ 社会民众需要这些精英引导他们正确看待和处理社会问题，需要他们树立正确的道德及行为标杆，从而引导人类文明社会在正确的轨道上发展。大学尤其是哈佛大学这样的世界顶级名校，是肩负为社会培养及输送这种社会精英的神圣场所，大学校长在社会中有着举足轻重的作用。作为大学的首席行政执行官员，校长的言行代表着整个学校的态度，甚至在某种程度上代表着社会的主流态度。校长的道德价值立场不仅会影响学校师生的价值观，还会对社会的道德价值取

---

① ［美］德里克·博克．走出象牙塔—现代大学的社会责任［M］．徐小洲，陈军译．杭州：浙江教育出版社，2001. 283.

② 王英杰．大学校长：伦理的领袖，道德的楷模［J］．比较教育研究，2013，（1）：1-8.

③ 王英杰．大学校长：伦理的领袖，道德的楷模［J］．比较教育研究，2013，（1）：1-8.

向产生引导作用。所以人们希望大学校长尤其是哈佛这样一流大学的校长，站在大学领导者的位置上用其自身的号召力对社会重大事件发表自己的立场，用公众知识分子的身份提醒大众什么样的立场才是正确的。校长在就重大社会问题发言时需要再三权衡，以确保所传递的都是正确的道德价值取向，对社会产生积极正面的作用。

### （三）矛盾与冲突的影响因素

在上述案例中，冲突产生是因为冲突各方的立场、视角和观念不同，最终导致校长的行政权力与教师的学术权力在实际运行过程当中失衡进而发生摩擦。并且，在两个事件的发展进程当中还掺杂了许多其他影响因素。这些因素大体划分为三类，分别是行政权力与学术权力之间的冲突，两大权力主体的个人原因以及一些偶发因素。

#### 1. “韦斯特教授事件”中教授与校长的利益立场与文化观念差异

在“韦斯特教授事件”中，因为校长与教授所处利益立场不同直接造成了两者间矛盾的激化。校长作为学校的首席行政执行官员，必须对董事会负责，必须为学校的整体运作负责，必须站在学校长远规划的整体角度考虑。萨默斯校长认为韦斯特教授的一系列做法与学校追求卓越的传统相悖，并且有违基本的行为规范。尽管哈佛大学崇尚学术自由，教师对自己的教学和研究拥有较多的自主权，但是评定教师的教学和研究不能只是由教师自己来完成，这样很容易发生因为教师的主观片面性而使教学和研究质量下滑的现象，所以才会有校长萨默斯出言指责教授韦斯特一事。

大学给予教授们的权力不是无条件的，是与教授所承担的义务相对应的。教授们所拥有的学术自由也不是无条件的、绝对的自由，而是建立在满足基本的行为准则以保证大学整体顺利运作，保障大学整体利益之上的自由。教师们认为应该教授什么课程，如何教授这门课程这都不是行政人员应该过分干涉的，而应以学术专业人员决定，这既是教师的职责所在也是教师的权力；行政人员对于学术事务了解不多所以无法插手，也无权插手。

但是，作为校长的萨默斯是哈佛的首席行政执行官员，与此同时他还是学校的学术带头人。从这一层面讲，萨默斯还应对学校的教职员工负责，应站在教职员工的立场为他们的切身利益考虑。显然萨默斯忽略了后一种角色，仅仅作为行政官员对教授提出学术方面的批评和要求，属行政权力越界直接侵犯学术权力。而教授站在学者立场并不需要过多考虑学校的长远发展与规划，更多时候主要关注于自己的教学和研究工作。作为较其他教师享有更多学术自由的校级教授，他对自己研究对象的选择和研究成果的呈现都是有着充分的自由的。从专业领域讲，研究者自己多年耕耘的领域有着比其他人更深刻的了解，“外行”指导“内行”是不恰当的，所以学者的学术自由、学术权力应该受到保障。一旦这种权力受到侵犯，冲突在所难免。

在对学生成绩进行评价这一事件上，萨默斯校长和韦斯特教授就赋分权的界限划分产生分歧。哈佛大学的校级教授的确有权自由决定所授课程的评分标准。但这一权力不是绝对的，需要在学术伦理的范围内运行。为了保护教授的教学和科研积极性所赋予他们的自由并不是无限制的绝对自由。无限的自由会使两种权力即行政权力与学术权力在实际运作过程中失衡进而产生矛盾冲突。

此外，还有学者指出，校长萨默斯之所以对韦斯特教授如此不满还因为韦斯特教授身上有着 20 世纪 60 年代的不良习气。根据美国高等教育领域的资深记者理查德·布瑞德利的采访和观察，萨默斯校长对韦斯特的行为方式特别不满，甚至认为韦斯特就是 20 世纪 60 年代留下的“余孽”。[①] 在萨默斯的认知中，延承了这种时代作风与习气的人是绝不应该出现在大学教师的队伍当中的。这种认识也是导致双方冲突不断升级的一个因素，属于校长萨默斯个人的原因。

### 2. “韦斯特教授事件”中校长与教授个性特征与职业习惯差异

作为华盛顿政界的资深从政人员和高层官员，萨默斯习惯于等级森严、下级无条件服从上级指示的管理模式。正如在“韦斯特教授事件”中

① ［美］理查德·布瑞德力．哈佛，谁说了算［M］．梁志坚译．北京：北京大学出版社，2014．131．

所表现出来的那样，萨默斯校长对韦斯特教授更多的是一种居高临下的命令和指责，而非平等沟通和商议。萨默斯没有将两人放在平等的学术专业人员层面处理这件事情，而是将韦斯特教授当成了应该绝对服从自己命令的下属。萨默斯校长还没有从华盛顿政界的高层领导角色中很好地转变过来。作为一名出色的经济学家，长期以来的经济学思维方式使得萨默斯更加注重数据、权威刊物、权威学者的观点。在美国拥有文学编辑教父之称的学者利昂·威泽尔蒂亚与韦斯特教授的很多立场和观点都有对立，他曾经撰写论文《包罗万象与一无所有》，专门批评韦斯特教授的学术研究。在萨默斯校长与韦斯特教授的第一次会面之前，就有研究者指出《包罗万象与一无所有》对萨默斯的影响很大。① 这很大程度上直接导致了萨默斯对韦斯特的反感，也让校长萨默斯更加认定韦斯特的学术态度不端正，需要纠正，进而影响了校长萨默斯的解决问题方式。

反观教授韦斯特，身为哈佛大学的校级教授，他享有相比于其他教授更多的学术方面的自由，在学术上没有人可以对他发号施令，在学术领域他可以自由选择想要教授的内容和教授的方法，他可以自行选择想要研究的领域以及发表研究结果的方式。在他看来，行政管理者对自己专业领域的研究进行干预是一件荒诞且无理的事。前任校长陆登庭对韦斯特教授的优待和重视，与现任校长萨默斯形成强烈反差，这使韦斯特对萨默斯的行为有着强烈的抗拒心理。从这一方面看，崇尚等级严明的“牧猫人”校长，想要让崇尚自由、不受管制又手段高超的“猫”一样的教授按指令行事必然导致两者间产生矛盾冲突。

根据一些研究者的分析，在萨默斯教授与韦斯特教授的冲突还掺杂着政治立场因素。萨默斯校长在韦斯特教授为了参加竞选活动而旷课时，萨默斯校长紧接着指出韦斯特教授所支持的总统候选人比尔·布瑞德利“是个不受任何人尊敬的候选人。”② 并指出这样的做法会影响韦斯特教授是否

① ［美］理查德·布瑞德力．哈佛，谁说了算［M］．梁志坚译．北京：北京大学出版社，2014. 62.

② ［美］理查德·布瑞德力．哈佛，谁说了算［M］．梁志坚译．北京：北京大学出版社，2014.

是一个“好公民”。[①] 显然，在政治立场上校长萨默斯是并不支持比尔·布瑞德利，所以对韦斯特教授的政治立场出言干预。韦斯特教授热心参与社会活动和学生活动，其行事风格偏于激进，具有很强的感染力。这种行事作风在校长萨默斯眼中有着20世纪60年代美国学生运动的影子。这些因素使萨默斯对其更为不满，最终使萨默斯与韦斯特的会谈中“指责与批评”大于“沟通与交流”，导致了校长干涉教授的研究自由。

### 3. “韦斯特教授事件”中的偶发、辅助因素

在“韦斯特教授事件”中，偶发和辅助因素当属新闻媒体的一系列报道。首先是针对哈佛大学分数升高问题的长篇报道，在一定程度上成为引发了校长和教授之间初次争议的导火索；接着是媒体对两人会面的一系列报道，对两人之间冲突的原因进行猜测，这将两人之间的冲突推到了舆论的风口，激化了矛盾。有研究者指出，这些报道和评论者没有一个人真正知道两人之间到底发生了什么，所以他们的评论和猜测不是以事实为依据，而是站在自己所处的立场而对此事进行评论而已。[②] 不知内情的大众对该事件的信息唯一来源就是媒体的报道，不论新闻工作者在报道中是否一再强调部分内容为个人猜测并不是确定事实，其本身的导向性都使公众感觉到，韦斯特教授是一个受到校长指责的学术态度不严谨的教授，并将对两人之间冲突的原因充满好奇和猜测。原本是校长和教授两人之间的不愉快，在媒体的催化下变成了放大在公众视野内的行政权力和学术自由的冲突。在这一背景下，冲突结果就显得尤为重要。究竟是新校长毫无根据，胡乱指责教授，还是已经拥有校级教授资格的韦斯特因为行为不端、学术不严谨而引来校长的批评？冲突的结果还将向众人展示，在哈佛大学之中，到底是行政权力占有主导地位还是教授个人的学术权力更胜一筹。作为承载社会各界希望与关注的一流名校，哈佛大学需要向公众有所交代。

---

① ［美］理查德·布瑞德力．哈佛，谁说了算［M］．梁志坚译．北京：北京大学出版社，2014.

② ［美］理查德·布瑞德力．哈佛，谁说了算［M］．梁志坚译．北京：北京大学出版社，2014. 116.

造成这种严峻的局面，很可能是校长萨默斯和教授韦斯特以及哈佛大学都没有想到的。

## 四、校长的行政权力与组织性学术权力的矛盾与冲突

如前所述，学术权力大体上可分为两种：一种是教师的个体性学术权力，另一种就是组织性的学术权力。此处的组织指的就是高校中的基层学术组织。笔者将以校长萨默斯削弱院长权力、强势进行课程改革、延揽政界旧故任职哈佛的几个案例为分析对象，通过梳理事件的发展过程以及矛盾冲突的焦点讨论，探究高校行政权力与组织性学术权力矛盾与冲突的机制及深层原因。

### （一）矛盾与冲突的背景与始末

首先，笔者对校长萨默斯削弱下属院长权力，强势进行课程改革以及延揽政界旧故任职哈佛的案例背景及发展过程进行梳理。

#### 1. 校长萨默斯削减基层院系权力

萨默斯校长与韦斯特教授个人学术权力的冲突只是一个开始。萨默斯校长则因为与哈佛大学院系为代表的组织性学术权力的冲突，让哈佛大学师生见识到了校长“华盛顿化”的一面。美国大学的院系拥有强大的自治传统和权力，即便是校长一般也不会对院系事务加以干涉。院系内的学术与行政事务均由院长、系主任与院系内的教师一起进行决策，校长都要极力避免“干涉系务”这样的事情发生。美国高校院系自治权之大由此可见一斑。

哈佛学院是哈佛大学历史最悠久的学院，负责培养本科生和研究生。萨默斯任命威廉·科比为哈佛学院院长，并说服他修改了捐款规则。最大的修改是，由原来的捐款只能捐给哈佛学院才能将其姓名记入基金报告，变成捐赠者捐款给校长也可以记入基金报告中。实际上，这是学院与学校在获得社会捐赠方面的竞争。萨默斯本身作为哈佛校长的吸引力和任职华盛顿时期的富豪人脉，都使他掌握的捐款数额得以增加。相应的，哈佛学

院所掌握的捐款金额就在减少。“萨默斯破天荒地使哈佛校长拥有了自由支配资金的权力。”① 充足的财政支持是学术研究得以开展的一个基本保障。随着学术研究成本的不断提高，前沿、先进、高端的科研活动对资金的需求格外大，而且增长快。为了得到足够的经费，那些接受捐款较少的学院就需要向校长申请经费，用来维持和发展学院事务。萨默斯修改了捐赠规则，变相地增加了校长获得捐赠的数额，同时削减了院系获得捐赠的数额。这样，校长萨默斯从某种程度上就可通过控制捐赠和拨款，拥有了对院系的更多控制权。接下来的时间，萨默斯任命了许多院长，并且不断削弱这些院长手中的权力，甚至直接干涉学院内部的管理决策活动。这使得下属院系的权力逐渐转移到校长手中，院系正在逐渐失去原有的自治权，学院中的教职人员也渐渐失去很多自由与便利，对校长的不满也日渐强烈。

### 2. 校长萨默斯延揽政界人士进入哈佛行政体系

萨默斯就任哈佛大学校长后，对哈佛大学的很多行政官员进行了变更。他聘任了部分他以前在华盛顿任职时的旧故进入哈佛大学行政工作人员队伍，担任要职。但是这些人员大多对哈佛大学了解甚少，这与哈佛大学招聘行政人员的传统相悖。为了使行政人员能够更好地为学校服务，一直以来哈佛大学都倾向于聘用校友担任行政人员。校友们对哈佛的熟悉程度和热爱是哈佛人的主要考虑因素。

萨默斯校长聘请政界旧故来到哈佛大学管理队伍这一举动，很容易让人联想到华盛顿的官员队伍和任命方式。此外，校长萨默斯拨付巨额资金对校长官邸进行修葺、购买豪车作为校长的公务车、校长在学校内行车不遵守规则、使用专门为他设计的信纸等一系列行为，与前些任校长的尊重基层院系、低调、谦逊形成鲜明对比，让人感到他是一个极其讲究权力虚饰的人。比如学者理查德·布瑞德利就认为“在财政部，萨默斯就对权力

① ［美］理查德·布瑞德力．哈佛，谁说了算［M］．梁志坚译．北京：北京大学出版社，2014．116.

的种种虚饰十分感兴趣。在哈佛，他将再一次尽可能地讲究这些虚饰。”①

萨默斯的举止也使哈佛大学师生认为校长对哈佛缺乏足够的尊重。正如哈佛人自己认为的那样，作为世界顶级学府，哈佛拥有重要的学术及社会影响力，是学界的标准，哈佛大学的一举一动都受到来自各方的关注。与此相对应的，校长就是哈佛对外的代言人，是哈佛精神与传统的具体化，校长是一所大学的灵魂，是大学的核心人物，是大学的对外代表。校长的一举一动都代表了学校的态度和风格。如此重要的角色，哈佛人自然不能接受校长将校园变成政治气息浓厚的政治场所。萨默斯如此官僚化的作风与哈佛的传统格格不入，让哈佛大学感到，“自己仿佛不是身处哈佛而是在华盛顿”。② 萨默斯的这些行为使哈佛师生大为不满，也为日后的“不信任投票”埋下了伏笔。

### 3. 校长萨默斯强势、独断进行课程改革操作

优秀的校长要敢于摆脱旧模式的桎梏，敢于进行大胆的开创和革新，以帮助学校适应新时代的挑战与变迁，带领学校走向更好的发展。但是，改革与创新都是建立在对现有问题和情况有一个通盘认识和了解，并且充分尊重学术权力的基础之上。对基本问题和情况缺乏了解，将无法实现预期的改革效果。这个认识和调研的过程，实际上也是尊重传统、整合建议、协调利益关系的过程。在这一点上，萨默斯校长对哈佛大学的课程改革，显然有操之过急、行之粗放之处。

2002 年 10 月初，萨默斯校长开始在哈佛大学推行课程改革。他将其称之为“一个世纪以来哈佛课程史上最综合性的改革”。③ 但随后的三年的课程改革效果并不理想。按照当时哈佛大学文理学院院长刘易斯的说法，改革时断时续，“有时改革是为了匆匆忙忙地赶上级已定下的截止日期，有时是推翻一切从头开始。”④ “一系列自问自答的问题构成了标准化的学

---

① ［美］理查德·布瑞德力．哈佛，谁说了算［M］．梁志坚译．北京：北京大学出版社，2014. 235.

② ［美］理查德·布瑞德力．哈佛，谁说了算［M］．梁志坚译．北京：北京大学出版社，2014. 235.

③ ［美］哈瑞·刘易斯．失去灵魂的卓越［M］．侯定凯译．上海：华东师范大学出版，2007. 20.

④ ［美］哈瑞·刘易斯．失去灵魂的卓越［M］．侯定凯译．上海：华东师范大学出版，2007. 20.

术游戏程式，当权者利用这样的程式，装模作样的咨询周围的人以博取教授的支持。21 世纪哈佛课程改革充满了虚情假意。”①

萨默斯校长急于实施新的课程计划，但是却没有足够重视院系教师组织的建议，没有充分尊重院系的学术权力。甚至可以说，这项政策侵犯了教授的学术自由和院系的学术权力。最有发言权的教师课改小组成了形式化的组织，无法真正参与课程改革。尽管萨默斯校长发起此次课程改革的出发点是希望哈佛能够培养出更加优秀的精英人才，能够在原有的基础上更好地服务于社会，但是其独断专行的推进方式使他没有按照哈佛的传统规则行事，而是强势地颁布实施自己认为完美的课程计划。这不仅打破了原有的教师与行政人员共同治理大学的基本原则，激发下属院系因学术权力受侵犯的不满情绪，更造成了新课程计划规划不细，实施不畅，具有片面性和局限性，也注定这是一次失败的课程改革。作为财政部部长的萨默斯在推行美国经济政策时，主要采用的行政权力，并且能实现上命下从；但作为校长，他对哈佛的课程改革沿用此前从政的思维和手段，却事与愿违。在对此次文理学院本科课程改革的失败进行归因时，院长刘易斯也认为其中存在最大的实际问题就是校长萨默斯缺乏课程改革经验，同时缺乏耐心。“当然，这其中有一些实际的问题我们的校长缺乏经验，好高骛远，没有耐心。虽然很多教授都参与了课程改革委员会，但他们发现还没有等到投票表决，甚至连报告都没有过目，他们的名字就赫然出现在咨询报告中了。但实际上，新课程支离破碎，缺乏系统性。”②

经过上述一系列事件，哈佛大学上下对萨默斯校长的不满愈演愈烈，不过因有董事会的支持和调和，矛盾一直没有爆发。当萨默斯校长在一次大会演讲中提到“女性的先天生理特征使其智力水平不如男性”的言论后，对萨默斯校长的不满被点燃。这一观点被认为是具有严重的性别歧视，违背美国社会的基本伦理原则，引发哈佛大学师生的抗议，并且在社会上引发轩然大波。哈佛大学文理学院的教师对校长萨默斯进行了不信任

---

① ［美］哈瑞·刘易斯．失去灵魂的卓越［M］．侯定凯译．上海：华东师范大学出版，2007. 20.
② ［美］哈瑞·刘易斯．失去灵魂的卓越［M］．侯定凯译．上海：华东师范大学出版，2007. 20.

投票，并以218：185通过。面对这种局面，董事会也无可奈何，于是要求萨默斯校长辞职，最终萨默斯迫于压力于2006年2月辞职。萨默斯成为哈佛大学校史上唯一被投以“不信任票”的校长，也成了哈佛最近144年以来任期最短的校长。

## （二）矛盾与冲突的争议与焦点

通过上述事件的梳理可以看出，校长萨默斯的行政权力与哈佛组织性学术权力产生矛盾的焦点基本有两个。首先是学院自治和削弱院系自治，其次是校长萨默斯个人由于政界经历而形成的强势的管理作风。

### 1. 由分权治理到削弱下属院长职权的集权专制

在哈佛大学的纵向权力轴上，校长拥有的行政权力较少，而院系的权力则相对较大。对于学校来说，校长处于除董事会以外的行政组织的最高层，基层组织是院系。哈佛大学的院系基本上是各自为政，校长虽有统筹管理权，但是具体的管理是各院系自己完成，校长一般不参与，不干涉。也正是因为拥有较大的院系自主权，哈佛大学的学院才能自由发展而较少受到行政权力的桎梏，院系中的教师也有较高的工作热情，这也是哈佛大学发展为世界一流名校的重要原因之一。正如有研究者指出，“美国大学中位居学系之上的中间层级是学院，由学科性质相近的学系构成。较之于学系，学院的行政管理职能更加突出。学院的院长一般由大学的最高官员任命，并作为中心行政机构成员进行工作。”① 在美国高校的内部治理体系中，院长处于校级行政管理者与基层教师之间，院长既是行政领导机构中的一员又是学院中教授们的代言人。对上，要完成上级领导分配的管理任务；对下，要维护本院系教师的权益，尽量不要使两方产生冲突。院长就处在校长与教师之间的夹缝中，这种关系更像是跷跷板，两端分别是校长和教师，院长则处在两者之间，努力维持跷跷板的平衡。②

萨默斯校长通过使用自己手中的任命权来使自己获得对下属院系的控

① 陈金圣．大学学术权力的制度化建构［M］．北京：中国社会科学出版社，2014.99.
② 陈金圣．大学学术权力的制度化建构［M］．北京：中国社会科学出版社，2014.99.

制权，这就打破了大学共同治理的原则，使权力的跷跷板向校长倾斜。首先是哈佛学院，校长萨默斯任命威廉·科比为哈佛学院的院长，并“说服比尔·科比同意变更捐款政策。”① 这样，校长就汇聚更大的资金控制权，校长获得了支配捐款的权力也导致了权力的重新分配。院系拥有足够的经费，就拥有更多自主、自治空间。一旦财政被削减，随之而来的就是在院系事务决策中自主权的流失，必然越来越多地仰仗于人。萨默斯校长通过把握财政大权，来达到介入下属院系内部事务的决策的目的。哈佛大学以往基层院系自治的传统被突破，基层学术权力与高层行政权力的平衡被打破，由院系自治向校长集权管理转变。依照萨默斯的强势管理风格，在这种管理模式下，校长自上而下所做出的决策，虽然易于强制推行，但专断独行的决策在科学性方面存在缺欠。决策失误，或者决策不能得到基层学术人员真诚的接纳和配合，不仅影响实践效果，还会引发反感情绪。如此一来，院系内部教职人员与校长的矛盾不可避免。

### 2. 校长萨默斯强势的官僚化作风

哈佛大学内部治理的权力结果是一个上松下密的金字塔结构。上层的组织或职位虽然具有总览全局、进行规划和整体调控的权力，但对具体事务管理权很弱。而越是基层的组织或是职位，拥有的权力反而更多、更具体。尤其是在基层组织学院中，院系自治、教授治院、教授治学，绝大多数决议都是通过合议、表决、投票而完成的，校级的行政机构很少参与或干涉。这样的权力分配使行政权力与学术权力同时运行而互不干扰，使教职人员具有一个较为自由、开放的学术环境，专业人管理专业事，有利于学术事务的发展。在任命院长和课程改革的过程中，萨默斯校长急于推行自认为合适的新课程计划，只是象征性的“走过场”式的咨询，很少听取相关学术职员的反馈与建议。正如刘易斯教授所说，许多咨询委员会的教授都没有看到报告长什么样子，他们的名字就已经连同新的课程改革报告出现在众人的视野中了，完全没有真正意义上的参与。最有发言权的教师

---

① ［美］理查德·布瑞德力．哈佛，谁说了算［M］．梁志坚译．北京：北京大学出版社，2014. 148.

们被排挤在了课程改革决策的大门之外。

校长是一所大学的核心人物，校长的每一个决策都不同程度上影响大学未来的发展。哈佛大学之所以能够位居世界名校排行榜首，与历任优秀校长有着密不可分的关系。这也是为什么哈佛大学的校长遴选要经历如此多繁复的步骤，董事会在校长的选拔上慎之又慎。如果校长的行事作风都充满官场色彩，那么学校的整体氛围也会受到很大影响。

### （三）冲突的影响因素

在哈佛大学这个案例中，行政权力和基层学术权力产生冲突根本原因是双方不同的立场，而且还掺杂了除事件本身之外的其他影响因素。笔者将影响冲突的因素概括为：冲突双方的职业习惯与个性特征，冲突双方的利益立场与文化观念。

#### 1. 职业习惯与个性特征

萨默斯校长身为资深的经济学家且在华盛顿长期担任美国财政部部长这一要职，他习惯以经济学家的视角和思维去应对和解决问题，相比而言缺乏了一些人文色彩。政府机构的权力运作是典型的上下级科层制，上级部门和领导对下级有着强大的控制权。曾经大权在握的萨默斯习惯上令下行的行政化办公模式，而不是哈佛大学内权力制衡的共同治理模式。在任职校长后，他想方设法将权力收集在自己的手中，试图改变哈佛大学的权力结构，为在日后的管理中能够拥有更大的权威和权力。在个性上，萨默斯做事雷厉风行，缺乏沟通的耐心，不能忍受在他看来烦琐且漫长的商讨过程。正如在课程改革之中，前哈佛学院院长刘易斯指出“课改”轰轰烈烈地展开最后却又无疾而终，最主要的原因是萨默斯的独断专行和急于求成。他没有考虑到学生的真正需要，甚至极少听取教授们的建议，这使哈佛大学的教职人员觉得萨默斯没有给予他们充分的、应有的尊重。哈佛大学之所以采用共同治理、权力制衡机制，就是为了吸纳更多利益相关者参与治理，促进决策科学化，避免决策武断。萨默斯大权独揽的职业习惯和缺乏耐性的个性，使他难以真正地融入哈佛大学。

#### 2. 利益立场与文化观念

总体来说，校长代表的行政权力与基层学术权力的冲突，一个原因是两个权力主体对大学职责、自身职责和大学本身性质的理解有偏差。就行政工作者来说，大学是一个复杂的社会组织机构，其庞大的规模使大学必须凭借一套完备的行政组织才能顺利运作。行政人员认为，自己的职责是需要确保学校顺利地朝着既定的目标发展，并且要保证效率。既然大学的首要使命是教学与研究，那么教学与研究也应该纳入行政的管辖范围中来。所以，萨默斯校长相当注重效率，在课程改革过程中尽量省略调研与沟通过程，以使课程改革能够早日落实并运行。

学术工作者则截然不同。在学术工作者眼中，学校权力体系的价值是使得他们拥有更多的学术自由和学术事务决策权，而这是行政人员无法干预也无权干预的。作为学术工作者，他们需保证尽力促进学校的学术事务实现最大程度的发展。学术工作者在面对学术相关事宜时，会反复斟酌以求得到相对完善的方案。与效率相比，质量才是他们关心的重中之重，学术工作草率不得，尤其是与学生的培养有关的事情更是如此。

## 五、学术权力与行政权力的冲突机理

前文通过案例梳理和分析，分别呈现了以校长为代表的高校行政权力与个体性学术权力（教授）和组织性学术权力（基层院系）产生矛盾的发生过程、冲突焦点、影响因素等内容。在此基础上，笔者将尝试进行理论层面的概括和提炼，分析高校行政权力与学术权力在实际运行过程中的冲突机理与影响因素。

### （一）学术权力与行政权力矛盾与冲突的机理

高校在运行中存在着学术权力与行政权力。其中，学术权力又可以分为个体性学术权力和组织性学术权力。由于高校规模的不断扩大和组织系统的不断完善，使高校内行政权力的边界不断扩大，经常发生行政权力挤压学术权力的事例。那么，其冲突产生的机理是什么呢？

### 1. 行政权力与个体性的学术权力之间的冲突机理

在高校治理中，行政权力是必要的。只要一个社会组织达到一定规模，就需要借助行政系统来维护正常的运行和发展，而有了行政组织自然就衍生出行政权力，即依据组织规则处理行政事务的权力。行政权力的存在可以保证学校的各项工作朝着一个既定的整体目标运行。高校在本质上是教育机构，培育人才、学术研究是其基本职能。而这些工作的专业性强，倡导创新和突破，工作效果特别依赖专业人员的自主、自治，因此高校内的学术人员就被赋予学术自由和学术权力，在处理学术相关事宜上所享有的权力。高校中的行政权力与学术权力在运行相互配合又相互制衡，存在矛盾与摩擦是难免的。这种情况的原因主要有两个方面。

一是因为行政权力和学术权力共处于高校之中，高校中的很多事务具有学术事务和行政事务的双重属性，常常是交织掺杂在一起的，难以明确其界限。例如学校的课程资源配置、教职人员评价等工作，虽然是学术事务但又需要考虑学校的整体发展，并在学校的整体行政运行体系中完成，需要相关行政组织的配合，因此也具有行政事务的元素。这也导致行政权力和学术权力的主体往往交叉重合。例如校长既是学校行政权组织的核心人物，处于行政权力的上层，同时又是学校学术发展的带头人，宏观掌控学术发展。而校长之下的院长和系主任，既是校长下属行政组织的负责人，同时又是院系中的学术领导者；对上要对校长代表的高层行政组织负责，对下还要对院系中的教职人员负责。在大学中，“院长所处的独特文化和制度环境，院长既是优秀的学者，又不能等同于教师，既是学术领导人，又不能等同于专职的行政人员，院长在夹缝中生存。”① 即便是普通教师，在学校既是具有学术权力和学术自由的学术事务承担者，同时又在学校的整体制度规则下开展业务，不可置身于行政规则之外。

第二原因是高校学术事务对自主、自治空间具有特殊需求，但行政人员和学术人员在价值观念、行事逻辑等方面存在差别。通常而言，高校内部职员都具有明确的组织目标，即更高效、高质量的发挥高校在人才培

① 王英杰. 美国大学中的院长：制度、文化和责任 [J]. 比较教育研究，2015，(2)：1-6.

育、学术发展和社会服务等方面的综合效能。但两个群体在对目标及其达成方式的理解上又存在着很大差别。对于这一点，我国著名教育学者王英杰教授有深入的分析。从教师角度看，大学是“学术圣殿”。在学术圣殿中，教师是在有相似价值判断和文化认同的同事中间工作，而不是为老板打工。他们认为大学校长是学术论坛的执行秘书，其主要角色不是管理者而是被教师选拔出来代表教师价值的一名教师；校长以下的其他行政管理人员则被视作教师的雇员，他们被聘来保证教学、学习和研究的顺利进行，其工作就是为学术服务。在这个意义上，教师是大学的主人，而行政管理人员是大学的“仆人”。①但是，从行政人员角度看，高校的治理如果全委托给教师是切不可行的。大学作为一个社会组织，必须有权力层级，必须有规章和程序以及组织中人们必须遵循的工作成绩标准，仅仅把大学视作由平等学者组成的学者社团，仅仅由共同的价值和和谐的学院文化来规范学者的行为，大学是无法运转的。如果说把教师比作教堂中服务的神父，那么行政管理人员则是建筑教堂和维系教堂运转的人。大学与任何复杂的多目标组织相同，需要一个指挥和管理者链，以校长为代表的行政管理人员服务于公众以及大学内部各利益群体，他们肯定不是仅仅服务于教师利益或狭隘学术价值的“仆人”。如果说，教师的忠诚指向的是知识和他们的学科专业，那么行政管理人员则是为大学这一组织实体服务的。行政管理人员认为自己有专门知识和能力管理大学。②

高校中行政权力与学术权力的矛盾与摩擦，最通常的体现是，行政人员认为自己在做“分内之事”，而是学术人员却认为行政人员已经“越位干涉”。

### 2. 行政权力与组织性学术权力之间的冲突机理

以哈佛大学为例，美国的高校权力分配呈现金字塔式结构。校长处于金字塔的尖端，宏观上监督学校的日常运行及发展，而下属的院系就是处

① 王英杰．大学学术权力和行政权力冲突解析：一个文化的视角［J］．北京大学教育评论，2007，（1）：56-65.

② 王英杰．大学学术权力和行政权力冲突解析：一个文化的视角［J］．北京大学教育评论，2007，（1）：56-65.

于金字塔的下方，虽然不能在总体上决策学校的发展方向但是却拥有更多的自主权。尤其是哈佛大学长期实行院系自治，对于院系的内部学术事务而言，院系自身拥有比校长多得多的决策权。校长所代表的行政权力与基层学术权力的冲突，是对基层事务决策权和基层学术机构自治权的竞争。

首先，基层学术组织机构人员的任命权。以哈佛大学为例，校长拥有任免下属院系院长的职权。如此一来，校长更倾向于选择与自己想法一致的教授来担任院长，萨默斯校长就是通过这种方法逐渐削减下属院系院长的权力并集中在自己手中，几乎形成了校长专制局面。校长代表的行政权力与院系的学术权力产生了激烈矛盾。

其次，是基层学术机构的资源支配权。哈佛大学的各个学院各自管理自己的经费。这些经费大都来自社会基金和校友捐款。拥有充足的经费就拥有了科研发展的动力，上述案例中，萨默斯通过修改捐款政策使校长拥有更多财政支配权，那么学院经费使用就需要得到校长的审批。学院在具有充足资金的情况下，可以自治、自主。但在捐款政策修改后，学院的工作只有获得校长同意才能够得到经费并开展，如果校长不支持则只能搁浅，学院失去了对学术资源的配置权。

## （二）学术权力与行政权力矛盾与冲突的焦点

上文梳理了高校行政权力与学术权力之间矛盾与冲突的基本机理，下面将对高校行政权力与学术权力之间产生矛盾与冲突的争议焦点进行分析。

### 1. 学术权力的必要性

对于高校教师而言，学术权力至关重要，不容侵犯。学术权力对于高校开展工作有着重要作用。研究者王文华在《提升大学教师学术权力的对策研究》中认为："它是专家学者依据自身的学术水平和学术能力对学术事务、学术活动施加影响和干预的力量。"① 学术权力就是权力个体对学术事务进行管理时所具有的权力。之所以需要学术权力是因为"在高校组织

① 王文华．提升大学教师学术权力的对策研究［J］．辽宁师范大学学报，2013（3）：364-368.

管理中，文化力量巨大，高校教师希望能够独立自主地工作，他们对组织的强制权力有一种天然的抵抗。他们的工作也很难受到他人的控制。”① 但是对于高校行政人员而言，学术权力在涉及学校的整体利益时就显得可有可无，在不影响学校朝着既定目标高效运行的情况下行政人员不会干涉教师的学术权力，但如果教师在行使自己的学术权力时妨碍到了学校的整体运行，将受到限制和约束。

2. 学术自由的必要性

现代大学的学术自由起源于德国，对世界其他各国高等教育的发展影响巨大。作为培养高级专门人才、传播真理的高等学校，离开了教师的教学自主权和科研自主权，就会丧失精神家园，失去存在的基础。学者只有在拥有充足的学术自由之后才能在所属学科领域自由探索，思想上的不受束缚自然为学者创造和发现新知识提供了有力的条件，在一定程度上大学乃至人类社会也才能得以更好地存在和发展。学术自由的必要性还体现在能够让大学更好地实现学术责任。“新思想的孕育和成长，有赖于自由的学术空气；学者的创新精神离不开学术自由环境的滋养。同样，学生创新能力的培养，也离不开学术自由机制的保障。”② 失去学术自由就等同于失去了对未知世界的更好地发现，会阻碍人类的发展和进步。

3. 学术自由的限度与条件

学术自由也不是无限制的自由，是在一定范围内权力主体所能享受的权力，不是绝对的、无条件的自由。学术自由是只用于处理学术事务时才享有的自由，社会体制和社会制度是基本前提和底线。任何形式的自由都不得违反社会的体制和制度。大学给予教授们的权力不是无条件的，是与教授所承担的义务相对应的。所以，教授们所拥有的学术自由是建立在满足基本的行为准则以保证大学整体顺利运作及保障大学整体利益之上的自由。总之，学术自由应以法律、道德和责任为边界。美国的私立大学拥有较多的自治权，其独特的董事会管理制度也使大学内部行政部门、学术部

① 姚国荣，陆林．论高校教师的学术权力［J］．高等农业教育，2008（1）：49-52.

② 秦惠民．高校学术管理应以学术权力为主导［J］．中国高等教育，2002（Z1）：26-28.

门在各司其职的同时又分权制衡，以保证最大限度的学术自由。这也是美国的高等教育在短短的300多年内迅速崛起并赶超世界上其他大国成为世界第一高等教育强国的重要原因。

### 4. 高校行政权力的限度与条件

高校行政权力就是高校行政人员在进行高校日常行政事务管理时所拥有的权力，目的是保障学校的正常运行和向着既定发展目标的高效前进。但是高校行政权力较学术权力更倾向于官僚化，等级严明。在高校规模日益扩大的今天，高校行政组织也逐渐庞大起来，常常出现行政权力与学术权力的冲突事件，这是因为行政权力过分干涉学术权力所导致的。例如高校对教师授课内容的规定，对教师评分标准的干涉，对教师科研的指定或干涉以及对教师言论的限制等。看起来行政权力是在保证学校向着既定目标顺利前行，但实际上却侵犯了教师的学术权力，导致教师的工作积极性下降。所以我们认为高校行政权力的限度应是在不威胁到学术权力且保证教师的学术自由。

### 5. 大学校长的角色与职责

由于高校是高层次、高学历人才汇集之地，通常被视为一个地区的文化中心。在社会中，大学校长尤其是精英高校的校长，更是一个广受关注的特殊角色。例如，美国高等教育领域的著名学者、卓越的大学校长——霍夫斯塔特曾经指出18世纪时一位大学校长的多种角色：“作为牧师和有学问的人，他从事教学工作；作为董事会成员，他参与主要的决策；作为所在地区的重要公民，他维护学校发展；作为教师的一员，他领导其他教学人员；作为牧师，他为学生布道。”① 至今，大学校长的决策更为复杂，以至于有学者认为，他们不仅要为大学制定愿景与使命，编制战略规划和任务，管理规模宏大的管理机构，领导多样的和高度独立的学院，在公众面前代表大学，处理潮起潮落的与政府的关系，永无止境地筹款，给大学内部各种共同体的工作、学习和生活提供领导和指南，为董事会服务并满

① Hofstadter. richard American freedom in the age of the college ［M］ new york：Columbia University press，1969，125

足董事的各种要求，迎合校内外不同人群，如校友、捐赠者和支持者、政客和公民的需要；而且在这一切之上还要对大学的组织品格负责，对大学实施伦理的领导，代表大学发出伦理的声音。以至于，“大学校长很可能是美国当代社会中要求最高的领导岗位之一。”①

从教师与学生角度看，提到大学校长时，脑中大多会浮现出一个睿智、绅士的教育家的形象，很少有人会联想到一个手段强硬、作风强势的政客形象。这是为什么当萨默斯校长干涉教授学术研究、压缩院系自治权等一系列事件，在师生中引发巨大反响和震惊。这与大众对校长的原有角色预期有着强烈的反差。且不说哈佛历届的校长，诸如科南特、普西和博克等，几乎都是优秀的学者和教育家。即便是任职时间与萨默斯最近的第26任前任校长陆登庭，为人谦和有礼，认真细致，无论何时出现在公众视野中都是一派绅士作风，与萨默斯的行事作风就大相径庭。但是董事会认为陆登庭校长显得软弱，董事会希望能够迎来一位强势且睿智的校长来好好管理学校，使得哈佛能够永久占据世界顶级学府的宝座。董事会与师生对于校长的角色预期不同，也可以说是行政组织与学术组织在校长的角色预期方面产生存在差异甚至矛盾。当然，后来的事实证明，不符合师生预期的校长，会频频与学校内的师生发生矛盾与冲突。大学校长的治校倾向、综合素养、管理能力、职责与素养，对高校内部的权力平衡具有直接影响。校长遴选必须要考虑高校的特殊性质，尊重学术人员的意见。

## 小　结

本章主要以哈佛大学第27任校长萨默斯任校长期间所发生的一系列高校学术权力与行政权力的冲突事件为案例开展研究。在呈现哈佛大学内部治理权力结构基础上，分析了学术权力与行政权力的两种不同的冲突类型：高校行政权力与个体性学术权力的冲突、高校行政权力与组织性学术权力的冲突。在分析中，由表及里、由浅入深等探究和呈现冲突过程、影

① 王英杰．大学校长：伦理的领袖，道德的楷模［J］．比较教育研究，2013，（1）：1-8.

响因素与冲突机理。通过对这些案例的研究，我们发现，高校内行政权力与学术权力的冲突机理在于行政权力不断被权力主体扩大，进而越界干涉到学术权力的运行。两种权力冲突的深层原因可以归结为：两种权力本身的交叉与冲突属性；权力主体的文化、个性以及利益立场；政治、经济、舆论以及社会文化等外部因素。

总之，高校内的行政权力与学术权力之间的矛盾与冲突，是高等教育发展必然会产生的现象，行政权力与学术权力之间的张力也会长期存在下去。在高校办学中，行政权力与学术权力既相互配合，又相互制衡和博弈，在动态中实现平衡。欧美高校的学术自由传统和学术权力相关制度确立比较早。案例中的哈佛大学是在学术自由、学术权力制度较为完善的情况下，行政权力试图改变既有状态而引发的矛盾与冲突，导致学术权力激烈的反弹与抵制，引发强烈连锁反应，教授出走，校长辞职，最后实现了新的平衡。相比之下，我国高校学术权力制度确立较晚，学术权力一直处于弱势，甚至在很多方面还对行政权力具有一定的依附。因此，我国高校学术权力与行政权力的冲突并不如哈佛大学冲突案例那样明显和激烈。这也是笔者为什么在分析学术权力与行政权力冲突案例时，选择美国哈佛大学的一个重要理由。他山之玉，可以攻石。正如比较高等教育领域的基本理念，研究他国教育，是为了更系统、更深入地认识本国教育，改革本国教育。

就我国而言，近年来我国高校出现了比较普遍的行政权力膨胀，学术权力受到挤压的问题，并且已经对大学发展产生不利影响。《中长期教育改革与发展规划纲要（2010 年—2020 年）》颁布后，建立现代大学制度已经成为教育改革的重要议题。其中，探索良好的高校内部治理体系，使学术权力和行政权力围绕高校核心职能相生相益，有效、规范运行，是一个亟待解决的问题。我国高校在学术权力保障和相关制度建设方面，有很长的路要走。

# 第五章　我国高校学术权力制度优化：思考与建议

## 一、宏观层面：我国高校学术权力制度优化的基础与前提

### （一）我国高等教育的社会主义属性

新中国成立后，我国政府对高等教育进行了大改造，确定了我国高校的社会主义办学性质。高等学校是我国教育体系的一部分，要紧密围绕国家发展根本任务、国家教育方针办学。2019 年修订后的《高等教育法》也规定："国家坚持以马克思列宁主义、毛泽东思想、邓小平理论为指导，遵循宪法确定的基本原则，发展社会主义的高等教育事业。""设立高等学校，应当符合国家高等教育发展规划，符合国家利益和社会公共利益。""高等教育必须贯彻国家的教育方针，为社会主义现代化建设服务、为人民服务，与生产劳动和社会实践相结合，使受教育者成为德、智、体、美等方面全面发展的社会主义建设者和接班人。"十八大之后，国家高层领导人根据国内外社会发展形势，对于高等教育办学的性质和任务多次提出指导原则。例如，"培养什么人，是教育的首要问题。我国是中国共产党领导的社会主义国家，这就决定了我们的教育必须把培养社会主义建设者和接班人作为根本任务。""坚持党对教育事业的全面领导，坚持把立德树

人作为根本任务，坚持社会主义办学方向，坚持扎根中国大地办教育，坚持以人民为中心发展教育”等“九个坚持”。① 在我国，高等教育是国家整体发展的一部分，其社会主义教育的性质是不可突破的底线，政府举办高等教育、管理高等教育是我国高等教育改革与发展的现实基础。

从我国政治制度与社会治理体系的逻辑看，中国共产党领导全国人民进行社会主义建设，最终实现国家全面振兴，增进人民福祉，即“人民对美好生活的向往，就是我们的奋斗目标”。高等教育是共产党进行社会主义建设、国家发展与社会治理的一个领域，高校办学必然要在党的领导下，根据国家发展的整体战略规划有序地进行，要为社会主义建设整体服务。我国高等教育办学的社会主义属性，既是我国高等教育发展的现实，也是我国高等教育的一个特色。

因此，高校内部治理改革，学术权力相关制度的建设，必须以坚持高校的社会主义办学方向、接受党和政府的领导、遵守国家相关法律为前提，依法依规地开展。

### （二）高校依法相对自治

教育事业关乎国家命运，这是世界各国的共识。虽然世界上有不同的教育管理体系，但每个国家的教育都在政府主导下培养该国的国民。高等教育注重高层次人才培养和学术研究，更需要大学自治，即在与政府、各种社会组织的相互关系中能拥有更大自主权，独立办学，自助处理自身事务。“不受来自外部的支配和干涉，保证大学的宁静和独立。”②

但是，高等教育的自治一直都是相对的。诚如有学者所言：“传统的高等教育自治现在不是，也许从来都不是绝对的。”③ 中世纪大学产生时，由于当时国家权力和教会权力之间存在制衡，中世纪大学在二者权力的夹缝中获得很大的自治空间甚至很多“特权”，例如司法独立权、免税权等。

---

① 人民网．习近平全国教育大会重要讲话［EB \ OL］. http：//edu. people. com. cn/n1/2018/0911/c1053-30286259. html，2018-09-11.

② 赵俊芳．论大学学术权力［M］. 北京：中国社会科学出版社，2012. 224.

③ 眭依凡．大学校长的教育理念与治校［M］. 北京：人民教育出版社，2001. 323.

但随着 17 世纪以后民族国家形成，政府对社会公共事务的干涉、控制成为国家建设的自觉行为。各国对大学都加强了管理，不允许在国家范围内出现“法外之地”。国家高等教育研究的著名学者克拉克·科尔研究发现，“近五百年越来越多的是在民族国家的赞助和控制之下”，“铁的事实是，大学首先是国家的机构”。[①] 我国学者认为，“大学自其产生之日起，即以有限的自治形式而存在。……大学片刻也未获得真正自治，大学既不是一个完全自治，亦非是一个完全受控制的组织，而是在社会发展到一定阶段的产物，其存在和发展受到多种相关因素的作用。”[②]

因受国家政体、政治文化、国民自由意识、教授主体的自由要求及实践能力等因素的制约，各民族国家对大学控制的程度是有差异，然而就关系的实质而言，“控制是大学内外关系的真实存在与发展趋势。”[③] 有限自治、相对自治，这就是高等教育自古以来的现实，绝对的完全自治既不存在也不可行。虽然学术无国界，但大学是有国家归属的。高校办学处于自治与控制的张力之中，各国均是如此。我国高校学术权力制度建设，在学理探讨上有各种观点和设想，但在实践层面上必须考虑其现实可行性。各国的高校都是在该国的法律法规框架之内运行，大学自治是依法依规基础上的相对自治，高校内的学术权力制度建构与运行也必须立足于在大学相对自治的现实基础之上。

### （三）社会主义属性、依法自治与高校特质的整合

当然，高校有其特定的职能、特定的组织结构、特定的事务、特定的运行规律等，这些是高校之所以成为高校的要素和特征，而这些要素和特征具有一定的普世性，并不因国家归属、制度性质不同而不同。改革开放以后，尤其是十八大以来，我国政府在高校办学中日益强调“尊重教育规律”“按教育规律办学”，重视探索高校依法自治的模式。同时，我国政府

① ［美］克拉克·科尔．高等教育不能回避历史——21 世纪的问题［M］．王承旭，译．杭州：浙江教育出版社，2001. 34.
② 赵俊芳．论大学学术权力［M］．北京：中国社会科学出版社，2012. 225.
③ 赵俊芳．论大学学术权力［M］．北京：中国社会科学出版社，2012. 225.

也认识到高校“行政化”、政府行政权力过度介入高校办学的危害。为了办出“人民满意的教育”，国家政府大力推进“教育家办学”，在办学中充分“尊重教育规律”。

一度广受批评的高校“行政化”、行政权力挤压学术权力，并不是我国高等教育社会主义办学性质和高校相对自治导致的，而是具体操作与执行层面存在不足。实际上，我国高等教育重大问题解决和重大改革，都是由中央政府推动的。例如，在高校自治问题上，中央政府指出，“要加快推进高等教育领域‘放、管、服’改革。结合高校特点，简除烦苛，给学校更大办学自主权。凡高校能够依法自主管理的，相关行政审批权该下放的下放，要抓紧修改或废止不合时宜的行政法规和政策文件，破除制约学校发展的不合理束缚。”① 在推进高校学术自由、保障学术权利方面，中央政府认为，“我们不能用管理行政人员办法管理教学科研人员。要通过体制机制改革来激发科技创新活力。”② “政府对科研的管理有时候像‘对小学生’一样，严重束缚了广大科研人员和科研机构的手脚，影响了创新创造的积极性。要给广大科研人员必要的自主空间和自主权，让他们独立自主决策，科学有效管理，尽量少干预或不干预。科研院所、高校也要向基层院系研发团队授权，赋予创新领军人才更大的人、财、物支配权和技术路线决定权。”③

正如前所述，不论中外、历史与未来，高校办学都处于自治与控制的张力之中，学术自由、学术权利、学术权力也必然要在限度之内、规范之上才具有合理性和合法性。高等学校的各项办学事务要“符合国家利益和社会公共利益。”建构和优化我国高校的学术权力制度，与坚持党对教育事业的全面领导、坚持社会主义办学方向和大学相对自治并不存在根本冲突。

---

① 人民政府网．李克强：简除烦苛，给学校更大办学自主权［EB \ OL］．http：//www. gov. cn/xinwen/2016-04/18/content_ 5065355. htm，2016-04-18.

② 人民政府网．李克强：李克强：不能用管理行政人员办法管理科研人员［EB \ OL］．http：//www. gov. cn/xinwen/2016-04/18/content_ 5065355. htm，2016-05-31.

③ 人民政府网．李克强：李克强：不能用管理行政人员办法管理科研人员［EB \ OL］．http：//www. gov. cn/xinwen/2016-04/18/content_ 5065355. htm，2016-05-31.

## 二、中观层面：我国高校学术权力与行政权力的组合与协调

从整体看，我国当前高校治理基本上还是采取“党委领导，校长负责，教授治学，民主管理”，这也是我国现代大学内部管理的理想权力结构。

### （一）党委领导与学术权力

根据我国现行的《高等教育法》，高校治理施行“党委领导下的校长负责制”，坚持“党对教育工作的全面领导”。

高校学术权力需要在党委的宏观领导下运行。学校党委处于学校内部治理权力结构的最高点。《高等教育法》规定，“国家举办的高等学校实行中国共产党高等学校基层委员会领导下的校长负责制。中国共产党高等学校基层委员会按照中国共产党章程和有关规定，统一领导学校工作，支持校长独立负责地行使职权。”① 党委在学校治理中的领导职责主要是：落实党的政策方针，坚持社会主义办学方向；决定高校内部机构设置和组织机构人事任免；决定关系学校发展的基本制度和重大事项。概括而言，党委的职责主要把方向、管人事、管大事。学术权力相关制度关系到学校最核心职能的实现，是属于学校发展“基本制度”和“重大事项”范畴之内的，因此必须在党委领导下运行。当然，党委领导也主要是政治原则与政治方向层面的领导，尊重教育规律、办学规律与学术发展规律，并不直接参与具体的事务，目的是“保证以培养人才为中心的各项任务的完成”。

---

① 注：《高等教育法》第三十九条　国家举办的高等学校实行中国共产党高等学校基层委员会领导下的校长负责制。中国共产党高等学校基层委员会按照中国共产党章程和有关规定，统一领导学校工作，支持校长独立负责地行使职权，其领导职责主要是：执行中国共产党的路线、方针、政策，坚持社会主义办学方向，领导学校的思想政治工作和德育工作，讨论决定学校内部组织机构的设置和内部组织机构负责人的人选，讨论决定学校的改革、发展和基本管理制度等重大事项，保证以培养人才为中心的各项任务的完成。

## （二）校长治校与学术权力

根据我国《高等教育法》，“高等学校的校长全面负责本学校的教学、科学研究和其他行政管理工作”，其职权主要包括：①拟订发展规划，制定具体规章制度和年度工作计划并组织实施；②组织教学活动、科学研究和思想品德教育；③拟订内部组织机构的设置方案，推荐副校长人选，任免内部组织机构的负责人；④聘任与解聘教师以及内部其他工作人员，对学生进行学籍管理并实施奖励或者处分；⑤拟订和执行年度经费预算方案，保护和管理校产，维护学校的合法权益；⑥章程规定的其他职权。可见，校长的职权范围既涉及学术事务也涉及行政事务。从高校校长的实际情况看，多数高校校长本身就是专业学术人员出身，甚至是具有很高学术水平和学术影响力的学者。在高校内部治理中，校长既是行政人员、行政机构的领导，也是学术机构、学术事务的领导，兼具行政权力与学术权力，要负责全校各学院、各学科、各专业的学术与行政事务管理。在我国当前高等教育法律法规与管理体系中，高校学术权力的相关组织及运作，处于校长职权范围之内，不可能成为一块独立的“飞地”。比较理想的状况是，校长能使学校内事务归属清晰，带领行政人员、专业学术人员各施所长，各善其事。

当然，校长角色这种特殊性，也是容易导致行政权力和学术权力冲突的一个因素。这与校长的管理理念、管理风格、管理能力和个性特点有着直接关系。蔡元培以“囊括大典、兼容并包”的理念治校，主张教授治校和学术自由；梅贻琦温文君子，寡言力行，以“吾从众”的原则治校。相比之下，行事风格强势的校长，更倾向于集中权力，多管事儿，快“拍板儿”，进而导致以行政思维处理学术事务，以行政权力挤压学术权力。而且，由于校长是全校行政事务与行政机构的领导，其个人的治校风格更容易演化为学校的治理模式，进而导致高校“行政化”。因此，在进行学术权力制度建构中，应该尽量从制度设计上对此予以防范。在大学章程和高校学术权力制度中，尽量明确学术事务与非学术事务的区分，即学术权力的边界，在界限内充分尊重学术权力。专业学术事务，由专业学术人员通过民主合议的方式进行决策。当然，学校不同层面的行政与学术“双肩挑”的领导可以参与决策过程，但其参与应该是以“专业人员”身份参与，而不能以“行政人员”身份参与。一些高校在遴选学术委员会成员时，限制校长等行政领导的参与人数，是一个比较有效的机制。

## （三）学术权力的运行领域：以治学为本

2010年制定的《国家中长期教育改革和发展规划纲要（2010—2020）》中指出，在“党委领导下的校长负责制”的基础上，“充分发挥学术委员会在学科建设、学术评价、学术发展中的重要作用。探索教授治学的有效途径，充分发挥教授在教学、学术研究和学校管理中的作用”。我国2019年修订的《高等教育法》中规定：高等学校设立学术委员会，履行下列职责：①审议学科建设、专业设置，教学、科学研究计划方案；②评定教学、科学研究成果；③调查、处理学术纠纷；④调查、认定学术不端行为；⑤按照章程审议、决定有关学术发展、学术评价、学术规范的其他事项。2014年1月8日，我国教育部颁布《高等学校学术委员会规程》，规定：“高等学校应当依法设立学术委员会，健全以学术委员会为核心的学术管理体系与组织架构；并以学术委员会作为校内最高学术机构，统筹行使学术事务的决策、审议、评定和咨询等职权。高等学校应当充分发挥学术委员会在学科建设、学术评价、学术发展和学风建设等事项上的重要作用，完善学术管理的体制、制度和规范，积极探索教授治学的有效途径，尊重并支持学术委员会独立行使职权，并为学术委员会正常开展工作提供必要的条件保障。”

这些法规和文件是对我国高校学术权力及其权限的正式规定。在依法施教的前提下，我国高校学术权力的主体是各种层级的学术委员会，其职权是对学术事务的决策、审议、评定、咨询、调查与认定等，其主要负责的事务是学科建设、学术评价、学术发展、学风建设、学术规范问题裁决等。从中可以看出，我国高校学术权力主要体现于“教授治学”层面上。学术权力参与大学内部管理的价值取向从“教授治校”向“教授治学”的转变，是顺应现实情况的合理选择。[①] 教授治学作为现代大学制度的重要组成部分，是大学中以教授为代表的教师群体从事学术业务和学术治理，其核心在于教授群体参与学术决策和管理活动，其本质是来源于学科知识优势的教授学术权力的行使。[②] 教授治学，把学术权力重点放在学术人员所擅长的学术管理之上，这在当前高校内部管理事务日益繁杂的现实状况下，是具有合理性的。

### （四）规约行政权力：由管理到转向统筹与服务

由于现代高校在规模、事务、职能等方面的复杂性远远超过中世纪大学和19德国柏林大学建立时的高校。当时的高校内部高度的学者自治、教授治校甚至用学术权力代替行政权力处理全校事务的管理模式，已经不能胜任现代大学的管理。正如有学者指出，现代大学管理，为提高大学的运行效率，在企业单位中经常使用的目标明确、纪律严格、照章办事、等级服从等以效率为目标的科层化组织结构与管理手段，逐渐在大学内部推行。“大学行政权力堪称是现代大学得以有效运行、推动学术发展的必要前提。”[③] 在这一意义上，行政权力与学术权力同样具有合法存在之基础。学界和公众反对、批评“大学行政化”，并不是要取缔学术权力，而是限制行政权力，使行高校内的政权力与学术权力达到一种合理的平衡。

在高校中，与行政权力相比较，学术权力处于弱势地位。行政机构按照上下级、科层制、强调一致性和高效率等行政管理思维，管理学校事务时，经常超越其合理性的边界。我国高校中当前广受批评的“大学行政化”问题，在很大程度上都是高校上层机构对基层事务的直接管理和干涉过多。例如，在对高校学术人员进行绩效考核时，很多高校都由学校层面的“考核部”“考评办”等机构面向全校统一制定量化的考核要求，规定不同专业技术职称的教师每年要完成相应数额的论文、项目、专著、经费

---

① 张弛，迟景明．从“教授治校”到“教授治学”——中国大学内部管理中教授权力的演变［J］．现代大学教育，2017，（5）．

② 张弛，迟景明．从“教授治校”到“教授治学”——中国大学内部管理中教授权力的演变［J］．现代大学教育，2017，（5）．

③ 赵俊芳．论大学学术权力［M］．北京：中国社会科学出版社，2012. 227.

等考核指标，为保证“公平”、避免争议而“一刀切”，对不同学院、专业的特点缺乏尊重，基层几乎没有决策权甚至缺乏有效申诉和反馈的途径。再如，在职称晋升考核、教学与科研项目（以及成果）评审等方面，为保证“公平”，多数学校也是采取校级统一组织的方式进行，粗放地分为人文类、理工类、艺体外类等大类，甚至笼而统之地混合一体不加区分，由校级委员会对申报材料进行统一评审。在这个“统一评审”过程中经常出现有悖学术逻辑的现象，例如人文学科评委要评审理工类的材料，理工类的评委会评审艺体外类的材料，“分数面前人人平等”，最后根据量化分数进行排名，确定入围者。需要注意的是，这个评审过程是学术权力进行决策的过程，从行政管理的角度看甚至在一定程度保障了程序公正。但从学术专业的角度看，这种评审是不合理甚至荒谬的。其症结就是高层的行政权力直接介入了基层的专业事务，或者是高层的行政权力裹挟学术权力直接介入了基层的专业事务。

因此，要确保在党委领导、校长治校、教授治学、民主管理的体系中，学术权力的合理运行得以保障，需要在管理中对行政权力加以限制。为了实现这一点，需要对学校的整体权力架构进行重新审视和合理整合。首先，在学校的权力体系架构中，关涉学校办学性质、意识观念、政治占位的党政事务，应该权力集中于学校上层，统一管理，坚定保障我国高校的社会主义属性。其次，与学科专业直接相关的学术权力，应该重心在下，授权基层学术组织自治，充分尊重学科与专业的特点，让学术权力在一个合理的界限内充分发挥其功能，确保“专业的人做专业的事”。第三，作为统筹和协调学校整体工作的行政权力，应视其事务性质不同进行定位：与学术事务直接、密切相关的机构及其行政权力（例如教务处、科技处、研究生院等），应该重视由“管理”向“服务”转变，增强服务意识，对基层学术组织和机构充分授权、放权；与学术性事务不直接相关的机构（例如人事处、财务处等），应该围绕着学校的整体发展目标按章运行，做好管理与保障工作。

## 三、微观层面：高校学术权力的体系与运行

### （一）学术权力组织的层级结构

高校作为以人才培育、学术研究为基本职能的社会机构，已经从最初简单的学者行会组织发展成为一个具有复杂内部结构的体系。虽然各国高校的内部结构存在差别，各机构部门的称呼千差万别，但基本都可以学校层面—院系层面两个层级，再细化则可分为学校—院系—专业三个层级或者学校—层面—系—专业四个层面。

在我国高校中，校级层面的管理主要以党委书记、校长为核心的校级领导团队负责运行，带领组织部、人事处、财务处、教务处、科研处、研究生院等一系列机构开展工作，负责统筹管理全校的学术与非学术事务。同时，校级管理层面一般设置教授委员会、学位委员会等组织，承担全校范围内的专项事务。在多数情况下，校级治理机构绝大多数是属于行政事务，基本不直接承担人才培育、学术研究等具体事务。

学院、系、专业（以及一些研究所），通常以院长、系主任、专业负责人为相应的团队核心，领导教学人员、科研人员和辅助管理人员开展教学、科研等学术工作。这些层面的管理者，基本是由具有较高水平、管理能力和专业声望的学术人员担任。学院、系、专业（以及一些研究所）是高校内学术专业人员的主要平台，是承担和实施人才培养、学术研究具体的主体，其事务主要是某个学科、专业领域之内的学术事务。同时，在这一层级上一般也设置教授委员会、学委分委会等组织协助处理相应的学术事务。

可见，在大学的治理实践中，学术权力和行政权力一样，也具有层次区分。例如，教授委员会分为校级教授委员会和院级教授委员会，学位委员会分为校级学位委员会和院级学位分委会，等等。但学术权力和行政权力在层级关系上又有不同。行政权力的上下级是严格的管理关系，上级对下级具有直接、强大的制约和管辖权。学术权力并没有严格的隶属关系，

例如校级教授委员会不能直接管辖院级教授委员会，虽然有少许交叉，但二者各有自己的运行领域。校级学术委员会更侧重于进行学校规章制度、整体发展规划、重大学术事务等工作的咨询、审议和决策，其中确立相关制度、原则和标准是重点；院系教授委员会则主要针对本学科、本专业的学术相关事务的咨询、审议和决策，主要承担具体事务的处理。概括而言，高校内部的行政权力是上级覆盖下级，以上为主，上令下行；学术权力是上虚下实，以下为主。

### （二）重心在下的学术权力体系

在现代大学的管理体系中，行政事务呈现出越向上越密集的特点，而学术事务则是越向下越密集。高校中位于基层的院系、专业以及专门研究机构是依据学科与专业属性而形成的组织，直接承担学科与专业的学术事务，具有明显的专业性。有学者指出，“从一般意义上讲，作为培养人才和知识生产的组织，大学组织结构具有重心在下的特点，即基层学术组织扎根于学科，来源于学术，是真正的学术活动的中心。”①

学术权力是以学者和学者团体的专业知识为基础，运行于专业边界之内的权力。按照“专业的人做专业的事”这样一个管理理念，学术事务的决策和实施应该主要由学术人员负责，也就是由学院、系、专业和相应的研究机构负责。也就是说，学术权力的配置应该重心在下，越是基层越应该具有对自己所负责事务的自主规划和决策权。作为学术权力的主体，各种学术委员会越贴近学科和专业领域就越具有权威性和合理性，学术委员会的层级越提升，就越远离专业领域，其决策的合理性就越降低。校级的各类学术委员会在成员遴选时，基本上都是由本校各学科具有较高学术声望的教授组成，而其主要工作也不是决定具体学科领域的专业议题，而是借助这些学者的学术视野、治学经验对具有一定普遍性的学术发展议题、实施指导原则等相关事务进行审议与决策。上层委员会的决策对下层委员会的事务具有指导作用，而不是直接管辖和控制，基层学术事务的处理仍

---

① 赵俊芳．论大学学术权力［M］．北京：中国社会科学出版社，2012. 230.

然以基层委员为主。

当然，我们对现实中学术权力的“上下错位”问题也应该保持警醒。在大学学术权力运行和实现的过程中，就应遵循学术事务特有的程序和规律，赋予基层以应有的学术权力。例如，有学者在调研后就敏锐指出一个问题症结：“问题在于人才培养和科学研究的重心虽然在基层，但资源的控制权却掌握在‘高层’或‘中层’手中，这样学术权力运行程序的上下错位问题便由此产生。”① 因而，应该按照大学人才培养和科学研究等学术事务的基本特性，应充分尊重基层以教授为核心的学术权威及学者的意见，循着“自下而上”的路径，以民主的方式展开学术事务的决策和学术活动。

总之，学术权力以学科和专业知识为基础，在学科和专业领域内运行，学术权力应该重心在下，在基层学术组织中运行。专业层面的事务由专业教师团队围绕着学院的整体发展规划共同决定，院系层面要给予充分自治空间和尊重，不要轻易干涉，而学校层面更不能“长臂管辖”。

### （三）学术权力运行的原则

首先，主体平等原则。高校学术权力是以学者的专业背景和学术水平为基础的权力。但多数情况下，学术权力的运行是以学术组织、学者团体为载体的，即通过各种稳定或临时性质的委员会进行决策。这里面有一个不可绕过的问题：在学术权力组织中，各成员的关系如何，通过什么方式达成决策？学术自由和学术民主是学术权力的前提。学术权力主要是对专业建设、学术发展、学术成果等问题进行审议、评定、决策。这些学术事务都具有较强专业性，而且经常存在学术观念、立场、范式、观点等方面的争议。在学术权力运作中，所有成员都应该具有同等的权力，成员必须通过讨论、说服、投票等方式达成共识，而不能强迫他人接受自己的观点。有学者认为，甚至是由大学校长兼任的大学评议会主席，在对议题进

---

① 赵俊芳．论大学学术权力［M］．北京：中国社会科学出版社，2012. 230.

行投票表决时也和他人拥有一样的投票权和表决权。①

其次，学术伦理原则。正如高校中的行政权力运行需要依据行政规则一样，学术权力同样要依据相应的学术规则运行，其中最重要的就是学术伦理。按照高等教育研究者陈金圣的观点，学术权力主体必须遵循两个层面的学术伦理规范。首先，基于管理伦理原则的伦理规范，即要求权力主体在行使权力时要公正无私、廉洁自律、忠于职守，体现出良好的品行操守。其次，基于学术伦理原则的伦理规范，即学术权力实施主体在行使权力时要使自己的行为符合学术伦理要求，例如实事求是、严谨求实、科学理性等。此外，学术权力主体还要在行使学术权力时，依据其所属专业领域的学术标准与学术规范。由于学术被视为“天下公器”，而且学术研究崇尚求真，学术、学术研究者具有特殊社会期待与地位，学术权力只要在尊重学术伦理的底线之上运行，才能保证学术权力的公信力。

第三，责权对等原则。学术权力是一种可以对他人产生影响的“权力”，而且在学术领域，学术权力对学术研究者的影响是巨大的，关乎研究者的职业发展、学术声誉乃至个人生活，而且学术权力对学术团体、学术风气乃至整个学术发展都是不可忽视的。因此，学术权力主体在行使权力时应该具有高度的责任感、使命感，恪守伦理，不能因为私心或疏漏而对学术事务处置不当。② 除了在道德层面对学术权力主体加以约束外，还应该从制度层面进行规约。例如，设立规范的学术委员会成员遴选制度、监督制度和问责制度，通过评价、遴选、监督、问责等途径赋予普通教师以制衡力量，形成代表与代表、监督与被监督的权力运行闭环结构。当前，很多评审是匿名形式，当事人无法查阅专家建议，这虽然有助于保障学术权力运作的独立性，但也是一个容易导致学术权力运作失范的漏洞。更合理的决策合议方式，是充分讨论后匿名表决，对决策过程中委员投票、依据与理由要进行归档保存，并设置保密时限，在规定期限后可以允许当事人查阅。总之，在尊重基础上的问责与监督，有助于形成学术权力

① 陈金圣．大学学术权力的制度化构建［M］．北京：中国社会科学出版社，2104．223．
② 陈金圣．大学学术权力的制度化构建［M］．北京：中国社会科学出版社，2104．224．

的责权对等。有学者认为，只有当教授更好地承担起大学建设与发展的责任的时候，他们才可能正确地行使手中所拥有的权利，权力才能化作大学前进的推动力，也只有有了这种强烈的责任感和责任，以及后果承担能力，权力才不会被滥用。学术权力的实现与责任的履行是一对相互锁定的互动关系。①

第四，民主与集中相结合原则。学术权力应该以民主的方式运行。学术权力主要是处理专业学术事务，而这些事务都既要依靠团队力量也需要尊重个人见解。因此学术事务决策需要征询并且认真考虑团队成员的建议，不能专断独行；同时又要避免陷入无休止的争论，导致议而不决，无法开展后续工作。鉴于这种特点，学术权力运作应该采用民主集中制，即先进行充分、民主的讨论，然后通过集中表决的方式达成集体决策。在这个过程中，要充分尊重基层以教授为核心的学者意见，以“自下而上”的路径逐步汇集和整合建议。

第五，刚性与弹性相结合原则。学术权力根据所处理的事务不同，具有弹性和刚性两种不同的运作形式。在院系与专业的规划制定、制度设计等事务中，学术权力是弹性的。也就是说，即便是学术权力通过合议、表决的方式完成决策后，也要对持不同建议者予以尊重，在非原则的问题上为其保留自由空间。例如，在专业发展规划中，经过集体合议形成团队重点建设的学术研究领域，但同时要允许成员开展游离于这个领域的研究工作。而在一些评审、考核等性质的工作中，学术权力是刚性的，即根据合议做出决策后，即便是少数成员的意见未得到采纳，但也需要根据决策实施。但为了确保学术权力实施的合理性，需要通过设置申诉、复查机制、问责机制等制度保障相关主体的合理权益。

### （四）防范学术权力运行失范

在高校内通过完善相关制度保障学术权力，其目的是保障高校的学术自由和学者的学术权利，进而优化学术生态，更优质、高效地实现高校的

---

① 陈运超．论教授治校权力与实现［J］．高教探索，2007，（5）．

职能。在高等教育治理体系改革时，对这一点要时刻保持清晰而明确的认识。学术权力也是“权力”。权力的一个本质属性是对相关人或事物施加具有强制性的控制与裁决。学术权力虽然主要处理学术事务，但归根结底是处理人的事务。例如，在高校专业内部确定人才培养中的课程安排，将直接影响到接受教育的学生在接下来接受什么样的教育，影响到相关教师要开展什么样的工作。再如，在院系内进行科研与教学项目的评审和择优推荐，将直接影响到相关教师的考核、晋升、后续发展等相关权益。

在学术权力的实际运作中，实施不当、运行违规的现象并不鲜见。例如，学界中经常批评的“学阀”“学霸”现象，即一些强势的学者利用其地位对与自己不同见解者进行学术压制，或者是因为个人与团队利益、个人好恶等原因不公正地排斥或优待其他学术人员。有学者指出，如果学者的学术权威“过度发展”“过度膨胀”，形成对学术资源的垄断和对学术新生力量的抑制，“往往导致学术权力公共性的丧失”。[①] 再者，学术事务中的“人情”问题也是不可回避的问题，在很多考核、评审等很多学术事务处理中，“打招呼”“搞串联”的现象严重干扰学术权力的正常运转。此外，比这些失范问题更为严重的是“学术权力腐败”。赵俊芳等很多高等教育学者都曾经分析过学术权力的“腐败”问题，认为学术权力的违规和腐败所造成的破坏性影响同样不容忽视。“在大学学术组织中，部分学术权力所有者利用职务之便，在各个部门、各个领域、以各种方式控制一切学术资源及资源配置权，以权谋私，以权谋利，权钱交换。权力寻租者利用学术及其资源攫取私利，取得更大的权力租金，权学交易的权力寻租，不仅危害公众的物质利益，而且玷污了神圣的学术领域。”[②] 我国近年来一直存在着高层次人才外流问题。根据 2012 年对我国留学人员的统计数据，获硕士学位者占总量的 60. 3%，获博士学位者占 5. 8%。而根据美国国家科学院的“博士学位获得者调查”，2011 年，中国籍被调查者中仍有 82%

① 赵俊芳. 论大学学术权力［M］. 北京：中国社会科学出版社，2012. 60.
② 赵俊芳. 论大学学术权力［M］. 北京：中国社会科学出版社，2012. 231.

仍然希望留在美国工作，2005 年，这一数据是 89.4%。[①] 虽然我国整体发展提速，留学归国人员比例开始提高，但整体上并没有扭转高层次人才流失的现状。高层次人才流失，具有多方面原因，但学术生态是一个重要原因，一些归而复离的学者曾表示对国内的学术环境不满，例如在一些学术评审中，论资排辈现象严重、人际关系严重干扰学术事务等。这些现象都说明了学术权力的运行存在问题。出现这些问题，不能仅仅归因于个别违规者的道德品质。在某种程度上说，该校治理的相关制度体系、治理文化存在缺失或许是更重要的原因。

在我国政府进行国家治理体系改革时，“把权力关进笼子”“让权力在阳光下运行”等理念同样适用于高校的学术权力。由于高校培育人才、引领社会风气、教师为人师表等特殊意义，再加之“学术者，天下之公器”的特殊属性，学术权力运作的规范、公正更应该受到重视。

## 小　结

综上所述，本章在对学术权力进行多维度分析的基础上，结合中外高等教育发展的历史、规律、特征和我国高等教育的现实状况，提出优化我国高校学术权力制度的思路。在宏观层面上，我国高校学术权力制度的优化必然而且必须要立足于三个基础：我国高校的社会主义办学属性；我国高校在现行法律框架内的相对自治；高等教育自身的规律与学术发展规律。这三个基础并不存在本质冲突，我国在实践中对三者的有效整合已经取得日益显著的效果。在中观层面上，即高校内部治理的权力结构方面，“党委领导、校长治校、教授治学、民主管理”是最适合我国高等教育发展现实、最可能在多数高校中有效落实、最利于持续改进的治理结构。在这种结构中，学术权力的运行范围是高校学术事务以及与学术事务直接、密切相关的其他事务，在此范围内具有决策、评议、咨询、审定等权力。

---

① 教育部：高层次留学人才回流率低，博士仅占 5.8% [EB \ OL]. http：//news.163.com/13/0807/11/95M36MPF00014Q4P.html，2013-08-07.

党委领导主要集中于办学方向、政治立场的领导；校长治校要综合统筹，依据行政规律组织处理行政事务，依据学术规律组织处理学术事务，使行政权力和学术权力围绕高校的核心任务协调共行，避免行政权力挤压学术权力。在微观层面上，即学术权力制度体系自身，高校学术权力应该是“重心在下”，保障学术权力的重点是保障基层学术组织的学术权力。学术权力是以专业知识为基础的权力，学术权力最应该且最有效发挥职能的领域是学科专业领域，即以学科为基础的基层院系。在运行中，学术权力应该遵循主体平等原则、学术伦理原则、责权对等原则、民主和集中相结合原则、刚性与弹性相结合原则等。此外，应该通过监督、申诉、问责等机制防范学术权力自身可能出现的运行失范问题，让学术权力和行政权力一样“在阳光下运行”。

# 结　论

十九大之后，在我国整体推进国家与社会治理体系与治理能力现代化的大背景下，高校治理也随之进入一个改革与发展的新阶段。完善具有中国特色的现代大学制度，提高高校在人才培养、科学研究等方面的整体水平，建成有质量、有声誉的高等教育，成为当前我国高等教育改革的重点。在此过程中，高校学术权力问题受到广泛关注。

高校学术权力是高等教育治理体系中的一项重要权力，也是一项特殊的权力。高校学术权力是以学科专业知识为合理性基础，以学术专业人员及其组织为主要权力主体，以保障学术自由、维护学术秩序、配置学术资源、进行学术事务决策为主要职能的权力。目前，我国已经建成比较完善的高校学术权力制度，已经形成了学术权力与行政权力相互支撑又相互制衡的治理结构，学术权力在高校治理中发挥着日益重要的作用。可以说，这是改革开放以来我国高等教育发展的一大成就。然而，由于历史、文化、社会以及高等教育自身等方面的原因，我国高校学术权力在制度建设和实践运行中都还存在着一些不足。在系统分析当前我国高校学术权力制度与实践的基础上，进一步建设既符合高等教育规律、学术发展规律又具有中国特色的高校学术权力制度，是高等教育领域的一项重要工作。本研究正是在这一背景下开展的。

本研究的结论可以概括为如下方面：

第一，我国高校学术权力制度已经成为高校的基本制度。大学章程是大学内部治理最基础的制度设定，高校学术权力制度是其中的重要部分。

在国家推进建设现代大学制度的契机下，越来越多的高校都在大学章程中彰显学术权力。我国大学章程中的学术权力主要侧重于“教授治学”。

第二，我国高校的学术权力制度包括多种组织形式，教授委员会制度是其中最具代表性的组织。如果考虑到高校教授权力的历史演进，教授委员会制度可以分为三个层面，即应然层面、制度层面与现实运作层面。在应然层面，教授委员会制度是高校教师参与高校全面治理的平台和途径。在制度层面上，由于高校事务的日益复杂，教授委员会制度在当今的高等教育治理中已经不适合承担“治校”职责，各校的教授委员会制度基本围绕“治学”制定。在现实层面上，该制度既发挥了积极作用也存在不完善之处。

第三，20 世纪 70 年代至今，我国高校教师的学术权力经历了一个从无到有、从无保障到具有制度化保障的过程。这一演进过程与我国的国家治理体系、社会治理体系和高等教育治理体系的不断完善是同步的。

第四，由于高校内的大多数事务既具有学术属性又具有行政属性，这就导致高校行政权力与学术权力之间难以避免的交叉与冲突。学术权力作为一种松散的弹性权力，而行政权力则是一种具有强制力的刚性权力。行政权力的边界经常被其权力主体扩大，从而越界挤压到学术权力的运行空间。学术权力和行政权力既相互依存又相互冲突，二者在博弈中保持着动态的平衡关系。

第五，从历史视野与国际视野来看，学术权力制度是一种历史性的存在，不存在“唯一”和“永恒”的合理模式，各国、各校均有其特色，我国的学术权力及其制度也应该兼具普世原则与本国特质。

第六，我国高校学术权力制度建设，必须立足于我国国情。在宏观层面上，我国高校学术权力制度的优化必然而且必须要立足于三个基础：我国高校的社会主义办学属性；我国高校在现行法律框架内的相对自治；高等教育自身的规律与学术发展规律。在中观层面上，即高校内部治理的权力结构方面，“党委领导、校长治校、教授治学、民主管理”是最适合我国高等教育发展现实、最可能在多数高校中有效落实、最利于持续改进的治理结构。在这种结构中，学术权力的运行范围是高校学术事务以及与学术事务直接、密切相关的其他事务，在此范围内具有决策、评议、咨询、审定等权力。党委领导主要集中于办学方向、政治立场的领导；校长治校要综合统筹，使行政权力和学术权力围绕高校的核心任务协调共行。在微观层面上，高校学术权力应该是“重心在下”，保障学术权力的重点是保障基层学术组织的学术权力。在运行中，学术权力应该遵循主体平等原则、学术伦理原则、责权对等原则、民主和集中相结合原则、刚性与弹性相结合原则等。此外，应该通过监督、申诉、问责等机制防范学术权力自身可能出现的运行失范问题。

本研究的价值主要体现于学术价值和实践价值两个方面。

在学术价值方面，本研究具有如下意义：

首先，有利于推进对高校学术权力及其制度建构的研究。研究对学术权力及其组织的制度理念、权责体系、组织结构、运作机制、实际效果等方面进行系统研究，有利于弥补研究的不足。

其次，有利于推进对现代大学制度和高等教育治理的研究。现代高等教育治理倡导利益相关共治，本选题探究高校学术权力的教师参与高校治理机制，提出关于“符合中国国情、兼具核心要旨与中国特色的学术权力制度”的建议和设想，可以深化学界在这方面的研究。

在实践价值方面，本研究具有如下意义：

首先，有利于优化高校治理结构，保障学术权力与学术自由。教授会是教师自治和参与高校治理的重要平台，但在新中国的高等教育领域尚属“新事物”，此研究利于保障该制度的理性推广和有效运作。

其次，有利于构建高校合理的权力结构，避免高校中出现绝对权力。本研究提出建立符合我国国情且具有持续改进特点的高校学术权力制度的系列建议，有利于完善的学术权力制度，可以有效制衡高校的行政权力，使各种权力各归其位，从而优化高校运作和大学生态。

本课题研究虽然取得成果，但也存在一些不足：

由于课题实施时间较长，而这期间国家宏观政策导向、高等教育自身发展、高校内部改革等外部原因，以及研究团队自身学术与实践能力方面的原因，本研究虽然在优化高校学术权力方面进行较系统和深入的分析，提出关于“符合中国国情、兼具核心要旨与中国特色的学术权力制度”的建议和设想，但其实践效果还需要进一步验证。

研究实施中，本课题以政策文本分析、案例研究、比较研究为主要研究方法，虽然具有实证性，并在每个子课题实施中都设计了较系统和清晰的分析框架，但大规模的量化研究方法利用尚不够充分。这也是在后续研究中要继续完善的地方。

# 参考文献

## 一、书籍类文献

[1]［美］伯顿·克拉克．高等教育新论［M］．杭州：浙江教育出版社，2001.

[2]［加］约翰·范得格拉夫．学术权力——七国高等教育管理体制比较［M］．王承旭，等，译．杭州：浙江教育出版社，2001.

[3] 何炳松．三十五年来中国之大学教育［M］．北京：商务印书馆，1931.

[4] 梅贻琦．中国的大学［M］．北京：北京理工大学出版社，2012.

[5] 冯友兰．三松堂自序［M］．上海：三联书店，1984.

[6] 唐振常．蔡元培传［M］．上海：上海人民出版社，1985.

[7] 萧超然．北京大学校史（1898—1949）［M］．北京：北京大学出版社，1988.

[8] 喻本伐，熊贤君．中国教育发展史［M］．武汉：华中科技大学出版社，1991.

[9] 周川，黄旭．百年之功——中国近代大学校长的教育家精神［M］．福建：福建教育出版社，1994.

[10] 孙培青．中国教育管理史［M］．北京：人民教育出版社，1996.

[11] 高平叔、王氏儒．蔡元培书信集（上）［M］．浙江：浙江教育

出版社，2000.

［12］董宝良．中国近现代高等教育史［M］．武汉：华中科技大学出版社，2007.

［13］张正峰．权力的表达：中国近代大学教授权力制度研究［M］．福建：福建教育出版社，2007.

［14］陈平原．大学有精神［M］．北京：北京大学出版社，2009.

［15］于扬．现代美国大学共同治理理念与实践［M］．北京：中国社会科学出版社，2010.

［16］杨东平．大学精神［M］．上海：文汇出版社［M］福建：福建教育出版社，2003.

［17］潘懋元主编．中国高等教育百年［M］．广州：广东高等教育出版社，2003.

［18］谷贤林．美国研究型大学管理——国家市场和学术权力的平衡与制约［M］．北京：教育科学，2008.

［19］张俊宗．现代大学制度：高等教育改革与发展的时代回应［M］．北京：中国社会科学出版社，2004.

［20］教育大辞书（上册）［M］．北京：商务印书馆，1930.

［21］丁学良．什么是世界一流大学［M］．北京：北京大学出版社，2004.

［22］北大成立二十五周年纪念号开会词［M］．蔡元培全集（第四卷）．北京：中华书局，1989.

［23］高平叔．蔡元培教育论集［M］．湖南：湖南教育出版社，1987.

［24］郭建．哈佛大学发展史［M］．石家庄：河北教育出版社，2000.

［25］欧阳光华．董事、校长与教授：美国大学治理结构研究［M］．北京：高等教育出版社，2011.

［26］中华读书网．学术权力与民主——“长江《读书》奖”论争备忘［M］．厦门：鹭江出版社，2000.

［27］张德祥．高等学校的学术权力与行政权力［M］．江苏：南京师范大学出版社，2002.

[28] 祁占勇．现代大学制度的法律重构［M］．北京：中国社会科学出版社，2009.

[29] 眭依凡．大学的使命与责任［M］．北京：教育科学出版社，2007.

[30] 郑也夫．吾国教育病理［M］．北京：中信出版社，2013.

[31] 1917 年学科教授会组织法［G］．国立北京大学廿周年纪念册，1917.

[32] 张楚廷．高等教育哲学［M］．长沙：湖南教育出版社，2004.

[33] 杨东平．艰难的日出——中国现代教育的 20 世纪［M］．上海：文汇出版社，2003，142.

[34] 中央教育科学研究．中华人民共和国教育大事记（1949-1982）［M］．北京：教育科学出版社，1983，200.

[35] 赖德胜：教育与收入分配［M］．北京：北京师范大学出版社，1988.

[36] 赵俊芳．论大学学术权力［M］．北京：中国社会科学出版社，2012.

[37] 李硕豪．权力博弈：一所中国大学内部权力运行的故事［M］．北京：中国社会科学出版社，2011.

[38] 李子江．学术自由：大学之魂［M］．北京：中国社会科学出版社，2012.

[39] 陈立鹏．大学章程研究——理论与实践的探索［M］．北京：北京师范大学出版社，2012.

[40] 朱家德．权力的规制：大学章程的历史流变与当代形态［M］．北京：中国社会科学出版社，2013.

[41]［西班牙］奥尔特加·加塞特．大学的使命［M］．徐小洲，陈军，译．杭州：浙江教育出版社，2001.

[42] 杨汉清，韩骅．比较高等教育概论［M］．北京：人民教育出版社，1997.

[43]［美］亨利·罗索夫斯基．大学的功用［M］．陈学飞等译，江

西教育出版社，1993.

［44］韩骅．学术自治：大学之魂［M］．北京：中国文史出版社，2005.

［45］Walter P. Metzge. 美国大学时代的学术自由［M］．李子江、罗慧芳，译．北京大学出版社，2010.

［46］侯定凯．象牙塔是平的——国际高等教育研究新进展［M］．华东师范大学出版社，2010.

［47］［美］亚伯拉罕·弗莱克斯纳．现代大学论——美英德大学研究［M］．杭州：浙江教育出版社，2001.

［48］张德祥．高等学校的学术权力与行政权力［M］．南京师范大学出版社，2002.

［49］［美］伯顿·R·克拉克．高等教育新论——多学科的研究［M］．杭州：浙江教育出版社，2001.

［50］华勒斯坦．学科·知识·权力［M］．北京：三联书店，1999.

［51］［加］约翰·范德格拉夫等编著．学术权力——七国高等教育管理体制比较［M］．杭州：浙江教育出版社，2001.

［52］［美］约翰·S·布鲁贝克．高等教育哲学［M］．王承绪等，译．杭州：浙江教育出版社，1998.

［53］［美］伯顿·R·克拉克．高等教育系统——学术组织的跨国研究［M］．杭州：杭州大学出版社，1994.

［54］赵文华、龚放．现代大学制度：问题与对策［M］．上海交通大学出版社，2007.

［55］［美］伯顿·R·克拉克．高等教育新论［M］．王承绪等，译．杭州：浙江教育出版社，1991.

［56］周光礼．学术自由与社会干预——大学学术自由的制度分析［M］．武汉：华中科技大学出版社，2003.

［57］张维迎．大学的逻辑［M］．北京：北京大学出版社，2004.

［58］杨德广、谢安邦．高等教育学［M］．高等教育出版社，2009.

［59］克拉克·克尔．高等教育不能回避历史［M］．王承绪，译．杭州：浙江教育出版社，2001.

[60] 王长乐．让大学像大学［M］．北京：中央编译出版社，2004.

[61] 陈金圣．大学学术权力的制度化建构［M］．北京：中国社会科学出版社，2014.

## 二、论文类文献

[1] 谢凌凌．大学学术权力行政化及其治理——基于权力要素的视角［J］．高等教育研究，2015（3）.

[2] 李红伟，石卫林．大学章程关于学术权力制约机制的规定——基于美、英、德三国大学章程的文本比较［J］．高等教育研究，2013（7）.

[3] 劳凯声．创新治理机制、尊重学术自由与高等学校改革［J］．教育研究，2015（10）.

[4] 袁飞．学术权力与行政权力的统一、冲突与平衡［J］．高等教育研究，2015（7）.

[5] 赵俊芳，安泽会．我国大学学术权力研究热点及知识可视化图谱分析［J］．复旦教育论坛，2014（9）.

[6] 丁建洋．学术权力的凝视：日本大学治理结构的历史演进与运行逻辑——日本大学高层次科学创新能力形成的一个视角［J］．清华大学教育研究，2016（1）.

[7] 李志峰，浦文轩，刘进．权力与学术职业分层——学校权力对高校教师职务晋升影响的实证研究［J］．高等教育研究，2013（7）.

[8] 毕宪顺，赵凤娟，甘金球．教授委员会：学术权力主导的高校内部管理体制［J］．教育研究，2011（9）.

[9] 赵俊芳，姜帆．我国大学制度研究热点、趋势及理论基础的知识图谱分析［J］．高等教育研究，2014（9）.

[10] 孙绵涛．大学治理：治理什么，如何治理［J］．教育研究，2015（11）.

[11] 冯向东．大学学术权力的实践逻辑［J］．高等教育研究，2010（4）.

[12] 李海萍．高校学术权力运行现状的实证研究［J］．教育研究，2011（10）.

[13] 李函颖．美国佐治亚大学外部同行评议制的执行及其权力探析[J]. 高等教育研究，2015（1）.

[14] 殷忠勇．高校学术权力与行政权力关系的冲突与耦合——基于信任文化的视角 [J]. 教育发展研究，2014（10）.

[15] 李彪，赵睿．21 世纪以来新闻传播学研究的生命周期及学术权力地图（2001—2016）——基于科学知识图谱的分析 [J]. 国际新闻界，2017（7）.

[16] 谭晓玉．教师参与大学内部治理：角色定位与制度反思 [J]. 复旦教育论坛，2015（1）.

[17] 汪洋，龚怡祖．“校长退出学术委员会”的改革取向分析——兼论大学校长选拔制度的去行政化 [J]. 高等教育研究，2014（6）.

[18] 仰丙灿．学院自治：大学内部治理结构优化的路径选择 [J]. 复旦教育论坛，2015（9）.

[19] 王世权，刘桂秋．大学治理中的行政权力：价值逻辑、中国语境与治理边界 [J]. 清华大学教育研究，2012（4）.

[20] 叶飞帆．大学行政权力与学术权力的分离：三级组织二级管理模式 [J]. 教育研究，2011（2）.

[21] 蔡国春，李孝更．我国大学治理结构中的学术权力及其限度——关于“教授治校”与“教授治学”争论的述评 [J]. 江苏高教，2015（1）.

[22] 祁占勇．高等学校学术权力本位治理结构的现实困境与逻辑路向 [J]. 高等教育研究，2011（2）.

[23] 王珊，苏君阳．论学术委员会学术权力的对话伦理规范 [J]. 清华大学教育研究，2016（1）.

[24] 纪宝成，胡娟．关于高等学校学术权力的几点思考 [J]. 中国高教研究，2010（1）.

[25] 钱志刚．学术权力合法性危机与大学组织结构变革 [J]. 教育发展研究，2012（8）.

[26] 蔡国春．论高校学术委员会制度的建构与重构——基于学术权力独立性与统整性的考量 [J]. 高等教育研究，2019（1）.

[27] 许晓东，阎峻，卞良．共治视角下的学术治理体系构建［J］. 高等教育研究，2016（9）.

[28] 贾玉明，王佳方．高校学术权力与行政权力的诉求冲突与调和［J］. 现代教育管理，2016（7）.

[29] 沈波，许为民．学术评议会：大学学术权力的制度保障与借鉴——以德国大学为例的分析［J］. 中国高教研究，2012（7）.

[30] 刘献君．正确认识和处理学术权力与行政权力的关系［J］. 中国高等教育，2012（7）.

[31] 寇东亮．学术权力：中国语义、价值根据与实现路径［J］. 高等教育研究，2006（12）.

[32] 王务均，龚怡祖．大学学术权力与行政权力的包容机制研究［J］. 教育发展研究，2012（8）.

[33] 汪明义．地方高校如何科学地运行学术权力与行政权力［J］. 中国高教研究，2012（12）.

[34] 别敦荣，冯昭昭．论大学权力结构改革——关于“去行政化”的思考［J］. 清华大学教育研究，2011（12）.

[35] 湛中乐，王春蕾．大学治理中的学术委员会制度建设——兼评《高等学校学术委员会规程》［J］. 北京大学学报（哲学社会科学版），2016（3）.

[36] 徐靖．高等学校学术委员会权力行使的程序规制［J］. 法律科学（西北政法大学学报），2019（12）.

[37] 韩喜平，武沁宇．学术权力和行政权力要适度分离而非隔离［J］. 大学教育科学，2016（7）.

[38] 杜嫱，刘鑫桥．高校教师离职倾向及学术权力感知的作用——基于“2016 年全国高校教师发展调查”的实证分析［J］. 中国高教研究，2019（9）.

[39] 魏小琳．治理视角下大学基层学术组织的重构［J］. 教育研究，2016（11）.

[40] 蔡国春，潘震鑫，王春燕．我国高校学术委员会制度的演进与展望［J］. 华东师范大学学报（教育科学版），2015（6）.

［41］刘金龙．行政权力与学术权力在大学章程中的设计与重构［J］．现代教育管理，2015（10）．

［42］毕宪顺．高校学术权力与行政权力的耦合及机制创新［J］．教育研究，2004（9）．

［43］王英杰．大学学术权力和行政权力冲突解析——一个文化的视角［J］．北京大学教育评论，2007（1）．

［44］田养邑．守成中变革：教育理论创新的学术传统与学术权力规避［J］．中国教育学刊，2019（5）．

［45］时伟．大学内部治理结构改革的逻辑、动力与路径［J］．中国高教研究，2014（11）．

［46］胡建华．关于彰显学术权力的若干问题［J］．高等教育研究，2007（10）．

［47］吴坚．高校管理中学术权力与行政权力的协调［J］．高等教育研究，2005（8）．

［48］崔延强，吴叶林．异化与制度化：现代大学学术权力审思［J］．大学教育科学，2015（1）．

［49］许杰．彰显、复归学术权力：中国现代大学制度构建的根基［J］．高教探索，2011（1）．

［50］刘黎明，王静．我国高校学术委员会学术权力行使的制度分析［J］．教育研究与实验，2015（6）．

［51］于忠海．合法性与再生产：大学学术权力与行政权力博弈反思——布迪厄场域的视角［J］．现代大学教育，2009，（9）．

［52］谢凌凌．大学学术权力运行的组织支持、现实困境与匡扶路径［J］．江苏高教，2014，（5）．

［53］陈金圣．从蔡元培北大改革看大学学术权力的制度构建——基于组织新制度主义的视角［J］．复旦教育论坛，2012（1）．

［54］陈金圣．学术权力制度安排中的规范要素与文化—认知［J］．高教探索，2013（7）．

［55］张继龙．院系学术治理方式的本质透视——制度之眼与历史之

维［J］. 江苏高教，2017（6）.

［56］王建美，宋静波．从增强学术权力的视角透析学术委员会章程——基于34所高校学术委员会章程文本的探讨［J］. 现代教育科学，2011（9）.

［57］魏小琳．高校学术委员会制度的现实困境及其建设——基于对浙江省高校的调查［J］. 中国高教研究，2014，（7）.

［58］杨克瑞．"去行政化"背景下的学术权力与现代大学制度［J］. 大学教育科学，2014，（1）.

［59］甘晖．基于大学治理能力现代化的大学治理体系构建［J］. 高等教育研究，2015，（7）.

［60］肖磊，石卫林．学术权力与行政权力冲突的制度求解——基于23所大学的章程文本分析［J］. 教育学术月刊，2015，（2）.

［61］刘献君．论大学内部权力的制约机制［J］. 高等教育研究，2012，（3）.

［62］钟秉林．现代大学学术权力与行政权力的关系及其协调［J］. 中国高等教育，2005，（10）.

［63］王务均，龚怡祖．大学学术权力与行政权力包容的理论内涵［J］. 教育发展研究，2013，（11）.

［64］阎亚林．论我国高校学术权力行政化［J］. 陕西师范大学学报（哲学社会科学版），2003，（1）.

［65］刘尧．大学内部治理亟待突破的八大困境［J］. 高校教育管理，2016，（12）.

［66］王庆林．论"去行政化"背景下大学学院的学术权力［J］. 江苏高教，2015，（7）.

［67］周光礼．问题重估与理论重构——大学"学术权力"与"行政权力"二元对立质疑［J］. 现代大学教育，2004，（8）.

［68］章风云，童淑娟．学科之治：现代大学治理语境下的"教授治学"［J］. 中国高教研究，2015，（2）.

［69］秦惠民．我国大学内部治理中的权力制衡与协调——对我国大

学权力现象的解析 [J]. 中国高教研究，2009，(8).

[70] 周光礼. 中国高等教育治理现代化：现状、问题与对策 [J]. 中国高教研究，2014，(9).

[71] 陈金圣. 大学学术权力的制度化——基于新制度主义组织分析的视角 [J]. 教育发展研究，2011，(6).

[72] 王文杰，张莉. “教授治学”的困境与“大学章程”的破解之道 [J]. 高校教育管理，2013，(12).

[73] 徐娟. 社会转型背景下我国大学行政权力演变的二维分析 [J]. 高等教育研究，2012，(1).

[74] 胡志斌. 学术精神缘何被异化——基于学术权力和学术权利不当行使的法理解析 [J]. 学术界，2012，(11).

[75] 毕宪顺，杨海山，王艳明. 高校学术人员参与管理和决策的调查与研究 [J]. 高等教育研究，2005，(4).

[76] 李成恩，常亮. 协商共治：我国大学院系有效治理的可行模式 [J]. 中国高教研究，2017，(6).

[77] 周光礼，叶必丰. “学术权力”与“行政权力”之争的行政法透视 [J]. 武汉大学学报（人文科学版），2004，(7).

[78] 谭正航，尹珊珊. 公立高校内部治理结构去行政化改革的法律对策 [J]. 国家教育行政学院学报，2013，(2).

[79] 王众，高志友，匡建超. 教授治学中的学术权力约束机制探讨 [J]. 国家教育行政学院学报，2015，(1).

[80] 李立国. 学术权力的特征与运行机制 [J]. 学术界，2004，(2).

[81] 殷忠勇. 程序公平还是价值公正：高校学术委员会运行的取向 [J]. 江苏高教，2015，(3).

[82] 吴丁玲，胡仁东. 大学组织内部治理中行政权力的制度设计——兼论学术权力与行政权力的关系 [J]. 江苏高教，2018，(9).

[83] 蔡海龙. 论高等学校中的学术权力 [J]. 教育学报，2016，(12).

[84] 徐文娜. 大学基层学术组织的学术权力结构研究 [J]. 东北大学学报（社会科学版），2009，(3).

［85］严蔚刚，李德锋．我国高校学部的基本权力、分类及相关思考——基于我国学部制改革的调查研究［J］．中国高教研究，2012，（7）．

［86］郑毅，刘文斌，孟激．组织结构视角下的中国大学行政权力泛化［J］．高等教育研究，2012，（6）．

［87］龚放．正确认识大学的运行逻辑与学术权力——关于大学“去行政化”的再思考［J］．江苏高教，2015，（5）．

［88］贾超翔，张新民．论大学学术权力的性质、结构与权能［J］．黑龙江高教研究，2017，（3）．

［89］李应军．高校院系学术权力、行政权力和政治权力的协调——兼谈高校院系党政联席会议创新［J］．教育评论，2014，（4）．

［90］熊庆年，蔡樱华．高校学术权力组织的制度再造与政府规制［J］．复旦教育论坛，2018，（7）．

［91］汪洋，龚怡祖．《高等学校学术委员会规程》的突破与展望：文本分析的视角［J］．复旦教育论坛，2014，（9）．

［92］别敦荣．学术管理、学术权力等概念释义［J］．清华大学教育研究，2000，（6）．

［93］赵新亮．论高校内部治理结构的权力失衡与变革路径——基于权力分配的视角［J］．国家教育行政学院学报，2015，（5）．

［94］罗仲尤．大学学术权力的式微与张扬［J］．大学教育科学，2014，（5）．

［95］张君辉．中外大学教授委员会的类型与功能比较［J］．外国教育研究，2006，（4）．

［96］张君辉．中国大学教授委员会制度的本质论析［J］．教育研究，2007，（1）．

［97］毕宪顺，赵凤娟，甘金球．教授委员会：学术权力主导的高校内部管理体制［J］．教育研究，2011，（9）．

［98］毕宪顺．高等学校教授委员会制研究［J］．中国行政管理，2008，（2）．

［99］史宁中．教授治学：大学科学发展的基本理念［J］．中国教育

报，2009，(9).

[100] 杨兴林．关于“教授治校”与“教授治学”的再思考——与赵蒙成教授商榷［J］．高等教育研究，2012，(4).

[101] 陈何芳．教授治校：高校“去行政化”的重要切入点［J］．高等教育管理研究，2010，(21).

[102] 刘建华．地方高校教授委员会制的两难困境与实践路径［J］．北京：中国冶金教育，2010，(3).

[103] 李宝国．高校院（系）教授委员会有效运行机制探析［J］．江苏高教 2011（4).

[104] 马叙伦．五年来新中国的高等教育［J］．人民教育，1954（10).

[105] 蔡元培．湖南自修大学的介绍与说明［J］．新教育．1922.

[106] 眭依凡．大学的使命及其守护［J］．教育研究，2011，(1)．

[107] 柳海民，常艳芳．论大学精神的价值［J］．教育研究，2008，(8).

[108] 韩延明．论“教授治学”［J］．教育研究，2011，(12)．

[109] 眭依凡．教授“治校”：大学校长民主管理学校的理念与意义［J］．比较教育研究，2002，(2).

[120] 郭卉．美国大学评议会制度研究——以斯坦福大学为例［J］．比较教育研究，2005，(3).

[121] 郭明顺．大学理念视角下本科人才培养目标反思［J］．高等教育研究，2008，(12).

[122] 缪榕楠，谢安邦．教授权威的历史演变［J］．高等教育研究，2007，(1).

[123] 王一军，龚放．高等教育大众化阶段高校教学定位的再思考——基于伯顿·克拉克“教学漂移”观点的分析［J］．高等教育研究，2010，(2).

[124] 喻本伐，喻琴．蔡元培的学术观及其大学理念［J］．华中师范大学学报，2011，(3).

[125] 姚剑英．我国大学教授委员会现状分析与实践构想［J］．现代教育科学，2007，(2).

[126] 常艳芳. 我国现代大学制度创建的文化困境与路径依赖 [J]. 东北师大学报，2010，(2).

[127] 温宁，陈世体，盖志毅，鲍晓艳. 关于高校院（系）级教授委员会问题的思考 [J]. 内蒙古农业大学学报，2010，(1).

[128] 邬大光. 现代大学制度的根基 [J]. 现代大学教育，2001，(1).

[129] 潘懋元. 走向社会中心的大学需要建设现代制度 [J]. 现代大学教育，2001，(1).

[130] 孙晓华. 教授治学的历史源流及实现途径 [J]. 现代教育管理，2010，(12).

[131] 向东春. 大学学术人员在学术事务管理中影响力的实证研究 [J]. . 教师教育研究，2008，(5).

[132] 胡卓君. 论大学教授委员会的组织定位 [J]. 高教探索，2010，(3).

[133] 杨东平. 建立现代大学制度 [J]. 中国高等教育评估，2000，(3).

[134] 赵章靖. 梅贻琦时期教授会在清华校务管理中的作用探析 [J]. 清华大学教育研究，2011，(3).

[135] 徐显明，大学理念论纲 [J]. 中国社会科学，2010，(6).

[136] 张黎力. 教授委员会研究文献综述 [J]. 当代教育论坛，2007，(7).

[137] 张剑. 地方高校学院制改革的问题及对策探析 [J]. 技术与创新管理 2010，(5).

[138] 王凌峰. 高校改革的内部突破口：构建中国模式教授委员会制度 [J]. 长江师范学院学报，2007，(7).

[139] 赵蒙成. "教授治校"与"教授治学"辨 [J]. 江苏高教，2011，(6).

[140] 朴雪涛. 教授委员会制度与高校决策模式的改革 [J]. 大学教育科学，2005，(2).

[141] 欧内斯特·博耶. 学术评价 [J]. 董小燕，译. 外国高等教育资料，1996，(1).

[142] 钟华明，陈卓. 中国的大学需要什么样的目的？——基于克拉克教授《高等教育系统》的思考 [J]. 中南大学学报，2010，(2).

［143］李荣，邢颖．高校院系教授委员会扩大会议制度的实践与思考［J］．校园之声，2011，（8）．

［144］蒋华．博耶学术思想及其对高等教育的意义［J］．高教发展与评估 2005，（1）．

［145］李运庆．知识即目的——纽曼知识观的价值和历史局限［J］．扬州大学学报（高教研究版），2006，（3）．

［146］刘少雪．从 Boyer 委员会的“3 年后报告”看美国研究型大学的本科教学改革［J］．复旦教育论坛，2004，（2）．

［147］彭阳红．论“教授治校”［D］．华中科技大学，2010.

［148］郑玮．试论我国高校院系级教授委员会之建设［D］．济南：山东师范大学，2012.

［149］刘亚敏．大学精神探论［D］．武汉：华中科技大学，2004.

［150］张君辉．中国教授委员会研究［D］．长春：东北师范大学，2006.

［151］陈亚玲．论我国学术转型与现代大学制度的建立［D］．武汉：华中科技大学，2007.

［152］张君辉．论教授委员会制度的本质——“教授治学”［J］．东北师大学报，2006，（5）．

［153］张献勇．我国教授委员会规章比较［J］．黑龙江高教研究，2007，（12）．

［154］欧阳光华．从大学自治走向大学治理——论学术运作的现代转型［J］．教育研究与实验，2008，（2）．

［155］别敦荣．我国现代大学制度探析［J］．江苏高教，2004（3）．

## 三、政策文件类文献

［1］《中华人民共和国高等教育法》

［2］《国家中长期教育改革和发展规划纲要（2010—2020 年）》

［3］《吉林大学章程》

[4]《暨南大学章程》
[5]《北京交通大学章程》
[6]《大连海事大学章程》
[7]《长安大学章程》
[8]《华中农业大学章程》
[9]《中国药科大学章程》
[10]《北京化工大学章程》
[11]《北京林业大学章程》
[12]《南京农业大学章程》
[13]《渤海大学章程》
[14]《吉林大学学术委员会章程》
[15]《武汉理工大学学术委员会章程》
[16]《华东师范大学学术委员会章程》
[17]《华东师范大学学术委员会学术规范督察委员会章程》
[18]《华东师范大学学术委员会章程》
[19]《渤海大学学术委员会章程》
[20]《湖南大学学术委员会章程》
[21]《中国政法大学学术委员会章程》
[22]《佳木斯大学学术委员会章程》
[23]《西南大学学术委员会章程》
[24]《山东大学学术委员会章程》
[25]《复旦大学学术委员会章程》
[26]《东北师范大学教授委员会章程》

# 后 记

高校学术权力问题是高等教育治理领域的重要问题。近年来，学界对高校权力问题的探究日益深入，产生了很多具有学术价值和实践价值的高水平成果。在实践领域，随着我国社会治理现代化和高等教育治理水平的不断提升，高校学术权力在理念层面、制度设计层面和实践运行层面均逐步完善。

笔者在 2007 进行博士论文选题时开始关注高等教育治理相关问题。2010 年进入高校任教后，以院校研究和案例研究的方式，对高校内部治理尤其是高校学术权力问题进行了较为系统的探究。2014 年，笔者所申报的国家社科基金项目“当前我国高等教育生态中的高校学术权力及其制度建构研究”立项，此后开始带领课题团队对高校学术权力问题展开了多层面、多维度的探索。

回顾和反思笔者对高校权力问题的探究和认识过程，笔者认识到：高校学术权力问题是一个复杂的问题，研究者的学术根基、研究视角、经历阅历都影响着对此问题的判断和观点。笔者最初的探究，带有青年研究者和青年教师理想性强但历事不深的冲动，研究中易下断语。后来，笔者在高校中担任行政工作，以学术研究者、行政管理者和高校教师等不同视角去体验和观察高等教育治理，对高校治理中出现的问题有了更深刻的认识，也深知这些问题的复杂和解决这些问题之不易，观点中增加了更多的理解和理性。

由于学术权力问题自身的复杂性，加之本研究的时间跨度较长，研究者自身观点有所调整，再者近几年我国高等教育治理水平和治理状况的快速改善，此前曾广泛存在的问题也得到不同程度的缓解和解决，这就使本研究的个别数据、现象和观点未必与当前完全契合。当然，留下实践和认识发展中的一些“足迹”，在一定意义上也有助于拓展对学术权力问题探究的维度、广度与深度。

本书是国家社科基金项目“当前我国高等教育生态中的高校学术权力及其制度建构研究”（项目号：14CSH018）的结题成果。

本书是项目团队合作完成的学术成果。各章参与者如下：

第一章：陶志夕，周世厚

第二章：张秋舒，周世厚

第三章：池慧，周世厚

第四章：裘波，周世厚

第五章：周世厚

在项目实施和书稿写作过程中，吸收了很多学者的观点，得到了学界众多同行的支持，在此致以真诚谢意！

周世厚

2020 年 9 月 1 日